中国科学院科技战略咨询研究院重点项目：
全球地缘政治竞争格局与中国创新发展（Y501141S03）

国家自然科学基金面上项目：
面向国家经济安全的地缘政治经济学研究（41171104）

新地缘政治经济结构进化与治理

王　铮　胡　敏　王　宇◎著

科 学 出 版 社

北　京

内 容 简 介

本书利用系统建模的方法，从经济全球化的视角出发，探析创新发展下国家间的政治、经济与贸易的相互依存关系，分析复杂的新地缘政治经济结构下全球化带来的管理问题，即创新机制下的全球治理问题。另外，通过多种政策模拟（如地缘政治经济结构建模、气候变化经济学模拟、投资结构政策模拟、汇率政策模拟、能源政策模拟及全球治理政策模拟），对未来的全球气候变化和全球经济发展进行了模拟和预测。

本书理论与应用相结合，主要使用计算地理学的方法展开研究，可供地理学、区域经济学等专业的本科生、研究生阅读，也可供相关专业领域的科研工作者参阅。

图书在版编目(CIP)数据

新地缘政治经济结构进化与治理 / 王铮，胡敏，王宇著. —北京：科学出版社，2017.4

ISBN 978-7-03-052290-0

Ⅰ. ①新…　Ⅱ. ①王…　②胡…　③王…　Ⅲ. ①地缘政治学-研究②区域经济学-研究　Ⅳ. ①K901.4　②F061.5

中国版本图书馆 CIP 数据核字（2017）第053014号

责任编辑：石　卉　程　凤 / 责任校对：何艳萍

责任印制：张　伟 / 封面设计：有道文化

编辑部电话：010-64035853

E-mail:houjunlin@mail. sciencep.com

科学出版社 出版

北京东黄城根北街 16 号

邮政编码：100717

http://www.sciencep.com

北京凌奇印刷有限责任公司 印刷

科学出版社发行　各地新华书店经销

*

2017 年4月第　一　版　开本：720 × 1000　B5

2020 年1月第三次印刷　印张：14 1/2

字数：292 000

定价：75.00元

（如有印装质量问题，我社负责调换）

序

20世纪90年代初，“冷战”结束，经济全球化发展速度加快，使各国经济联系更加紧密，经济竞争也越发激烈。与过去的国际经济竞争不同，在经济全球化的过程中，经济手段往往成为世界各国（地区）政治博弈的主要手段，更进一步，“经济制裁”的使用频率越来越高。全球地缘政治博弈在政治、经济领域全面展开。我在《地理本性进化与全球地缘政治经济基础探析》一文中指出，这种变化实际上是新的产业革命在全球引起的产业分工的结果。这种结果导致了全球地缘政治格局中经济的作用越来越突出，这就是新地缘政治经济结构。

事实上，早在1990年，美国国防部高级顾问、华盛顿战略与国际关系研究中心的战略专家Edward Luttwak于1990年在一次国会听证会上就首次提出了地缘经济学（Geo-economics）的概念。Luttwak认为世界已经进入了地缘经济时代，国际关系中的“低级政治”（经济、社会、生态等问题）的紧迫性和重要性第一次明显地超过“高级政治”（军事对抗和核威慑），而地缘经济学则在战略上对军事对抗起到了缓冲作用，这一转向“开拓了超过国界的、竞争与合作并存的新时代”。Grossmann和Helpman（1991）发现国际贸易中存在明显的经济溢出，这种溢出以GDP溢出和技术溢出为代表，使得各国经济既相互依赖又相互博弈。这一形势意味着经典的麦金德的地缘政治学说（麦金德，1962）需要进一步拓展与丰富。Demko和Wood（1994）提出将地缘政治和经济竞争结合起来，并提出了地缘政治的经济学(Geopolinomics)概念。

1998 年，Douven 和 Peeters（1998）研究了多国 GDP 溢出，发展了 Mundell-Fleming 模型，来描述各国经济相互作用，使得地缘经济分析有了进步的分析工具。此外，Smith （2002）基于冷战结束的现实对欧洲的地缘政治和地缘经济问题进行了讨论，清晰地强调了地缘政治和地缘经济是密不可分的。最近几年，新的研究把地缘政治经济学与产业发展（Ojanen，2004）及气候变化（Manzo，2012）等联系了起来，这是地缘政治经济学研究的一个发展方向。在实践中，上海合作组织就被一些学者认为是一种地缘政治经济组织（Zeb，2006），因为它显然不同于传统的国际关系政治联盟，如北约那种具有明显政治特色的地缘集团，而关注的是经济合作与反恐。更进一步，美国倡导的 TPP（跨太平洋伙伴关系协定）则公开以全球经济联盟来挑战全球政治秩序。在美国推动下以“俱乐部”形式重组世界的变动是地缘政治经济的一种大变革，这种变革已经引起东南亚地区、东欧地区的一系列新的对抗，它的演化趋势如何需要新的研究。

最近几年，我先后承担了国家自然科学基金面上项目 “面向国家经济安全的地缘政治经济学研究”和中国科学院科技战略咨询研究院重点项目“全球地缘政治竞争格局与中国创新发展”，力图就新经济时代的地缘政治经济结构提出一种认识，进一步地，把这种认识用于全球治理的政策模拟研究。2016 年经济出版社出版的《新地缘政治经济框架的建模与模拟》和本书就是这个系列研究的两个成果，分别是我的学生熊文、胡敏等在我的指导下完成的。本书主要来自胡敏的博士论文，王宇做了进一步的补充，我对全书做了修改，胡敏执笔的是第 1 章～第 4 章、第 6 章～第 8 章，王宇执笔的是第 5 章。在执笔意义上，我仅仅是提出问题和模型的人，用学术界的标准说法，是通讯作者。因此虽然本书是集体智慧的结晶，是大家共同努力的成果，但是胡敏是主要完成人，出版社按习惯把我作为第一作者，让我或多或少有些惭愧。

感谢国家自然科学基金委员会和中国科学院的资助，但书中所有观点，并非政府的正式意见，王铮作为通讯作者，如有错误，将承担最主要的责任。

顺便说一句，本书中对未来全球经济结构的预估是在全球化的假设前提下展开的，因此可能会与现在的实际情况存在偏差。本书最后给出了对全球经济的一种预测，在当前逆全球化趋势下，这个预测只能是一种有偏的估计。

感谢先后参加这个项目并参加本书某些基础工作的课题组其他同志。他们是熊文、顾高翔、陈志健、王勔追、韩钰、朱艳硕和吴静（依参加项目的次序）。

感谢王恩涌先生对我研究地缘政治经济学的长期指导，感谢陆大道院士对这个研究的种种帮助，感谢中国地理学会对我关于地缘政治经济学的研究给予肯定。1990 年我刚到中国科学院做博士后研究，左大康先生就与我商讨研究地缘政治学，在这里谨以本书表示对他的怀念。

王　铮

2016 年 10 月于中关村

目　录

第1章

绪　　论

1.1 地缘政治经济研究概述

越来越多的学者认为，地缘政治学已经转变为地缘政治经济学（Geopolinomics），即由传统的地缘政治学（Geopolitics）和新兴的地缘经济学（Geo-economics）相结合发展而来的学科，是对国家（地区）之间形成的政治－经济地理结构的研究。这里的缘是“缘分”而不是边缘。在当前经济全球化的背景下，地缘政治研究与地缘经济研究的结合对地区或国际合作与竞争的研究起着重要作用。综观世界格局，在经济全球化条件下，全球经济合作是政治合作的基础，而从“十字军东征”到冷战形成的以宗教和政治观念为基础的地缘政治结构，已经为经济所动摇。防范金融与经济危机的蔓延，确保国家或区域的经济安全已成为全球各经济体所面临的一个重要政治问题。地缘政治经济学概念的出现意味着传统的地缘政治学的深入发展。

地缘政治经济学的发展分为地缘政治学、地缘经济学和地缘政治经济学三个阶段。

1.1.1 地缘政治学

地缘政治学是研究地理因素对国际政治、国际关系影响的理论。人类生存在地理环境中，必然要受到地缘空间的影响和制约，因此，人与人之间、国家（地区）与国家（地区）之间的互动必然会受到地缘因素的影响和制约。Kjellen（1916）继承与发展德国学者弗里德里西·拉采尔（Ratzel，1897）关于“政治地理学”的思想，首次提出了地缘政治学，并定义其是一门“把国家作为地理的有机体或一个空间现象来认识的科学”。科恩（2014）将地缘政治学的发展分为五个阶段：争夺帝国霸权时代、德国地缘政治学时代、美国地缘政治学时代、冷战和后冷战时代。当“政治地理学”中的关于政治的地理因素不再能完整地表达其意义时，地缘政治学的理论便衍生出来，以更完整地描述地理因素对国家之间政治关系的影响（Agnew、Mitchell 和 Toal，2008）。随后，各种地缘政治理论发展起来，其中比较著名的有阿尔弗莱德·T. 马汉（Alfred T. Mahan）的“海权论”，哈尔福德·麦金德（Halford Mackinder）的“陆权论”与“心脏地带论”，吉里奥·杜黑（Giulio Douhet）与德·塞维尔斯基（de Seversky）的“空权论”，这些都属于争夺帝国霸权阶段的地缘政治学理论。第一次世界大战结束后，德国地缘政治学逐渐发展起来，以卡尔·豪斯浩弗（Karl Haushofer）为代表的政治地理学团队为第一次世界大战后德国在世界政治地位的重建做出了很大的贡献，并且一度为希特勒的纳粹团队出谋划策。美国地缘政治学的代表理论包括尼古拉·斯皮克曼（Nicholas J. Spykman）的“边缘地带论”等多种地缘战略理论。冷战的开始，再次引发了西方学者对地缘政治学的兴趣，他们支持的是以国家为中心的地缘政治学，后期由伊夫·拉科斯特（Yves Lacoste）在 1976 年提出了以环境与社会为导向的地缘政治学。冷战的结束意味着新的世界秩序的形成和以美国为全球霸权中心的地缘政治的诞生，这个阶段的地缘政治理论主要是围绕美国的全球霸权地位展开讨论的，如罗伯特·卡普兰（Robert Kaplan）的无政府主义地缘政治学、萨缪尔·亨廷顿（Samuel Huntington）的“西方对峙东方”的地缘政治学等。然而，中国的地缘政治思想的产生最早可追溯到先秦时期（程永林，2005），在《地形》《九地》等篇中都有地缘政治观点的体现（刘雪莲，2000）。春秋时代流行的“连横合纵”理论，与西方的观念不同，不论是“合纵”还是“连横”，都以合作为核心，到了司马迁论述地缘政治学的时候，完全是一种地缘经济思想，而地缘经济的存在，意味着地缘问题的核心是合作治理而不是竞争博弈。

在国际上，地缘政治学的兴起是第一次世界大战的成果。第一次世界大战后，在国际关系中，地缘政治理论被用于指导国际关系，接着，地缘政治思想被法西斯德国政治理论家当作鼓吹扩张领土的工具并大量地歪曲使用。然而，到了当代，斯皮克曼、乔治凯南、尼克松、基辛格、布热津斯基、亨廷顿等社会学家、政治学家同样非常重视国际关系中的地缘政治关系，并且提出了“世界新秩序”“失控世界”“文明冲突”等著名的理论与思想（丛晓男，2012）。现在的地缘政治思想已经不是单单停留在领土大小的层面了，而是涉及社会、外交、资源、文化、经济等层面。现代地缘政治学是综合地理环境和政治格局来进行分析的，根据各种地域形式，分析和预测世界各国或各地区的战略形势和政治行为（陈少华，2009）。

地缘政治结构是多极的、多层的，但又不是一成不变的。国际社会的各种活动，比如资本的流动、环境保护运动等都会使地缘政治保持一个持续重组的过程。中国早就不是一个单独的地缘战略辖区了，甚至任何一个大洲也不是一个独立存在的区域，不管地缘政治结构怎样重组，接下来的世界将是一个各种类型的地区、国家及其他不同规模与功能的政治领土实体分享权力的时代，是我们理解全球结构、预测未来形势的重要工具。

1.1.2 地缘经济学

第二次世界大战后，特别是冷战后，经济关系渐渐在国际关系中取代政治关系，因此，地缘经济的研究变得越来越重要（陈才，2001）。Alaev（1983）第一次提出地缘经济学这个概念，从此，关于地缘经济和地缘政治的分析在国际经济和政治博弈的过程中占有不可替代的地位。地缘经济学在全球范围内已经形成了三个主要学派：美国学派、意大利学派和俄罗斯学派（李敦瑞，2009）。美国学派的逻辑侧重于将传统地缘政治学的冲突转向新的经济；意大利学派认为地缘经济学就是研究国际竞争问题的经济地缘政治学；俄罗斯学派则把地缘经济学与国际战略相结合，认为地缘经济因素是确定国家战略的基础，地缘经济学还包括地缘经济政策的研究、跨学科研究和实证研究。本书中，地缘政治经济学的概念类似于俄罗斯学派对地缘经济学的认识，把地缘经济学与地缘政治学相结合，跨学科综合讨论国际问题。地缘经济是地缘政治的进一步发展，与地缘政治是调整、影响国际关系的两种不同形式（韩银安，2005）。在经济全球化过程中，地缘经济学主要是跨地理区域的经济问题，是社会地理学的一个分支，而不强调政治地理学内容（Lachininskii，2012）。Sparke（1998）从地缘政治和地缘经济两个方面分析了国界与地缘经济边界的设定，并分析了地缘经济对跨国边界设定的影响，强调了地缘经济对地缘政治的基础作用。Smith（2002）主要研究了欧洲的地缘政治及地缘经济问题，重点对欧洲21世纪初期重组的情况进行了讨论。Herrera和Bel（2009）探究了美国、欧盟和中国在面对非洲资源的分配时的地缘政治经济博弈策略。Altman（2009）研究发现2008年的金融危机不仅对西方发达国家的经济发展产生了影响，而且对地缘政治关系也造成了破坏，以此为契机，中国等发展中国家将能得到更好的发展。

1.1.3 地缘政治经济学

地缘政治和地缘经济是调整和影响国际关系的两种不同形式，地缘政治和地缘经济的综合研究都是以维护和发展国家利益为根本出发点和最终归宿的（周骁男和陈才，2007），地缘政治经济学暗含了二者关系的平衡，地缘政治与地缘经济并不是对立的，而是互相补充、相辅相成的。陆大道和杜德斌（2013）则认为，各国、各地区之间的地缘经济关系很大程度上取决于地缘政治关系，而地缘经济上的合作和对立关系也可能强化地缘政治上的关系。

事实上，在经济全球化的背景下，全球经济合作往往是政治合作的基础，如防范金融与经济危机的蔓延，确保国家或区域经济安全已成为世界各经济体所面临的一个重要政治问题。在现实世界中，由于经济全球化，无论如何研究国家的国际政治行为，都不能完全反映它的国际经济利益。尤其是冷战的结束，意味着国际经济纷争超越了国际意识形态的纷争，经济纷争成为政治纷争的基础，如在中亚地区，沙特阿拉伯与叙利亚、伊朗的经济矛盾激发了政治地理矛盾。

在这种情况下，各国为寻找经济利益共同体，更好地发展本国经济，开始了新的结盟或准结盟。例如，“金砖五国”就是这样一种准结盟，美国力挺的“灵猫六国”[①]也是一种准结盟。在如此的经济大环境中，国际地缘政治经济学应运而生。Demko 和 Wood（1994）首次将地缘政治和经济竞争结合起来，并提出地缘政治经济学这一名词，从而开辟了一个全球经济研究的新方向。

中国对地缘政治和地缘经济的研究起步较晚，王恩涌（1996）指出地缘政治学是一门研究世界空间格局的全球战略的学科，并强调了研究地缘政治学的重要性，鼓励学者加强研究。吴映梅（1995）从历史发展的角度讨论了地缘政治学的演变，并分析探讨了我国云南作为一个与缅甸、老挝、越南相邻的重要边境贸易城市应该如何运用地缘政治思想来对外开放和发展。张耀光（1996）讨论了中国海洋地缘政治的战略，提出地缘政治格局与地缘经济格局之间会存在相互影响，鼓励我国与邻国加强经济合作。葛瑞明（2000）在讨论了世界地缘政治格局后，又进一步探讨了我国地缘政治研究的首要任务及周边地缘政治环境的政策应对。黎鹏（2006）分析了中国－东盟合作开发地缘经济区的实践策略。王铮、夏海斌和吴静（2010）提出世界各国已经由投资和贸易关系形成新的“三个世界”，经济关系与国家间的地理空间关系决定了国家结盟和政治倾向。

进一步来讲，国际上出现了全球治理的问题。最早，地缘政治学家 Cohen（1991）提出了地缘战略域－地缘政治区的概念，成为全球治理的基础。近年，王铮、夏海斌和吴静（2010）认为地理禀赋的利用决定了三次分工，导致当前世界发展为三类：金融业主导国家、制造业主导国家和资源供应业主导国家，形成了新地缘政治经济结构。这新的“三个世界”，形成了一种以合作为主体的国际关系，因为国际社会的产业化分工，国际产业链得以形成，国家之间的合作成为主体关系。熊文和王铮（2012）基于这种新地缘政治经济框架，把关税和汇率作为地缘政治经济治理的重要工具，模拟防范经济危机的产生及其传导机制。他们模拟发现，在新地缘政治经济博弈中，金融业主导国家掌握着主动权，而汇率是调控国家经济关系的有效手段，这种调控对中国应对经济危机和世界长期发展都有着重要的理论和治理意义。

---

① “灵猫六国”由经济学人智库(EIU)提出，指哥伦比亚、印度尼西亚、越南、埃及、土耳其和南非等新兴潜力市场，取其国名字母的第一个字母，正好是 CIVETS，也就是“灵猫”一词。它们在国际经济组织行为中有某种一致性特征。

地缘政治经济及其引发的全球治理研究已经成为当今国际关系研究中非常重要的一部分。当前国际金融领域的实际情况，也是国际金融的地缘政治经济学基础，要研究它们如何演变，就需要开展一些理论探索。地缘政治经济的博弈随时都在发生，这也从一方面决定了国际分工合作的结构，需要全球合作治理。实际上如果把世界整体看作一个大的组织，那么其组织结构就是地缘政治经济结构，而管理这个组织的方法就是全球治理。经济全球化后，国际分工合作的合理化治理已经成为经济快速发展的一个必备条件，本书将着重在地缘政治经济结构的基础上深入研究国际经济是如何博弈的，以及面对这种博弈需要的全球治理。

1.2　全球治理

经济全球化使国家之间在政治、经济与贸易方面的联系更加紧密，复杂的地缘政治经济结构下的全球化也带来了新的管理问题，也就是全球治理（global governance）。这里要强调的是，这种治理是全球创新驱动下的治理。全球治理的概念是从20世纪90年代开始兴起的，同时，对国际关系的讨论也日渐流行（Rosenau and Czempiel，1992），2008年国际金融危机发生后，全球治理的必要性成为全球的共识。全球治理并不意味着国家之间变得互不相干或是有一个集中的、强制性的政权来对全球进行管理，相反，全球治理指的是不同的国家、区域、国际组织等主体之间共同分享权力、影响、主权等（Aginam，2005；Bettcher and Lee，2002；Mathews，1997），是地缘政治经济学的管理学提升。但是，由于在全球层面上没有一个统一的权力机构，所以全球治理又不同于政府的管理（Rosenau，1997），还是全球国家间的一种合作形态。各个国家都应该也必然在全球治理中发挥自己的功能。总结来看，全球治理就是指国际行为主体通过集体行动来共同解决全球问题的过程，包括经济、政治、污染与气候变化、疾病传播等问题。本书讨论的全球治理问题主要是从全球经济治理和全球气候变化治理两方面来展开的。

冷战结束以后，国际体系开始发生变革，原有的单一控制世界秩序的统治模式已经变得不稳固。多边治理的模式逐渐代替西方发达国家单一治理的模式，比如 G20 代替 G7 或 G8 成为全球最重要的经济峰会。2008 年国际金融危机的爆发，加速了世界政治、经济秩序的重组，新的形势下就需要新的全球治理模式。朱立群等（2014）总结到，针对全球治理的不同主张和实践，大致有三种模式：现实主义的霸权治理、自由主义的制度治理和世界主义的民主治理。Arrighi、Silover 和 Ahmad（1999），Hoffmann 和 Ba（2005）都认为现实主义构建出霸权体系下的治理模式，全球治理就是霸权国家领导下的治理。Keohane（2001）支持自由主义，认为有效治理需要更为广泛的国际制度，应该发展有利于促进合作、解决冲突的制度安排来进行全球治理。Waltz（2003）认为，在多极体系中，因为强国数量众多，所以任何一个国家都不能清晰地区分盟友或对手，但同时强国的数量又不够多，以至于任何一个国家的变节所造成的影响都是不可忽视的。面对多极化的世界，全球治理应该注重治理的模式和方法。Bexell、Tallberg 和 Uhlin（2010）主张世界主义的民主治理，他们认为全球治理不应该是政治领导人的个人游戏，应该更广泛地开放并兼顾利益诉求，集中寻求更多的意见。郑先武（2010）、陈志敏（2013）认为在当今的多极化世界里，大国协调应该是正确的全球治理模式，应当由主要的大国通过发展协调机制来调节各个组织之间的相互关系，并且应该主导全球的治理。大国协调模式是介于霸权治理与民主治理之间的一种方式，既考虑大国的主导，又广泛地引入意见，对于多极化世界来说更可能是一种相对稳定的治理模式。这就显示出，现今世界作为组织特征的地缘政治经济学结构不再是早期那种中心－腹地形式，而是新兴的有极化作用的国际枢纽通过资本流动、供应链、产品链连通各国节点的枢纽 - 网络结构，这种枢纽 - 网络结构的出现，是全球创新发展带来的产业进化的结果，是信息通信技术发展带来的全球联系空间相互作用随距离衰减性变弱的结果（王铮、乐群和吴静，2015）。全球治理需要面对这种组织结构。徐冠华（2014）提出面对科技全球化所带来的机遇和挑战应采用自主创新战略，走创新型国家道路，强调了创新发展在国家治理中的重要性。

1.2.1 全球经济治理

2008 年世界金融危机后，全球治理中的经济治理成为一个热点问题，G20 峰会集合了西方发达资本主义国家和新兴发展中国家共同就全球经济治理问题进行了研究和讨论，尤其提出针对现在多边贸易的体制，发展中国家的地位应该被重视。Varma（2002）在对全球经济治理的研究中发现，长期以来，全球经济治理主要依靠布雷顿森林体系、世界银行、国际货币基金组织（IMF）和世界贸易组织（WTO）等国际组织，主要站在发达国家的立场上制定政策，其地缘政治理论基础是“中心 - 腹地结构”，广大发展中国家被边缘化，这对发展中国家是不公平的。Quack（2010）认为经济全球化后，全球治理的困难将更多，国际机构纷纷出台各种政策来保证全球经济治理。对于不同国家的经济治理，如何保证合理性是很重要的（Suchman，1995；Black，2007），只有保证公平、合理才能有好的治理效果。奈瑞、伍茨和曲博（2008）研究了全球经济治理机制的改革后发现，IMF、WTO及世界银行等组织应该针对治理的公平性进行改革，为发展中国家争取更多的利益。Lloyd（2012）支持发展中国家在全球治理中提高话语权和决定权，同时也应该承担更多的治理责任。金融危机后，新的世界经济格局正在形成，中国、印度、巴西等新兴发展中国家在国际经济中的影响越来越大，在接下来的全球经济治理中，它们也就能起更大的作用，成为世界地缘经济体系中的枢纽。然而，美国国会始终不通过提高中国、印度在IMF中股份权的协议，压制“金砖国家”，导致目前全球治理出现斗争局面。这样由于全球创新的发展，“亚投行”就具备了发展的必要性。

1.2.2 2008年国际金融危机及各区域应对危机的治理政策

2008年，国际金融危机席卷全球，美国、欧盟、日本等世界主要金融市场都受到了严重的影响。回顾这次金融危机，美国是危机爆发的根源。2007年，美国爆发次贷危机，这主要是由次级抵押贷款机构破产、投资基金被迫关闭、股市剧烈震荡等所引起的，也直接导致全球主要金融市场出现了流动性不足，金融业主导世界的力量不足，导致美国总统奥巴马提出要重振制造业。实际上，除了美国，没有哪个国家能够引发全球范围的金融危机，这主要与美国在全球的经济、政治地位有关。美国是全球唯一的超级大国，而且在当今的美元本位制下，美国在全球金融领域无疑也是当之无愧的中心国，因此，多年来美国一直主导着全球治理的进程。然而，美元本位制带来的是不合理的国家金融体系，美国完全可以通过发行货币将风险转移给他国。另外，由于美国的金融中心地位，其又是最大的经济体、消费国和债务国，很多其他国家的金融市场与美国紧密联系，当美国经济出现动荡时，它们必将受到牵扯。因此，仅仅不到两年的时间里，全球经济经历了美国次贷危机－美国金融危机－全球金融危机－全球实体经济危机（王春满、梅丽和王立军，2009）。

全球金融危机爆发以来，各国政府为了应对危机纷纷出台了救市措施，制定了一系列的政策。这次金融危机的爆发虽然没有影响经济全球化的发展进程，但是，全球经济治理却出现了新的特点与态势。中国全面参与经济全球化将遇到新挑战，但机遇仍然大于挑战（裴长洪，2010）。曲凤杰（2010）研究发现，金融危机结束后，美元本位的国际货币体系面临挑战压力，而人民币国际化的定位是发挥区域核心货币的功能。

在这次金融危机中，作为制造业主导国家的中国受到的影响是相对较小的，类似的还有德国，这主要是因为中国的金融市场对美国的依赖性很小，其金融机构的资金来源也不是美国金融市场。在此次危机中，中国受到伤害最大的是进出口环节（李翀，2009）。为了应对金融危机所带来的不利影响，2008年国务院提出扩大内需的要求，并且制定了宽松的货币政策和积极的财政政策以刺激经济的复苏。这些政策虽然导致了货币超发、通货膨胀等不良结果，但是其积极作用还是不可忽略的。事实上，中国不仅没有发生金融危机，反而还减缓了世界经济危机的蔓延。这说明新的全球地缘政治经济结构使得以中国为代表的制造业主导国家在新的全球经济治理中占有举足轻重的地位，而这种地位在过去的几百年是从来没有过的（胡敏和王铮，2015）。

为应对金融危机，从2007年8月至2008年年底，美联储连续10次下调联邦基金利率；2008年7月至2009年3月，美联储采用多种方式向市场注资9449.8亿美元以救市；美国政府大量购买问题金融机构的股份。通过这些措施，美国的经济在2011年以后确实在就业、零售业等方面得到了好转，但是仍存在着很多问题，低迷的房地产市场、结构性失业、仍然脆弱的金融业、不可持续的公共债务等仍然是制约美国经济发展的因素。2012年9月14日，美联储在货币政策会议后宣布，启动第三轮量化宽松政策（QE3）：将每月向美国经济注入400亿美元，直到疲弱的就业市场持续好转。美国希望通过增加货币流通量，刺激消费，争取尽快使国内经济复苏。日本实行货币宽松化的安倍经济学，在2008年10月降息后又于12月再次下调利率，接近零利率水平；2008 年 9 月至 2009 年 1 月，日本大量向市场注资，共 41.29 万亿日元，同时也大量购买金融机构的股份，将其国有化，企图救市。G7 与美国的金融市场有着密切联系，因此在金融危机中受到了重创。欧洲国家面对金融危机及 2009 年欧债危机的双重打击，也不得不通过降息、向市场注资、国有化金融机构等措施积极救市。美国、日本的这种政策，将给其他国家乃至全球经济治理的进程带来何种影响，这就是我们需要研究和解决的问题，特别是这个问题又与安倍政府“右倾化”道路有关。

在全球经济增长速度放缓的背景下，一些学者认为，有财政盈余的国家应当推行更为宽松的财政政策，以增加政府支出。而俄罗斯财政部在 2012 年 11 月表示，俄罗斯不会通过增加政府预算支出以刺激全球经济增长，反映了作为制造业 - 资源供应业混合类型的国家与 G7 的根本不同。经历了以美国为代表的金融业和制造业主导国家的封锁后，目前俄罗斯更重要的任务是减少预算对石油和天然气的依赖性。

全球金融危机的爆发与蔓延，暴露出了全球金融市场存在的问题，也引发了各国对世界经济秩序重组的重视，不合理的金融结构也将给全球经济治理造成很大的阻碍。

1.2.3 全球气候变化治理

自 20 世纪 90 年代以来，联合国关于全球气候变化治理问题的应对机制已经发展了 20 多年了，经过多次会议与谈判，目前为止已经形成了很多原则和规则，主要包括在《联合国气候变化框架公约》、《京都议定书》、“巴厘岛路线图”、《哥本哈根协议》、《坎昆协议》及一揽子气候决议等国际协议中（薄燕和高翔，2012）。全球气候变化治理是全球治理议程中非常重要的问题之一。气候变化最主要的问题是全球变暖。全球变暖的主要原因是人类的经济活动所造成的温室气体的排放（Lashof and Ahuja，1990）。Dannenberg（2014）认为，全球变暖可能是人类有史以来所面临的最严峻的挑战，气候变化的治理问题是不能失败的。应对气候变化主要就是减排温室气体，其最直接的治理措施就是减缓，具体措施主要有发展低碳经济、改变能源结构、提高能源效率、改善生产技术等。温室气体中对气候变化造成影响最大的是二氧化碳，对全球变暖的成因负有超过 3/4 的责任（顾高翔，2014），另外温室气体还包括一氧化二碳、甲烷、氯氟烃等。过去温室气体排放给当今人类的生活带来不良的影响，而如今的温室气体排放将对未来造成灾难性的后果（Stern，2008）。

全球气候变化治理是必要的，如果放任气候这么变化发展下去，将对人类的生活和经济造成很大的影响，Stern（2007）认为，人类所有的社会活动和经济发展都是以良好的环境为基础的。由于温室气体减排与经济发展之间的相互影响，目前世界各国都面临着经济损失分摊和经济利益分配的问题（顾高翔，2014）。这对于中国、美国等排放大国来说责任重大，但是对于其他国家来说也要共同努力，就像《联合国气候变化框架公约》中的原则之一所说的：共同但有区别的责任和各自能力原则。全球合作应对气候变化才是最好的选择。

发展低碳经济的能源治理是全球气候变化治理的一个重要组成部分。国际上关于能源治理的研究都相对比较分散。有很多研究在国家或者城市区域层面上做了关于能源效率治理的讨论（Dossani，2004; Lin 和 Perkins，2005；Geller、Schaeffer、Szklo et al.，2004），这些文章主要针对某些国家现有的能源政策与机构来进行评价与分析，从而对接下来的正确政策做出建议。Taylor（2008），Fink 和 Cramer（2008），Scheumann（2008）等主要研究了国际机构所制定的能源效率政策是如何影响发展中国家的能源治理的。

除了能源治理，通过技术进步改变产业结构、增加森林植被及通过国际融资改变全球碳汇能力和产业友好，都是应对全球气候变化的重要内容。刘昌新（2013）、顾高翔（2014）、黄蕊（2014）探究了通过这些手段控制全球碳排放的可能性，可惜还没有在治理水平上认识问题。

全球治理需要所有国家的共同努力与合作，因此，不论是全球经济治理还是全球气候变化治理，公平性是很重要的。强势崛起的新兴发展中国家除了应该在国际经济、政治上争夺更多的话语权和决定权，还要承担相应的责任，与发达国家共同合作、相互分担，在公平中一起进行全球治理，而鉴于温室气体减排的复杂性，具体的合作减排方案等需要通过严谨的科学研究来制订。

经济全球化的趋势，意味着全球经济的“一损俱损，一荣俱荣”，这是因为在经济全球化下，全球经济要形成全球经济一般均衡格局，这样全球治理分析就要求在全球经济一般均衡的格局下来研究全球治理问题。

第2章

带创新机制的全球一般均衡模型的建模

在目前的一些全球经济分析特别是与碳排放相关的全球模型中，往往忽视了全球经济一般均衡，这样得到的全球碳减排治理政策、经济治理政策往往包含了刺激经济危机的风险。近年流行的 GTAP 模型，考虑了经济系统一般均衡，但是忽视了全球创新带来的技术进步作用。为了研究经济增长、产业结构、应对气候变化和国际贸易等全球治理面临的问题，本书试图创建一个带创新机制的全球一般均衡模型。在这个模型下获得的全球治理策略是可以防范经济危机的，因为全球经济一般均衡保障了全球生产要素和劳动力的供需平衡，换言之，用一般均衡模型得到的政策手段，可以防范经济危机的发生。这里要特别强调的是，随着经济全球化的发展，全球经济合作日益紧密，国家之间的产业分配和经济分工与合作成为各个国家、地区间地缘政治和地缘经济结构的重要基础，这是全球治理必须应对的。因此，如何建立一个反映经济全球化下经济分工合作的一般均衡模型，对于新地缘政治经济博弈研究至关重要。为此，本书试图建立一个这样的模型，对经济增长、产业结构演化、国际贸易等问题进行模拟和预测，进而做出新地缘政治经济博弈的分析。

经济系统不发生危机的一个必要条件是经济系统达到一般均衡。一般均衡理论最早是由法国的经济学家瓦尔拉斯（Walras）于 1874 年在《纯粹经济学要义》（*Elements of Pure Economics*）中提出的，他认为当经济达到均衡状态时，所有产品和生产要素的价格都有一个确定的均衡值，而且其产出和供给都有一个确定的均衡量。同时，瓦尔拉斯也是边际效益价值论的奠基人之一，关于一般均衡理论的定义，就是结合边际效益价值论提出的。Arrow 和 Debreu（1954）使用数学方法证明了一般均衡理论的存在性，其使用的数学模型也就是著名的阿罗 - 德布鲁（Arrow-Debreu）模型，他们运用集合论、拓扑学等数学工具，精炼了瓦尔拉斯的思想，运用角谷不动点定理证明在有限经济中存在符合帕累托最优的均衡价格。20 世纪 70 年代，法国经济学家格朗蒙（Grandmont）尝试将阿罗 - 德布鲁模型动态化，并发展了短期一般均衡理论。

从 20 世纪 60 年代起，一般均衡理论开始朝应用方向发展，最重要的研究就是可计算一般均衡分析（CGE）。最早的 CGE 模型是由 Johansen 开发的，Johansen（1960）使用两部分增长模型来模拟政策变化对一般均衡的影响，并在计算过程中将非线性的一般均衡方程进行了对数微分将其线性化。Scarf（1967a，1967b，1973），Shoven 和 Whalley（1972，1973，1974） 等将 CGE 模型应用到宏观经济、财政、贸易、税收、收入分配等不同的问题及领域中，推动了 CGE 模型的应用。经过不断的改进和发展，CGE 模型已经成为应用经济学的重要方法之一，是一种有效的政策分析工具。Harberger（1962）使用静态 CGE 模型研究了税收对经济的影响。Bovernger（1984）、Andersson（1987）、Pereira（1988）等使用企业价值或者现金流最大化目标函数将静态 CGE 模型发展为动态的。Ruocco（1996）利用 CGE 模型讨论了意大利的投资、储蓄及财政政策对资本累积的影响。另外，CGE 在环境问题中也得到了广泛的应用。Dufournaud、Harrington 和 Rogers（1988）最早将污染物排放和治理行为引入 CGE 模型中，构建了早期的环境 CGE 模型。Babiker、Viguier 和 Reiuy 等（2001）建立了 GTAP 模型，用于研究《京都议定书》下排污权交易对各国社会福利的影响。Dessus 和 O'Connor（2003）研究了碳减排政策对公众健康的影响。另外，Hason、Robbin 和 Sehluter（1993）、Tyler（1996）等运用 CGE 模型研究了汇率和利率的问题；Siriwardana（1998）、Azis（2000）等运用 CGE 模型对经济危机进行了研究。

国内对 CGE 模型的研究及应用也越来越多。冯珊（1989）建立了早期的中国多部门 C-CGE 模型，主要研究了计划经济与市场经济并存时的经济系统。翟凡、李善同和王直（1996）构建了一个中国的递推动态 CGE 模型，研究不同税收被关税替代后的社会福利及收入分配。王铮、刘扬和傅泽田（1999）

建立 CGE 模型并模拟了粮食价格、涉农产品价格对中国粮食生产、就业的影响，提出粮食顺价销售不会引起粮食生产波动的结论。吴静、王铮和吴兵（2005）针对中国贸易的自由化、碳减排政策、能源价格波动等问题运用 CGE 展开模拟分析。胡宗义和蔡文彬（2007）分别在短期和长期的时间框架下，对能源税的征收进行政策研究。CGE 的发展也为中国应对危机的相关政策模拟提供了方便。利果（2008）开发了一个上海 CGE 系统，用于模拟上海宏观经济运行。孙翊、朱艳鑫和王铮（2010）构建了一个中国多区域可计算一般均衡模型（MReCGE-C），利用该模型分析了中国应对国际金融危机的大规模投资政策。刘昌新（2013）将 CGE 模型引入 IAM 模型中，综合研究了气候变化与经济增长之间的关系。

随着各国经济的开放，它们之间的联系越来越紧密，而就目前的研究看来，缺乏对全球化下经济发展的定量研究，本书将一般均衡模型应用到全球化背景下的经济相互联系、相互影响的研究中，结合地缘政治经济结构，建立了多国多部门一般均衡模型，这也是本书取得的主要进展。汇率、投资、碳减排等要素的加入，可以提高模型的应用性，并将模型用于模拟这些因素对各区域的经济增长、产业结构进化等的影响。

熊文（2010）、Jin（2012）、顾高翔（2014）分别从地缘博弈、全球经济相互作用和全球气候变化治理角度开展了相关工作。本书在他们工作的基础上，拟通过扩展和改进，构建了一个有贸易壁垒的多国多部门的一般均衡模型。在这样的模型中，不仅仅能够刻画全球一般均衡情况下各国、各地区的经济增长和产业结构演化，以及其经济之间的相互作用，还能够把汇率等贸易壁垒作为地缘政治经济治理的工具来探究对国际经济增长、产业格局等的影响。

在本书的模型中，全球被划分成 10 个区域，不同区域在下文中以 j，j 来表示，每个区域包含了 12 个生产部门，不同的部门用 n，k 表示。假设市场上总共有 N 个部门，涵盖国民生产的各个领域。每个区域的每个生产部门都有生产、投资、消费、贸易、技术进步等经济行为。模型采用了 Jin（2012）

的几个基本假设①：

（1）一个国家的所有部门具有相同的工资率；

（2）一个国家的所有部门具有相同的劳动力生产技术；

（3）国家之间不存在劳动力流动；

（4）一个国家的内部劳动力可以自由在不同的部门间流动；

（5）所有国家的贴现率一致。

2.1　生产行为设计

2.1.1　产品生产

在这个模型中，我们以两层嵌套的形式描述各部门的生产行为，即部门总产出由增加值和中间投入构成，而增加值由劳动力和固定资本构成。本模型以 Leontief 生产函数定义总产出的构成形式，以 Cobb-Douglas 生产函数定义增加值的构成形式，并沿用 Jin（2012）对生产过程的假设：同一部门具有唯一的产出弹性；同一国具有唯一的生产技术水平；生产技术水平完全作用于劳动力，形成有效劳动力。生产函数形式如下：

$$Y_{n,t}^{i}=\min\left\{\frac{M_{1,n,t}^{i}}{a_{1,i,n,t}},\dots,\frac{M_{k,n,t}^{i}}{a_{k,i,n,t}},\quad,\frac{M_{N,n,t}^{i}}{a_{I,i,n,t}},\frac{X_{n,t}^{i}}{x_{n}^{i}}\right\},\quad k=1,\cdots,N \tag{2.1}$$

$$X_{n,t}^{i}=(K_{n,t}^{i})^{\alpha_n}(A_t^iL_{n,t}^{i})^{1-\alpha_n} \tag{2.2}$$

式（2.1）中，$Y_{n,t}^{i}$ 为国家 i 部门 n 在第 t 期的总产出；$X_{n,t}^{i}$ 为其增加值；$M_{k,n,t}^{i}$ 为部门 n 在生产过程中对部门 k 产品的中间需求；$M_{m,n,t}^{i}$ 为部门 n 在生产过程中对部门 k 产品的中间需求中进口品的比例系数；$M_{m,n,t}^{i}$ 为部门 n 在生产过程中对部门 k 产品的中间需求中国内产品的比例系数；$a_{k,i,n,t}$ 为对各

① 当然，由于现实世界的政治、经济和文化复杂性，这些假设，只能认为在大多数情况下可以近似成立。然而，对现实世界理论研究的假设从来都是近似的，甚至最严密的欧几里得几何学，也包含了公设，当时它们得到了推论，不可争议地深入了人类的科学认识，指导了人类的实践活动。在经济学中，这是主流方法，而管理学则可以根据经济学的理论研究，在应对现实问题时，面对偏离假设的“异常”，权变处理。

部门的中间需求系数；x_n^i 为增加值比例系数；式（2.2）中，$k_{n,t}^i$ 为国家 i 部门 n 在第 t 期的固定资本量；$L_{n,t}^i$ 为劳动力数量；A_t^i 为生产技术水平；α_n 为部门 n 的产出弹性。

由于我们考虑了国际贸易的因素，所以总产出中中间需求的部分可以分为国外进口的中间需求部分 $M_{m,n,t}^i$ 和国内产出的中间需求部分 $M_{d,n,t}^i$。分别表示为

$$M_{m,n,t}^i = \sum_n (mC^i \cdot X_{n,t}^i) \tag{2.3}$$

$$M_{d,n,t}^i = \sum_n (dC^i \cdot X_{n,t}^i) \tag{2.4}$$

式（2.3）中，mC^i 为 i 国中间需求中进口品的比例系数，式（2.4）中的 dC^i 表示 i 国中间需求中国内产品的比例系数。

2.1.2 资本生产

依照 Abel（2003）、Jin（2012）的理论，资本也以 Cobb-Douglas 形式更新累加：

$$K_{n,t+1}^i = a(I_{n,t}^i)^{\phi}(K_{n,t}^i)^{1-\phi} \tag{2.5}$$

式中，$I_{n,t}^i$ 为第 t 期国家 i 部门 n 得到的投资数，包含国内投资和国外投资两部分；ϕ 为资本生产的产出弹性；a 为其全要素生产率。对式（2.5）求 $I_{i,t}^j$ 的偏导，可以得出投资的边际产出，其倒数是资本的价格：

$$q_{n,t}^i = 1 / \frac{\partial K_{n,t+1}^i}{\partial I_{n,t}^i} = \frac{1}{a\phi}\left(\frac{I_{n,t}^i}{K_{n,t}^i}\right)^{1-\phi} \tag{2.6}$$

因此，在第 t 期生成的固定资本的价值为

$$q_{n,t}^i K_{n,t+1}^i = \frac{I_{n,t}^i}{\phi} \tag{2.7}$$

企业在每期的 GDP 由产品生产增加值和资本生产增加值两部分组成，即

$$\mathrm{GDP}_t^i = X_t^i - \frac{1-\phi}{\phi} I_t^i \tag{2.8}$$

2.2　创新与技术进步

全球创新的一个主要经济表现是技术进步。技术进步是实现经济增长的必要条件。技术进步之所以能够实现经济增长，主要是因为能够使同样数量的生产要素生产出更多的产品，或者是使用较少的投入就可以生产出与之前相同数量的产品来。依据诺贝尔经济学奖获得者、美国经济学者索洛的经济增长模型的描述，从长期来看，经济的增长源于技术进步和人口的增长。而人口的增长将会破坏可持续发展，因此，技术进步将是主要的经济增长源泉，只有依靠技术进步，经济增长才会有较大的动力。

技术进步有狭义和广义之分。狭义的技术进步主要是指生产工艺、中间投入品及制造技能等方面的发展和改进，是指在物质生产中使用更高的劳动手段，从而推动社会生产力不断发展的过程。广义的技术进步是指技术所涵盖的各种形式的知识积累与改进，是存在于一切社会活动中的，不仅包括狭义技术进步的意义，还包括知识投资、管理、服务技术等方面的改进。根据索洛经济增长理论的描述，广义的技术进步是指在经济增长中除去劳动和资本所做出的贡献剩余的部分因素。衡量技术进步水平的量化指标为技术进步速度（赵俊民，2002）。

本书的模型发展了 Lorentz 和 Savona（2008），Wang、Liu 和 Dai（2010）关于创新推动技术进步的模型，假设世界的创新对技术的推动体现在两个方面，分别是生产技术水平 A_t^i 的提高和中间需求系数 $a_{n,t}^{i,k}$ 的下降。前一方面创新体现部门生产能力的提升，而后一方面则体现生产过程中对中间投入需求的减少。在本书中，我们称这两种创新带来的技术进步形式为劳动力技术水平进步和过程技术进步（process progress，也译为工艺技术进步）。

2.2.1　劳动力技术水平进步

本书参考 Arrow（1962）、Romer（1986）的方法，认为生产技术水平 A_t^i 与部门的资本累积有关，写为

$$A_t^i = B_t^i (K_t^i)^{\varphi} \tag{2.9}$$

式中，B_t^i 为资本的累积（包括固定资本和知识资本）与劳动力生产技术水平之间的转化率；φ 为弹性系数。参照顾高翔（2014）的研究，由于在模拟的基期，各国间的转化率 B_1^i 具有较大的差异，所以在这里设置了一个追赶系数，使得初期 B 较小的国家能够在经济进步过程中向 B 值较大的国家逼近：

$$B_t^i = \tau^i t^{\gamma} \tag{2.10}$$

2.2.2 过程技术进步

本书除了考虑劳动力技术进步，还特别强调了过程（process，或者翻译为工艺）技术进步的作用。在生产过程中，为了追求更高的利润，在保证质量的前提下，企业会希望使用尽量低的成本来进行生产活动。因此，企业会针对生产过程在生产技术上进行创新，通过投入研发力量，来提高产品工艺水平、强化生产熟练度、改进生产流程、降低中间投入等，从而进行过程创新（龚轶，2013）。这种生产过程的创新，就是过程技术进步。过程技术进步主要体现为中间投入使用的不断下降，也就是中间需求系数的变动。

而对于中间需求系数 $a_{n,t}^{i,k}$ ，本书参考 Lorentz 和 Savona（2008）、Lorentz 和 Savona（2010）的工作，采取循环随机冲击方法，冲击服从正态分布而且直接作用于生产过程，每一期对各国各部门的中间需求系数进行多次随机冲击，模拟部门生产对中间品需求的减少。

$$\ln(a'_{k,i,n,t}) = \ln(a^*_{k,i,n,t,z}) + \varepsilon_{i,k,n,t,z} \tag{2.11}$$

$$\varepsilon_{i,k,n,t,z} \sim N(0;\rho) \tag{2.12}$$

式（2.11）和式（2.12）中，z 为第 z 次迭代；$a^*_{k,i,n,t,z}$ 为 z 次迭代之后第 t 期国家 i 部门 n 对产品 k 的中间需求系数，$\varepsilon_{i,k,n,t,z}$ 为服从 $N(0;\rho)$ 分布的随机数。这样可以产生一组新的中间需求系数$\left(a'_{1,i,n,t},\cdots,a'_{k,i,n,t},\cdots,a'_{N,i,n,t}\right)$。当这组新的中间需求系数所产生的单位生产成本 $\sum_{k=1}^{I} a'_{k,i,n,t} p_{n,t}$ 小于冲击之前的单位产生成本，则这组新的中间需求系数被接受；否则，则维持原先的中间需求系数。这个特点反映了技术创新的进化经济学特征，即工艺技术进步微观上是由经济系统的利益选择机制最后完成的。

$$\left(a^*_{1,i,n,t,z+1},\cdots,a^*_{k,i,n,t,z+1},\cdots,a^*_{N,i,n,t,z+1}\right)$$
$$=\begin{cases}\left(a'_{1,i,n,t},\cdots,a'_{k,i,n,t},\cdots,a'_{N,i,j,t}\right) & \text{if } \sum_{k=1}^{I} a'_{k,i,n,t}p_{n,t} < \sum_{k=1}^{I} a^*_{k,i,n,t,z}p_{n,t} \\ \left(a^*_{1,i,n,t,z},\cdots,a^*_{k,i,n,t,z},\cdots,a^*_{N,i,n,t,z}\right) & \text{Otherwise}\end{cases} \tag{2.13}$$

当 Z 次循环迭代结束后，将得到 $\left(a^*_{1,i,n,t,Z},\cdots,a^*_{N,i,n,t,Z}\right)$ 赋予下一期的中间需求系数：

$$\left(a_{1,i,n,t+1},\cdots,a_{N,i,n,t+1}\right)=\left(a^*_{1,i,n,t,Z},\cdots,a^*_{N,i,n,t,Z}\right) \tag{2.14}$$

2.3　进出口价格体系

此模型是一个开放经济模型结构，在这个模型中，价格体系主要参考 CGE 模型中开放经济体的价格体系来刻画。其中商品分为三部分。一是第 t 期国家 i 部门 n 国内生产用于国内销售的部分，记为 $QD^i_{n,t}$；二是第 t 期国家 i 部门 n 国内生产用于出口的部分，记为 $QE^i_{n,t}$；三是第 t 期国家 i 部门 n 销售的进口品，记为 $QM^i_{n,t}$。在活动和商品两个账户中，各由上述三部分组成。第 t 期国家 i 部门 n 国内生产产出分别形成 $QD^i_{n,t}$ 和 $QE^i_{n,t}$，而第 t 期国家 i 部门 n 国内销售的商品由 $QD^i_{n,t}$ 和 $QM^i_{n,t}$ 组成，而它们的具体关系见图 2.1。

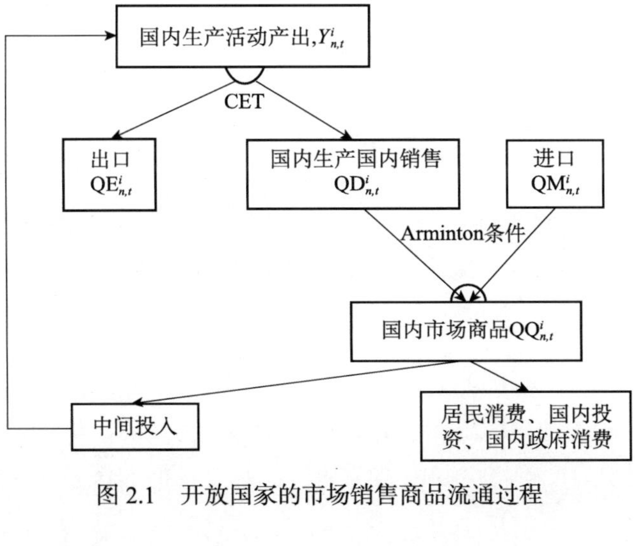

图 2.1　开放国家的市场销售商品流通过程

2.3.1 出口市场与国内市场

国内生产活动的总产出 Y 如何在国内销售 QD 和出口 QE 中分配，主要受到国内价格和国际价格的相对水平的影响。它们之间会有个外凸的生产可能性边界，如图 2.2 所示。这个生产可能性边界，由 CET（constant elasticity of transformation）函数表示。CET 函数的数学表达和 CES 函数相同，只是决定替代弹性大小的参数 ρ 必须大于 1（替代弹性为 $\frac{1}{1+\rho}$），这样才能形成相应的生产可能性边界的凸起形状。外凸的 CET 函数表示 QD 和 QE 是替代品但不是完全替代品。国内销售产品 QD 的价格为 PD；出口品 QE 的价格为 PE。则 QD 和 QE 与 Y 的关系式为

$$Y_{n,t}^{i}=\alpha_{a,n,t}^{i}[\delta_{a,n,t}^{i}(\mathrm{QD}_{n,t}^{i})^{\rho_{a,n}}+(1-\delta_{a,n,t}^{i})(\mathrm{QE}_{n,t}^{i})^{\rho_{a,n}}]^{\frac{1}{\rho_{a,n}}},\rho_{a,n}>1 \quad (2.15)$$

式中，$\alpha_{a,n,t}^{i}$ 为 CET 函数的全要素生产率；$\delta_{a,n,t}^{i}$ 为 $\mathrm{QD}_{n,t}^{i}$ 和 $\mathrm{QE}_{n\ t}$ 在总产量 $Y_{n,t}^{i}$ 中的分配参数。参数 $\rho_{a,n}$ 与 $\mathrm{QD}_{n,t}^{i}$ 和 $\mathrm{QE}_{n,t}^{i}$ 之间的替代弹性有密切联系。

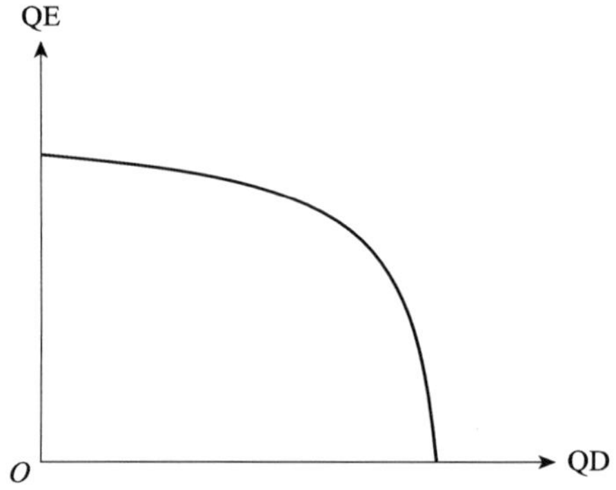

图 2.2 以生产可能性边界来表示的国内使用和出口之间的分配

给定总产量 Y，企业选择 QD 和 QE 的组合以实现收入最大化。国内和出口的相对价格的变化影响国内销售和出口的相对数量。这是由最大化收入的一阶条件所决定的：

$$\frac{\mathrm{PD}_{n,t}^{i}}{\mathrm{PE}_{n,t}^{i}}=\frac{\delta_{a,n,t}^{i}}{1-\delta_{a,n,t}^{i}}\left(\frac{\mathrm{QE}_{n,t}^{i}}{\mathrm{QD}_{n,t}^{i}}\right)^{1-\rho_{a,n}} \quad (2.16)$$

活动部门的生产价格由国内销售和出口两个价格加权平均合成：

$$\mathrm{PA}^{i}_{n,t} = \mathrm{PD}^{i}_{n,t}\frac{\mathrm{QD}^{i}_{n,t}}{\mathrm{Y}^{i}_{n,t}} + \mathrm{PE}^{i}_{n,t}\frac{\mathrm{QE}^{i}_{n,t}}{\mathrm{Y}^{i}_{n,t}} \tag{2.17}$$

出口价格受国际市场价格和汇率的影响：

$$\mathrm{PE}^{i}_{n,t}=\mathrm{p\omega e}_a R^i \tag{2.18}$$

式中，$\mathrm{p\omega e}_a$ 为用美元计算的商品的离岸价格；R^i 为 i 国货币兑美元的汇率。

2.3.2　进口市场与国内市场

国内市场销售的商品 $\mathrm{QQ}^i_{n,t}$ 由国内生产国内销售 $\mathrm{QD}^i_{n,t}$ 和进口 $\mathrm{QM}^i_{n,t}$ 组成。$\mathrm{QD}^i_{n,t}$ 和 $\mathrm{QM}^i_{n,t}$ 是替代品但不是完全替代品。国内销售产品 $\mathrm{QD}^i_{n,t}$ 的价格为 $\mathrm{PD}^i_{n,t}$；进口品 $\mathrm{QM}^i_{n,t}$ 的价格为 $\mathrm{PM}^i_{n,t}$。而 $\mathrm{QD}^i_{n,t}$ 和 $\mathrm{QM}^i_{n,t}$ 之间的关系用 CES 函数来表示。这个 CES 关系被称为“阿明顿条件”，源于最早提出这个方法的学者阿明顿（Armington）的名字。由于同样的商品之间相互替代弹性较大，所以与 $\mathrm{QD}^i_{n,t}$ 和 $\mathrm{QM}^i_{n,t}$ 的替代弹性关系密切的 $\rho_{c,n}$ 是介于 0 和 1 之间的。则 $\mathrm{QD}^i_{n,t}$ 和 $\mathrm{QM}^i_{n,t}$ 与 $\mathrm{QQ}^i_{n,t}$ 的关系式为

$$\mathrm{QQ}^{i}_{n,t} = \alpha^{i}_{c,n,t}[\delta^{i}_{c,n,t}(\mathrm{QD}^{i}_{n,t})^{\rho_{c,n}} + (1-\delta^{i}_{c,n,t})(\mathrm{QE}^{i}_{n,t})^{\rho_{c,n}}]^{\frac{1}{\rho_{c,n}}}, 0<\rho_{c,n}<1 \tag{2.19}$$

式中，$\alpha^{i}_{c,n,t}$ 为全要素生产率；$\delta^{i}_{c,n,t}$ 为 $\mathrm{QD}^i_{n,t}$ 和 $\mathrm{QE}^i_{n,t}$ 在 $\mathrm{QQ}^i_{n,t}$ 中的分配参数。参数 $\rho_{c,n}$ 与 $\mathrm{QD}^i_{n,t}$ 和 $\mathrm{QM}^i_{n,t}$ 之间的替代弹性有密切联系。

国内和进口的相对价格的变化影响国内销售和进口的相对数量。满足最小化成本的一阶条件后可得

$$\frac{\mathrm{PD}^{i}_{n,t}}{\mathrm{PM}^{i}_{n,t}} = \frac{\delta^{i}_{c,n,t}}{1-\delta^{i}_{c,n,t}}\left(\frac{\mathrm{QM}^{i}_{n,t}}{\mathrm{QD}^{i}_{n,t}}\right)^{1-\rho_{c,n}} \tag{2.20}$$

市场上销售商品的价格由国内销售和进口两个价格加权平均合成：

$$\mathrm{PQ}^{i}_{n,t} = \mathrm{PD}^{i}_{n,t}\frac{\mathrm{QD}^{i}_{n,t}}{\mathrm{QQ}^{i}_{n,t}} + \mathrm{PM}^{i}_{n,t}\frac{\mathrm{QM}^{i}_{n,t}}{\mathrm{QQ}^{i}_{n,t}} \tag{2.21}$$

进口价格受国际市场价格和汇率的影响：

$$\mathrm{PM}^{i}_{n,t}=\mathrm{p\omega m}_c R^i \tag{2.22}$$

式中，$\mathrm{p\omega m}_c$ 为用美元计算的商品价格；R^i 为 i 国货币兑美元的汇率。

2.4 工 资 率

劳动者的工资率等于劳动力的边际产出，在此模型中，劳动者在本国具有完全流动性，因此在均衡条件下，同一国家各部门的工资率是相同的。

$$w_{n,t}^{i} = \frac{\partial Y_{n,t}^{i}}{\partial L_{n,t}^{i}} \mathrm{PA}_{n,t}^{i} \tag{2.23}$$

假设在国家之间没有贸易壁垒，并且达到平衡条件，一种产品的市场价格是统一的。这里定义产品的复合价格指数为

$$P_t = \left[\sum_{n=1}^{N} \gamma_n \overline{p_{n,t}}^{1-\theta} \right]^{\frac{1}{1-\theta}} = 1 \tag{2.24}$$

式中，γ_n 为每种产品的份额指数。

劳动力数量的增长方程为

$$L_t^i = \eta_p^i (1 + r_{p,t}^i) \mathrm{Pop}_t^i \tag{2.25}$$

式中，$r_{p,t}^i$ 为国家 i 在 t 期的人口自然增长率；η_p^i 为劳动力数量占总人口的比例；Pop_t^i 为国家 i 在 t 期的总人口数。

2.5 市场出清与均衡条件

产品市场的出清条件是保证产量与其消费和投资的总和相等，也就是说产量与当期消费的总价值量和下期资本存量的总价值量的和相等。首先，第 t 期国家 i 要满足投入产出中的投入产出均衡，每期的中间投入价值之和与增加值价值之和的总和应该等于每期的总产出的价值量，即可以表示为

$$Y_{n,t}^{i} PA_{n,t}^{i} = \sum_{k} M_{k,n,t}^{i} PQ_{n,t}^{i} + \sum_{n} x_{k,n,t}^{i} PD_{n,t}^{i} \tag{2.26}$$

式中，$M_{k,n,t}^{i}$ 为在第 t 期国家 i 部门 n 对产品 k 的中间投入使用部分。考虑到国际贸易，因此中间投入部分应该由两部分组成，一部分是国外进口的，一

部分是本国自己生产的：

$$M_{k,n,t}^{i} = \mathrm{MD}_{k,n,t}^{i} + \sum\nolimits_{j}^{i} \mathrm{MT}_{k,n,t}^{j,i} \tag{2.27}$$

式中，$\mathrm{MD}_{k,n,t}^{i}$ 表示国内产品的中间投入量；$\sum_{j}^{i} \mathrm{MT}_{k,n,t}^{j,i}$ 为中间投入中的进口品部分；$\mathrm{MT}_{k,n,t}^{j,i}$ 为从国家 j 销往国家 i 的产品 k 的数量。

最终使用同样也分为国内部分和国外部分，而且使用时分为最终消费和投资两部分：

$$U_{n,t}^{i} = \mathrm{UD}_{n,t}^{i} + \sum\nolimits_{j} \mathrm{UT}_{n,t}^{i,j} = C_{n,t}^{i} + I_{n,t}^{i} \tag{2.28}$$

式中，$U_{n,t}^{i}$ 为第 t 期国家 t 的部门 n 的最终使用。其中，$\mathrm{UD}_{n,t}^{i}$ 为第 t 期国家 i 的部门 n 生产的产品被国内居民消费的数量；$\mathrm{UT}_{n,t}^{i}$ 为第 t 期国家 i 的部门 n 生产的产品被国家 j 的消费者最终使用的数量；$\sum_{j} \mathrm{UT}_{n,t}^{i,j}$ 为第 t 期国家 i 的部门 n 生产的产品被外国居民最终使用的数量总和。

根据 Jin（2012），复合投资、复合消费由 CES 函数复合，即

$$I_{n,t}^{i} = \left[\sum\nolimits_{n} \gamma_{n}^{\frac{1}{\theta}} \left(x_{n,t}^{i}\right)^{\frac{\theta-1}{\theta}}\right]^{\frac{\theta}{\theta-1}} \tag{2.29}$$

$$C_{t}^{i} = \left[\sum\nolimits_{n} \gamma_{n}^{\frac{1}{\theta}} \left(c_{n,t}^{i}\right)^{\frac{\theta-1}{\theta}}\right]^{\frac{\theta}{\theta-1}} \tag{2.30}$$

式（2.29）和式（2.30）中，$c_{n,t}^{i}$ 为国家 i 部门 n 的增加值中用于消费的部分；$x_{k,n,t}^{i}$ 为在第 t 期部门 n 的增加值对国家 i 部门 n 的投资的产品 k 的数量；γ_n 为 n 在全球产出均衡中的一个份额参数；θ 为 CES 函数的弹性系数。根据 Jin（2012），$x_{n,t}^{i}$ 和 $c_{n,t}^{i}$ 可以表示为

$$c_{n,t}^{i} = \gamma_n \left(p_{n,t}^{i}\right)^{-\theta} C_{t}^{i} \tag{2.31}$$

$$x_{n,t}^{i} = \gamma_n \left(p_{n,t}^{i}\right)^{-\theta} I_{n,t}^{i} \tag{2.32}$$

同样，全球的产品市场也要出清，假设部门 n 在第 t 期的全球总产出为 $Y_{n,t}^{g}$，则产品 n 的出清条件为

$$Y_{n,t}^{g} = \sum\nolimits_{i} X_{n,t}^{i} \mathrm{PD}_{n,t}^{i} + \sum\nolimits_{i} \sum\nolimits_{k} M_{k,n,t}^{i} \mathrm{PQ}_{n,t}^{i} \tag{2.33}$$

另外，还要考虑全球市场增加值的出清。劳动力增加值和资本增加值构成了全球总的增加值，而使用的过程中，分为消费和投资两个部分。因此，

增加值的出清可以表示为

$$X_{n,t}^{g}=\sum_{i}X_{n,t}^{i}=\sum_{i}c_{n,t}^{i}+\sum_{i}\sum_{k}x_{k,n,t}^{i} \tag{2.34}$$

根据 Jin（2012），复合价格指数同样由 CES 函数复合，表示为

$$\overline{p}_{n,t}=\left[\sum_{n}\gamma_{n}(p_{n,t}^{i})^{1-\theta}\right]^{\frac{1}{1-\theta}}=1 \tag{2.35}$$

由式（2.31）和式（2.32）产品价格之间的相对关系：

$$\left(\frac{\overline{p}_{n,t}}{\overline{p}_{m,t}}\right)^{-\theta}=\frac{\gamma_{n}c_{n,t}^{i}}{\gamma_{m}c_{m,t}^{i}}=\frac{\gamma_{n}x_{n,t}^{i}}{\gamma_{m}x_{m,t}^{i}} \tag{2.36}$$

经整理后可以得到：

$$\left(\frac{\overline{p}_{n,t}}{\overline{p}_{m,t}}\right)^{-\theta}=\frac{\gamma_{m}}{\gamma_{n}}\frac{\sum_{i}c_{n,t}^{i}}{\sum_{i}c_{m,t}^{i}}=\frac{\gamma_{m}}{\gamma_{n}}\frac{\sum_{i}\sum_{n}x_{n,t}^{i}}{\sum_{i}\sum_{m}^{I}x_{m,t}^{i}}=\frac{\gamma_{m}}{\gamma_{n}}\frac{X_{n,t}^{g}}{X_{m,t}^{g}} \tag{2.37}$$

$$\frac{\overline{p}_{n,t}}{\overline{p}_{m,t}}=\left(\frac{X_{m,t}^{g}}{X_{n,t}^{g}}\cdot\frac{\gamma_{n}}{\gamma_{m}}\right)^{\frac{1}{\theta}} \tag{2.38}$$

这样便可以得到产品价格与增加值之间的相对关系，也就是价格的均衡出清方程。

为了简化均衡模型的求解，本书沿用了 Jin（2012）的两个基本假设：①假设消费品复合函数、投资复合函数和价格复合函数中的常替代弹性 $\theta=1$；②假设消费者具有对数效用偏好，即 $\rho=1$。这样，价格出清方程可以简化为

$$\overline{p}_{n,t}=\frac{\gamma_{n}}{X_{n,t}^{g}}X_{t}^{g} \tag{2.39}$$

此外，本模型中劳动力数量是外生的，而且假设所有劳动者都就业，这样，劳动力出清方程可以表示为

$$\sum_{n}L_{n,t}^{i}=L_{t}^{i} \tag{2.40}$$

2.6 储蓄行为

对于消费者的消费行为和储蓄行为，参照 Jin（2012），本书使用了一个

世代交叠模型。我们把所有消费者分为两组：劳动组和退休组。劳动组是企业生产的劳动力的来源，一个劳动者提供一单位的劳动力。劳动者的收入来自于当期的工资收入，通过计算他们的最优消费比例，将工资的一部分进行储蓄，储蓄将用来在退休期进行消费。退休组收入来源为先前工作时期的储蓄和利息，他们不再进行储蓄，每期把收入全部用于消费。为了简化模型，在本书中，我们假设处于劳动组的劳动者每期获得的工资只用于当期消费和退休后的消费，则其每期工资的效用为

$$U_t(w_t) = \frac{\left(c_t^w\right)^{1-\rho}}{1-\rho} + \beta^{\tau-t}\mathrm{E}\left(\frac{\left(c_\tau^r\right)^{1-\rho}}{1-\rho}\right) \tag{2.41}$$

式中，U_t（w_t）为第 t 期工资 w_t 的效用；$c^w{}_t$ 为用于当期的消费；$c^r{}_\tau$ 为退休之后每期的消费；β 为贴现率；ρ 为消费者的时间偏好；τ-t 为从第 t 期到退休后储蓄使用时间 τ 之间的时间跨度。为了简化模型，我们忽略了各区域劳动力的年龄结构，将工作和退休之间的时间差简化为一个固定常数 $\Delta\tau$ 。假设劳动者开始劳动的年龄为 20 岁，退休的年龄为 60 岁，期望寿命也就是平均寿命为 75 岁。本书中，我们假设劳动组的平均年龄为 40 岁、退休组的平均年龄为 67 岁，$\Delta\tau = 27$，则消费的预算约束可以表示为

$$w_t = c_t^w + \prod_{s=1}^{\Delta\tau}(R_s)^{-1}c_\tau^r \tag{2.42}$$

式中，R_s 为第 s 期的资本回报率。

根据 2.5 节中的假设条件 2（$\rho = 1$），结合式（2.41）和式（2.42），可以得到消费者效用函数：

$$\begin{aligned} U_t &= \ln\left(c_t^w\right) + \beta^{\Delta\tau}\ln\left(c_\tau^r\right) = \ln\left(c_t^w\right) + \beta^{\Delta\tau}\ln\left(\left(w_t - c_t^w\right)\prod_{s=1}^{\Delta\tau}R_s\right) \\ &= \ln\left(c_t^w\right) + \beta^{\Delta\tau}\ln\left(w_t - c_t^w\right) + \beta^{\Delta\tau}\ln\left(\prod_{s=1}^{\Delta\tau}R_s\right) \end{aligned} \tag{2.43}$$

对式（2.43）中的 $c^w{}_\tau$ 求导，可以得到消费者效用最大化条件下的当期劳动者消费数量为

$$U_t^{'} = \frac{1}{c_t^w} + \beta^{\Delta\tau}\left[\frac{-1}{\left(w_t - c_t^w\right)}\right] = 0 \tag{2.44}$$

$$c_t^w = \frac{1}{\beta^{\tau-t} + 1} w_t \tag{2.45}$$

因此，消费者每期的最优储蓄率是

$$\mathrm{SO}_t = \frac{\beta^{\Delta t}}{\beta^{\Delta t} + 1} \tag{2.46}$$

这表明，如果各区域的贴现率一致，则各区域的最优储蓄率也是一致的。然而，现实生活中，由于有许多外界因素的干扰，消费者并非是完全理性的，也就是说，他们不会全部按照最优储蓄率来做出消费和储蓄的决策，而且各国真实的储蓄率与最优储蓄率之间也存在着一定的差异。为了更真实地描述消费者的行为，在本模型中，采取了一种真实储蓄率和最优储蓄率相结合的方式，我们通过外生给定权重变量将各国的储蓄率按照一定的速率，随着时间的变化向最优储蓄率逼近。

$$s_t^i = \zeta_t \mathrm{SR}_i + \left(1 - \zeta_t\right)\mathrm{SO}_t \tag{2.47}$$

式中，SR_i 为各区域的真实储蓄率；ζ_t 为真实储蓄率和最优储蓄率之间的权重参数，$\zeta_t \in \left(0,1\right)$，随着 t 的增加，ζ_t 逐渐趋近于 1。

在世代交叠模型下，投资完全由当期劳动者的储蓄决定，而本期的资本收益则作为退休组的收入被消费掉，因此第 t 期国家 i 的消费总量 C_t^i 可以表示为 $X_t^i - s_t^i W_t^i$，则国家 i 到第 t 期的累计效用可以表示为

$$\mathrm{UA}^i\left(T\right) = \sum_{t=1}^{T} \beta^t \mathrm{Pop}_t^i \frac{\left(C_t^i / \mathrm{Pop}_t^i\right)^{1-\rho}}{1-\rho} \tag{2.48}$$

式中，$\mathrm{UA}^i\left(T\right)$ 为从第 1 期到第 t 期国家 i 的累计效用。

2.7 投资模式设计

经济系统需要投资驱动，投资模式往往具有创新表现。为了刻画这一机

制，我们由一般均衡条件下得到的工资方程和价格方程，可以得到全市场的总工资数：

$$W_t^g = \sum_i \sum_n (1-\alpha_n) Y_{n,t}^i \frac{Y_t^g}{Y_{n,t}^g} \gamma_n = Y_t^g \sum_n (1-\alpha_n)\gamma_n \qquad (2.49)$$

可见全市场总工资为总产出的固定份额，令 $\sum_n (1-\alpha_n)\gamma_n$ ，则每期的全市场投资数占总产出的比例：

$$I_t^g = \phi \sum_i s_i \sum_n (1-\alpha_n)\gamma_n Y_t^i \qquad (2.50)$$

式中，s_i 为 i 国的储蓄率。

本书的资本流动由两部分组成，一部分是对经济体规模的追求，一部分是对资本回报率的追求，模型中，各国各部门所获得的投资占总投资数的比例为

$$R_{n,t}^i = \mu R_1(n,i,t) + (1-\mu) R_2(n,i,t) \qquad (2.51)$$

式中，R_1 和 R_2 分别为在追求经济体规模和追求资本回报率情况下的投资占比；$\mu \in [0,1]$ 为 R_i 权重系数，经验证，在本模型中，$\mu = 0.8$ 的情况下，经济模拟结果更加符合实际情况。μ 的变化意味着投资模式的创新。R_1 的表达式引自 Jin（2012），其设计的基本思想是保证单位投资在各国各部门所获得的回报相等：

$$R_1(n,i,t) = \frac{\alpha_n \gamma_n}{s_k + \frac{(1-\phi)\beta}{1+\beta} s_l} \mathrm{E}\left[\frac{Y_{n,t+1}^i}{Y_{n,t+1}^g}\right] + \frac{\frac{(1-\phi)\beta}{1+\beta} s_l}{s_k + \frac{(1-\phi)\beta}{1+\beta} s_l} \mathrm{E}\left[R_{n,t+1}^i\right] \qquad (2.52)$$

从式（2.52）的形式来看，R_1 为一种以产出占划分投资比例的资本分配模式。在模型的计算过程中，我们用模拟前期得到的 $Y_{n,t}^i / Y_{n,t}^g$ 和 $R_{n,t+1}^i$ 的结构求平均，代替对下期的期望 $\mathrm{E}\left[Y_{n,t+1}^i / Y_{n,t+1}^g\right]$ 和 $\mathrm{E}\left[R_{n,t+1}^i\right]$。

R_2 为基于资本吸引力的各国各部门投资占比。与 R_1 不同，R_2 从微观角度出发，采取自下而上的视角体现资本流动过程中的逐利性，即向资本回报率高的部门流动。因此国家或区域间的联系采用地理学的空间相互作用模式，对此，王铮、葛昭攀和廖悲雨（2007）用指数形式表示地区间的产出差，得到地区间资本吸引力强度公式：

$$\mathrm{TK}_{n,i}^{m,j} = K_{n,t}^{i} w_{t}^{j} L_{t}^{j} \frac{\alpha_m Y_{m,t}^{j}}{K_{m,t}^{j}} \exp\left(-\upsilon \left|\ln \frac{Y_{t}^{i}}{Y_{t}^{j}}\right| + 1\right) \tag{2.53}$$

基于资本吸引力的国际资本投资分配函数为

$$R_2(n,i,t) = \frac{\sum_{m,j} \frac{\mathrm{TK}_{m,j}^{n,i}}{\sum_{i,j} \mathrm{TK}_{m,j}^{n,i}} \left(\frac{\phi\bar{\beta}}{1+\bar{\beta}} S_{m,t}^{j}\right)}{I_t^g} \tag{2.54}$$

式中，$\mathrm{TK}_{n,i}^{m,j}$ 为国家 i 部门 n 对国家 j 部门 m 的资本吸引力强度；υ 为两国增加值比值对资本吸引力的影响系数；$S_{m,t}^{j}$ 为由国家 j 部门 m 的储蓄。

各国最终获得的投资比例可以表示为

$$R_{n,i,t}^{*} = A\xi^{i} R_{n,t}^{i} \tag{2.55}$$

式中，A 为归一化参数；ξ^{i} 为各国的投资权重。各国各部门所获得的投资数为

$$I_{n,t}^{i} = R_{n,i,t}^{*} I_t^g \tag{2.56}$$

而其经常账户表示为

$$\mathrm{CA}_t^i = w_t^i L_t^i - \sum_n I_{n,t}^{i} \tag{2.57}$$

2.8 碳核算模块

为研究全球变化的治理问题，本模型从福利经济学角度考虑了碳排放问题。为此，参考顾高翔（2014），在本书的模型中，能源的使用量根据各部门对能源部门的中间需求系数和各个部门总产出计算得到。

$$E_{n,t}^{i} = \tau_{n,i}^{e} a_{E,i,n,t} Y_{n,t}^{i} \tag{2.58}$$

式中，$E_{n,t}^{i}$ 为国家 i 部门 n 在第 t 期的能源使用量；$a_{E,i,n,t}$ 为国家 i 部门 n 在第 t 期对能源部门的中间需求；$\tau_{n,i}^{e}$ 为国家 i 部门 n 使用一单位能源部门产品折合能源使用量的比例，也就是能源强度。

能源部门所提供的能源有多种来源，不同的能源其碳排放强度各不相同，因此在计算一国总的碳排放量时，需要考虑该国的能源结构及其变化。在本

书模型中，一国由经济活动产生的碳排放总量需要根据其总的能源消费量、能源结构和各化石能源的碳排放强度得到。

$$\mathrm{QP}_t^i = \sum_e \tau_i^c \kappa_{e,n,t} \sum_n E_{n,t}^i \tag{2.59}$$

式中，$\kappa_{e,n,t}$ 为国家 j 在第 t 期化石能源 e 所提供的能源消费量占比；τ_i^c 为国家 i 能源 e 的碳排放强度；QP_t^i 为碳排放量。在本书中，化石能源则被分为石油、煤和天然气三种。能源部门各种化石能源消费占比的外生变化趋势由 EIA 能源数据拟合得到。

此外，全球土地利用的变化同样会导致 CO_2 的排放，其每年的排放量为

$$\mathrm{QL}_t = \mathrm{QL}_{t0}\left(1-\gamma_{le}\right)^t \tag{2.60}$$

式中，QL_t 为第 t 期由土地利用变化带来的全球碳排放量；QL_{t0} 为全球土地利用变化碳排放量的初始值；γ_{le} 为全球土地利用变化碳排放量的年衰减率。

因此，全球当期总的碳排放量为

$$Q_t = \sum_i^I \mathrm{QP}_t^i + \mathrm{QL}_t \tag{2.61}$$

2.9　气候反馈模块

这一部分主要是衡量经济发展与气候变化之间的关系。在全球经济的发展过程中，会有大量温室气体排放，导致大气温度上升；同时，温度的上升会对经济发展造成不利影响，这就形成了一个经济－环境－经济相互影响的动态过程。因此，气候反馈模块是经济系统和气候系统相互耦合的重点，从而可以对减排政策及气候变化对经济的影响做出模拟。

本书提出的全球治理模型其气候反馈模块采用的是 Nordhaus 模式（Nordhaus and Yang，1996）。

在 Nordhaus 模式中，温度上升对经济产生的影响可以表示为

$$\Omega_{n,i,t}^N = \frac{1-b_{1,i}\mu_t^i}{1+\left(\dfrac{D_{0,i}}{9}\right)T_t^2} \tag{2.62}$$

式中，$b_{1,i}$ 为国家 i 的生产型破坏系数；$D_{0,i}$ 为温度上升 3℃导致的 GDP 损失；T_t 为 t 时期温度；μ^i_t 为国家 i 的减排控制率；$1-b_{1,i}\mu^i_{n,t}$ 为温室气体减排对经济的破坏作用。

2.10 数据来源

2.10.1 国家与产业部门的划分

本书的数据来源于美国普渡大学开发的 GTAP-2007 数据库、世界银行（http：//data.worldbank.org.cn/）和 IMF。为在全球一般均衡体系内对比研究不同区域的经济发展状况，本书将 GTAP-2007 数据库中的 129 个区域划分为 10 个区域，其中 6 个国家（地区）分别为中国（不含港、澳、台）、美国、欧盟、日本、俄罗斯和印度，以具体深入研究这些国家（地区）的经济发展状况，并根据联合国《2013 年人类发展报告》将剩余的国家（地区）划分为四类，分别是资源供应业国家，高收入国家（地区），中收入发展中国家（地区）和低收入发展中国家（地区），详见表 2.1。这里的资源供应业国家包括沙特阿拉伯、利比亚等阿拉伯国家，也包括加拿大、委内瑞拉等美洲国家。另外，本书将 GTAP 数据库中的 57 个部门合并为 12 个部门，分别为农业、食品加工业、能源开采与加工业、金属及其他矿业、轻工业、化学工业、重工业、建筑业、商贸零售业、交通运输业、金融保险业和其他服务业，详细的产业部门合并情况见表 2.2。

表 2.1 区域的重新划分

区域	GTAP-2007 数据库中的国家（地区）
中国	中国（不含港、澳、台）
美国	美国
欧盟	奥地利、比利时、保加利亚、塞浦路斯、捷克、丹麦、芬兰、法国、德国、希腊、匈牙利、爱尔兰、意大利、卢森堡、马耳他、荷兰、波兰、葡萄牙、罗马尼亚、斯洛伐克、斯洛文尼亚、西班牙、瑞典、英国、爱沙尼亚、拉脱维亚、立陶宛
日本	日本

续表

区域	GTAP-2007 数据库中的国家（地区）
俄罗斯	俄罗斯
印度	印度
资源供应业国家	加拿大、厄瓜多尔、委内瑞拉、伊朗、伊拉克、科威特、卡塔尔、沙特阿拉伯、阿联酋、尼日利亚、阿尔及利亚、利比亚、安哥拉
高收入国家（地区）	百慕大、挪威、瑞士、以色列、澳大利亚、中国香港、韩国、中国澳门、新西兰、新加坡、中国台湾、冰岛、墨西哥、阿根廷、巴哈马、巴巴多斯、巴西、智利、哥伦比亚、哥斯达黎加、古巴、多米尼克、法属圭亚那、格林纳达、牙买加、巴拿马、秘鲁、波多黎各、圣文森特和格林纳丁斯、特立尼达和多巴哥、特克斯和凯科斯群岛、乌拉圭、美属维尔京群岛、英属维尔京群岛、阿尔巴尼亚、波黑、克罗地亚、法罗群岛、吉布提、马其顿、黑山、塞尔维亚、土耳其、亚美尼亚、阿塞拜疆、白俄罗斯、格鲁吉亚、哈萨克斯坦、乌克兰、巴林、黎巴嫩、阿曼、毛里求斯、塞舌尔、突尼斯、美属萨摩亚、文莱、库克群岛、斐济、法属波利尼西亚、关岛、马来西亚、新喀里多尼亚、纽埃、斯里兰卡
中收入发展中国家（地区）	格陵兰、圣皮埃尔和密克隆、安提瓜和巴布达、阿鲁巴、伯利兹、玻利维亚、开曼群岛、多米尼加共和国、萨尔瓦多、马尔维纳斯群岛、法属瓜德罗普岛、危地马拉、圭亚那、洪都拉斯、马提尼克岛、蒙特塞拉特岛、荷属安的列斯群岛、尼加拉瓜、巴拉圭、圣基茨与尼维斯联邦、圣卢西亚、苏里南、吉尔吉斯斯坦、摩尔多瓦、塔吉克斯坦、土库曼斯坦、乌兹别克斯坦、约旦、巴勒斯坦、叙利亚、博茨瓦纳、埃及、赤道几内亚、加蓬、加纳、摩洛哥、纳米比亚、圣赫勒拿岛、南非、威士兰、柬埔寨、印度尼西亚、基里巴斯、老挝、马尔代夫、密克罗尼西亚、蒙古国、瑙鲁、菲律宾、萨摩亚、泰国、汤加、瓦努阿图、越南
低收入发展中国家（地区）	海地、也门、贝宁、布基纳法索、布隆迪、喀麦隆、佛得角、中非、乍得、科摩罗、刚果（金）、刚果（布）、科特迪瓦、吉布提、特里亚、埃塞俄比亚、冈比亚、几内亚、几内亚比绍、肯尼亚、莱索托、利比里亚、马达加斯加、马拉维、马里、毛里塔尼亚、莫桑比克、尼日尔、圣多美和普林西比、塞内加尔、塞拉利昂、索马里、苏丹和南苏丹、坦桑尼亚、多哥、乌干达、西撒哈拉、赞比亚、津巴布韦、阿富汗、孟加拉、不丹、缅甸、朝鲜、尼泊尔、巴基斯坦、巴布亚新几内亚、所罗门群岛、东帝汶、图瓦卢、卢旺达

表 2.2　产业部门的重新划分

新产业部门	GTAP-2007 数据库中的部门
农业	水稻、小麦、其他谷物、果蔬与坚果、油菜子、甘蔗甜菜、植物纤维、其他作物、羊毛蚕丝、精米、林业、渔业
食品加工业	牛羊马、动物制品、原料乳、牛羊马肉、其他肉制品、植物油、乳制品、食糖、食物产品、饮料和烟制品
能源开采与加工业	煤炭、石油、天然气、石油煤炭制品、电力、天然气制品
金属及其他矿业	矿业、矿产品、黑色金属、五金、金属产品
轻工业	纺织品、衣服、皮革制品、木材制品、纸制品、水
化学工业	化学制品
重工业	机动车辆、运输设备、电子设备、机器及设备、其他制成品
建筑业	建筑物
商贸零售业	贸易、商业服务
交通运输业	其他运输、海上运输、航空运输、通信
金融保险业	金融服务、保险
其他服务业	娱乐与其他服务、房地产、其他商业服务

本书的人口增长数据来源于联合国发布的世界人口自然增长率，人口结构来源于世界银行发布的数据，取 20～60 岁为劳动组，其余为退休组。为简化模型，而且缺乏相关的对各区域的人口结构预测的文献，本书忽略了人口结构的变化。模拟期为 2007～2050 年。GTAP-2007 数据库提供的是以 2005 年不变美元价格校准的 2007 年各国的真实 GDP 值，本书的结果是在此基础上进行模拟得到的。由于 GTAP 数据中的所有产出都是以价值量来衡量的，所以我们把所有初始的价格、汇率和关税都定为 1，模拟得出结果都是在 1 的基础上的变动情况。

2.10.2 数据来源

1. 经济数据

本书所划分的 10 个区域 12 个部门的 2007 年[①]的增加值、产出、中间投入，各区域在 2007 年的劳动力数量、资本存量都来自于 GTAP-2007 数据库。其中，各区域 2007 年的 GDP、固定资本存量、劳动力数量、各部门增加值如表 2.3 和表 2.4 所示。

表 2.3 各区域 2007 年 GDP、固定资本存量、从业人口取值

区域	GDP/10^9 美元	固定资本 /10^9 美元	从业人口 / 百万人
中国	3128.55	8083.63	942.30
美国	13782.35	29770.44	201.87
日本	4235.96	15107.97	82.68
欧盟	15819.02	48308.65	293.51
印度	1136.21	2601.60	719.50
俄罗斯	1145.90	1506.63	102.47
资源供应业国家	4971.61	12788.67	112.92
高收入国家（地区）	5832.73	16352.03	603.20
中收入发展中国家（地区）	2030.99	6250.14	550.10
低收入发展中国家（地区）	719.11	2014.39	682.53

资料来源：GTAP-2007 数据库

① 这是GTAP数据库可以提供的全球最新的经济数据，下一版本的数据库可能是2012年的，尚未见发布。这样的数据误差可能会导致一些对现实的误差，但是不是根本性的。

表 2.4　各区域各行业 2007 年增加值（10^9 美元）

新产业部门	中国	美国	日本	欧盟	印度	俄罗斯	资源供应业国家	高收入国家（地区）	中收入发展中国家（地区）	低收入发展中国家（地区）
农业	279.64	108.30	46.81	224.06	139.90	53.60	70.54	247.94	169.10	134.24
食品加工业	187.15	275.76	124.51	619.26	73.78	45.04	132.73	304.77	120.81	56.89
能源开采与加工业	208.68	399.18	151.03	545.91	55.06	225.54	309.42	875.98	260.20	130.37
金属及其他矿业	297.73	330.29	135.44	660.68	58.63	51.40	216.51	282.49	114.97	21.23
轻工业	184.23	465.84	113.23	631.16	32.25	21.84	150.24	195.74	93.24	26.04
化学工业	137.84	345.84	108.87	555.98	30.51	11.19	138.39	157.36	59.29	7.26
重工业	393.16	822.77	392.55	1355.26	56.81	46.48	400.95	322.97	103.59	11.53
建筑业	197.67	882.03	265.27	1202.85	93.42	98.70	326.37	375.33	112.68	37.80
商贸零售业	342.06	3243.42	1059.55	4673.86	226.40	316.73	1235.40	1152.47	354.55	122.54
交通运输业	258.60	670.20	291.77	1074.92	111.29	79.77	358.57	483.14	141.90	50.53
金融保险业	152.70	1327.41	205.77	646.45	73.94	25.86	327.90	262.11	87.45	18.70
其他服务业	489.11	4911.31	1341.16	3628.62	184.24	169.76	1304.60	1172.43	413.22	101.98

资料来源：GTAP-2007 数据库

2. 真实储蓄率来源

模型中的各区域真实储蓄率主要是在 Ma 和 Yi（2010）的基础上发展引用的，取值如表 2.5 所示。

表 2.5　各区域 2007 年储蓄率

中国	美国	日本	欧盟	印度	俄罗斯	资源供应业国家	高收入国家（地区）	中收入发展中国家（地区）	低收入发展中国家（地区）
0.49	0.15	0.27	0.2	0.35	0.25	0.23	0.25	0.3	0.3

2.10.3　数据估计

1. 各生产部门固定资本产出弹性估计

发展顾高翔（2014）的工作，由各个区域各个生产部门的增加值和劳动者收入可以计算得到各生产部门的固定资本产出弹性，由式（2.63）计算得到。

$$\frac{w_{n,t}^{i} L_{n,t}^{i}}{X_{n,t}^{i} p_{n,t}^{i}} = (1-\alpha_n)\frac{X_{n,t}^{i} p_{n,t}^{i}}{X_{n,t}^{i} p_{n,t}^{i}} \Rightarrow \alpha_n = 1 - \frac{W_{n,t}^{i}}{X_{n,t}^{i} p_{n,t}^{i}} \tag{2.63}$$

固定资本产出弹性的计算数据来源于 GTAP-2007 数据库，计算值见表 2.6。

表 2.6 各行业固定资本产出弹性

产业部门	固定资本产出弹性
农业	0.2512
食品加工业	0.4514
能源开采与加工业	0.5997
金属及其他矿业	0.4601
轻工业	0.4104
化学工业	0.5166
重工业	0.3942
建筑业	0.3515
商贸零售业	0.4914
交通运输业	0.5217
金融保险业	0.5858
其他服务业	0.4705

2. 各区域劳动力数量估计

各区域的人口增长率和人口年龄结构的预测数据来源于联合国人口司经济与社会事务部 *World Population Prospects:* 2010 *Division*，各国 2007～2050 年劳动力数量的预测如图 2.3 所示。

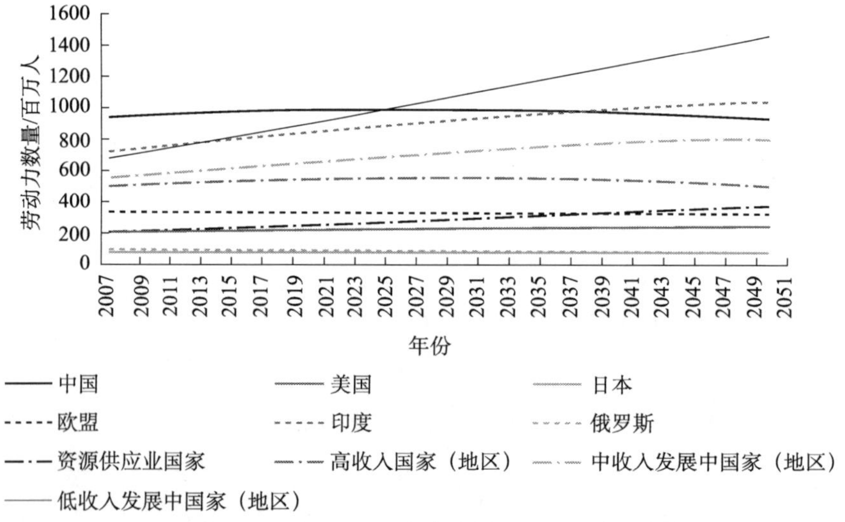

图 2.3 2007～2050 年各区域的劳动力数量预测

2.10.4　碳核算模块数据来源

根据 GTAP-2007 数据库和 EIA 统计数据，我们可以得到能源使用量 $E_{n,t}^{i}$ 、各国各部门对能源部门的中间需求 $a_{E,i,n,t}$ 、各国各部门使用能源的能源强度 $\tau_{n,i}^{e}$ 的初始数据（表 2.7）。

表 2.7　各区域各部门对能源部门的中间需求系数

区域	农业	食品加工业	能源开采与加工业	金属及其他矿业	轻工业	化学工业
中国	0.060 51	0.052 205	1.624 463	0.418 66	0.140 51	0.489 76
美国	0.072 01	0.062 492	1.509 966	0.119 424	0.069 66	0.266 94
日本	0.118 67	0.043 933	1.358 763	0.290 09	0.084 13	0.500 61
欧盟	0.075 08	0.0517 36	1.147 375	0.144 008	0.072 97	0.232 98
印度	0.158 74	0.063 542	2.304 349	0.341 278	0.151 85	0.746 08
俄罗斯	0.070 49	0.154 905	0.808 835	0.499 914	0.378 57	2.522 32
资源供应业国家	0.080 28	0.042 289	1.081 802	0.202 023	0.105 98	0.524 382
高收入国家（地区）	0.075 13	0.066 537	0.544 917	0.317 146	0.128 94	0.478 672
中收入发展中国家（地区）	0.062 52	0.052 696	0.753 745	0.219 784	0.086 59	0.365 46
低收入发展中国家（地区）	0.022 623	0.021 041	0.270 817	0.371 848	0.070 972	0.827 25
区域	重工业	建筑业	商贸零售业	交通运输业	金融保险业	其他服务业
中国	0.054 541	0.065 109	0.038 327	0.224 333	0.015 667	0.034 458
美国	0.022 384	0.002 19	0.019 861	0.351 322	0.005 779	0.016 876
日本	0.036 393	0.015 305	0.025 567	0.225 455	0.006 463	0.030 524
欧盟	0.023 392	0.005 856	0.016 386	0.316 629	0.009 484	0.017 559
印度	0.121 206	0.006 348	0.035 009	0.242 661	0.035 827	0.002102
俄罗斯	0.117 667	0.022 488	0.022 851	0.462 846	0.018 32	0.050 992
资源供应业国家	0.027 234	0.008 974	0.024 517	0.271 987	0.009 532	0.016 43
高收入国家（地区）	0.055 488	0.014 676	0.031 11	0.327 307	0.013 027	0.025 222
中收入发展中国家（地区）	0.074 859	0.022 958	0.043 822	0.443 124	0.018 629	0.032 014
低收入发展中国家（地区）	0.200 113	0.011 481	0.022 18	0.369 299	0.017 196	0.036 106

资料来源：GTAP-2007 数据库

表 2.8　各区域各个部门 2007 年能源使用强度（能源部门产品投入 /Mtoe）

区域	农业	食品加工业	能源开采与加工	金属及其他矿业	轻工业	化学工业
中国	2.245 24	3.155 992	5.038 716	2.701 697	2.243 804	2.343 252
美国	1.955 32	2.338 004	3.258 213	2.107 438	2.006 472	2.063 718
日本	1.070 637	0.969 104	2.196 857	1.040 236	1.017 069	1.319 12

续表

区域	农业	食品加工业	能源开采与加工	金属及其他矿业	轻工业	化学工业
欧盟	1.302 699	1.205 39	2.181 076	1.220 719	1.036 673	1.243 106
印度	1.076 318	1.363 426	3.209 96	2.233 511	1.428 849	1.641 873
俄罗斯	1.708 393	1.708 307	3.179 951	2.271 803	1.725 523	2.151 455
资源供应业国家	1.446 506	1.524 111	2.504 535	1.729 751	1.401 677	1.486 128
高收入国家（地区）	1.639 008	1.533 331	3.013 168	1.810 78	1.392 227	2.785 878
中收入发展中国家（地区）	1.522 157	1.750 592	2.926 516	2.820 659	1.950 083	2.808 9
低收入发展中国家（地区）	1.438 372	2.035 802	3.705 096	2.994 384	1.946 774	3.832 693
区域	重工业	建筑业	商贸零售业	交通运输业	金融保险业	其他服务业
中国	2.029 061	2.183 863	1.885 246	2.097 555	1.656 802	2.172 183
美国	1.803 476	1.948 941	1.416 132	1.971 239	1.446 221	1.550 653
日本	0.771 856	1.124 365	0.960 786	1.040 184	0.775 963	0.891 209
欧盟	0.977 143	1.135 513	1.150 427	1.212 044	0.809 567	0.927 592
印度	1.028 956	1.283 531	2.201 68	1.375 109	0.896 826	1.209 623
俄罗斯	1.829 642	1.899 32	1.857 296	2.132 499	2.325 282	2.105 38
资源供应业国家	1.388 244	2.120 95	1.413 355	1.615 018	1.343 509	1.398 358
高收入国家（地区）	1.630 089	1.810 617	1.330 058	1.910 328	1.084 427	1.584 453
中收入发展中国家（地区）	1.728 632	2.004 737	1.674 838	1.681 119	1.157 172	1.618 391
低收入发展中国家（地区）	2.100 711	2.179 721	1.890 159	2.484 219	1.969 21	1.614 469

资料来源：GTAP-2007 数据库

各区域 2007～2050 年的能源结构是根据 2001～2010 年 EIA 的各国各能源使用数据回归得到的；煤、石油、天然气的碳排放强度数据来源于 EIA。

表 2.9　2007 年各区域能源结构

区域	煤	石油	天然气	电力
中国	0.538 1	0.149 8	0.024 2	0.287 8
美国	0.179 2	0.313 2	0.192 5	0.315 1
日本	0.164 4	0.355 3	0.132 5	0.347 9
欧盟	0.128 2	0.327 3	0.204 8	0.339 8
印度	0.419 7	0.244 5	0.067 8	0.268 0
俄罗斯	0.129 9	0.164 4	0.441 2	0.264 4
资源供应业国家	0.170 0	0.327 7	0.143 5	0.358 8

续表

区域	煤	石油	天然气	电力
高收入国家（地区）	0.057 5	0.348 3	0.286 3	0.307 9
中收入发展中国家（地区）	0.186 1	0.340 6	0.197 5	0.275 8
低收入发展中国家（地区）	0.103 8	0.339 2	0.225 6	0.331 4

表 2.10　各区域各化石能源碳排放强度（单位：MtC/Mtoe）

区域	煤	石油	天然气
中国	3.753 413	2.472 838	2.210 828
美国	3.921 566	2.689 989	2.102 938
日本	3.705 164	2.301 626	2.165 46
欧盟	4.096 864	2.608 897	2.093 573
印度	3.746 082	2.443 016	2.047 34
俄罗斯	3.529 197	2.329 084	2.270 276
资源供应业国家	3.777 3	2.364 061	2.143 97
高收入国家（地区）	3.878 382	2.694 708	2.290 906
中收入发展中国家（地区）	3.771 893	2.799 116	2.231 77
低收入发展中国家（地区）	3.703 613	2.850 23	3.280 124

全球土地利用变化方程的参数 γ_{le} 取值参考 Nordhaus 和 Boyer（2000）的 RICE 模型，取为 0.02，而 2007 年的土地利用碳排放量则根据 Nordhaus 和 Yang（1996）、朱潜挺（2012）的数值推算得到。

2.10.5　气候反馈模块数据来源

关于气候反馈方程，Nordhaus 气候反馈方程中温度上升破坏系数和生产型破坏系数的取值参照 Nordhaus 和 Yang（1996）、Pizer（1999）的工作。

表 2.11　全球土地利用的变化参数取值

参数	取值	说明
QL_{t0}	1.520 2	2007 年土地利用碳排放量
γ_{le}	0.02	土地利用碳排放量年递减率

资料来源：Nordhaus and Yang，1996

表 2.12 温度上升破坏系数与生产型破坏系数取值

区域	温度上升破坏系数	生产型破坏系数
中国	0.1 371	0.1
美国	0.0 992	0.07
日本	0.1 057	0.05
欧盟	0.1 057	0.05
印度	0.1 371	0.1
俄罗斯	0.7 713	0.1
资源供应业国家	0.1 057	0.05
高收入国家（地区）	0.1 144	0.1
中收入发展中国家（地区）	0.1 371	0.1
低收入发展中国家（地区）	0.115	0.1

资料来源：Nordhaus and Yang，1996；Pizer，1999；朱潜挺，2012；刘昌新，2013

2.11 小　　结

本章基于 Jin（2012）、顾高翔（2014）的工作，建立了一个全新的经济全球化结构下的可计算全球经济一般均衡模型，为了刻画治理问题，模型采用了有贸易壁垒的结构，这是一个 10 个区域 12 个生产部门密切联系、相互作用的一般均衡模型。这个分析全球治理问题的模型刻画了各国（地区）各部门的生产行为、技术进步行为、受汇率影响的价格体系、投资行为和劳动者的储蓄行为。模型利用投入产出表的数据获得生产过程中的中间投入、中间需求，并刻画了各区域和全球整体的增加值和总产出的出清。受汇率影响的价格体系主要是参考了普通 CGE 模型中开放经济体的价格体系。考虑到汇率的影响，商品市场上存在三种不同价格的商品：国内生产国内销售的商品、出口商品及进口商品。国内商品的构成是按照 CET 函数的形式复合国内生产国内销售的商品与进口商品的，国内商品的销售价格也是这两类商品价格的复合。国内生产的总产量是按照 CES 函数的形式由国内生产国内销售的商品与出口品构成的，而相对应的价格也是由国内生产国内销售的商品与出口品的价格复合而成的。模型中的劳动者工资等是按照一般均衡条件来求解得到的 。对于这个模型，我们为方便记录，称其为 3Gov 模型（global general equilibrium governance，全球一般均衡治理模型），它是对顾高翔（2014）在博士论文中开发的 CINCIA 模型（capital，industrial evolution and climate change integrated assessment model）的发展，这个发展吸收了熊文（2010）开发的三国经济增长模拟系统（three-country economy simulation system，T-CESS）的一些内容。

模型使用了两种技术进步方式，分别是劳动力技术水平进步和生产过程技术进步。模型还使用了两种不同的投资分配模式：基于投资回报率均衡假设的投资模式和基于资本吸引力的资本流动模式。模型中，这两种投资模式按一定比例混合来决定本模型中的国际资本流动模式。另外，模型采用各区域真实的储蓄率与最优化计算得到的最优储蓄率相结合的方式获得模型中各区域的储蓄率。

模型的碳核算模块和气候反馈模块主要在 Nordhaus 和 Yang（1996），Wang、Zhang 和 Wu（2012），刘昌新（2013），顾高翔（2014）的工作基础上做了发展和改进。

第3章

未来全球经济发展与气候变化经济学模拟

基于第2章所描述的多区域多部门的一般均衡模型，本章要模拟全球一般均衡下（这里的一般均衡状态是没有碳减排等政策的状态）各区域在2007～2050年的发展情况，主要是从以下几个指标来模拟和分析：GDP的变化、人均GDP的变化、累计效用的变化、产业结构的变化、不同产业在全球的分工格局、进出口的变化等，这章的结果将是后面几章模拟结果分析的基准情景，这里的基准情景是指没有任何政策干扰下模拟得到的结果，后面几章根据不同参数所设定的情景、所做对比都是在本章基准情景的基础上进行的。

3.1 GDP发展对比

3.1.1 各区域GDP结果的校验

GDP是公认的反映一个国家（地区）的整体经济发展水平的最佳指标，它不但可以反映一个国家（地区）的整体经济表现，还可以反映一个国家（地区）的国力与财富。因此，分析各个国家（地区）的经济发展情况时，

GDP是一个重要的分析指标。同时，在涉及碳排放的研究方面，经济增长也是一个非常重要的先决条件。随着中国经济的快速发展和2008年金融危机的冲击，对全球经济发展的预测成为一个热点问题。

值得注意的是，目前对于各国（地区）GDP的统计，主要采用的方法是购买力平价法（PPP）和汇率法。虽然汇率法比较简单，但是汇率只与国际贸易有关，与大量的国内贸易无直接关系，因此汇率不能准确反映一国（地区）的经济实际增长的情况。汇率法存在很大的缺点，所以很多机构都采用PPP法来比较各国（地区）的GDP。这两种方法所得出的结果往往有很大的区别。然而，PPP法也并非是一个完整的汇率决定理论，它并没有完整地阐述清楚汇率和价格水平之间的因果关系。首先，购买力平价法忽略了国际资本流动对汇率的影响。尽管购买力平价理论在揭示汇率长期变动的根本原因和趋势上有其不可替代的优势，但在中短期内，国际资本流动对汇率的影响越来越大。其次，购买力平价忽视了非贸易品因素，也忽视了贸易成本和贸易壁垒对国际商品套购的制约。另外，计算购买力平价的诸多技术性困难使其具体应用受到了限制。使用购买力平价法的前提是有关国家（地区）的产业结构和消费结构相似、劳动生产率和贸易条件相同，而这一点恰恰是众多国家满足不了的。而本章使用了按照2005年美元不变价来校准2007年各国（地区）的真实GDP的值的方法来进行模拟。初始数据由GTAP-2007数据库提供。

为了验证模拟结果是否理想，我们首先将一般均衡情况下2007～2013年的各区域的GDP的模拟结果与世界银行网站所提供的真实数据进行校验分析。表3.1显示了各区域2007～2013年的GDP的真实值与模拟结果的对比。

表3.1 世界银行数据与一般均衡情况下各区域GDP值比较（10^9美元）

分类	相关系数	区域	2007年	2008年	2009年	2010年	2011年	2012年	2013年
世界银行数据	1.000 0	中国	2 903.15	3182.86	3476.13	3 839.28	4196.33	4517.46	4864
		美国	13 681.14	13 645.61	1 323.04	13 598.29	13 816.14	1 4136.31	14 450.33
		日本	4 751.18	4 701.69	4 441.83	4 648.47	4 627.42	4 708.57	4 784.54
		欧盟	14 983.76	15 054.29	14 399.97	14 706.31	14 964.62	14 907.85	14 919.92
		印度	1 000.84	1 039.78	1 127.95	1 243.68	1 326.24	1 389.05	1 458.74
		俄罗斯	896.82	943.88	870.06	909.25	948.02	980.59	993.52
		资源供应业国家	2 771.97	2 872.71	2 858.24	2 980.6	3 085.37	3 222.98	3 191.65

续表

分类	相关系数	区域	2007年	2008年	2009年	2010年	2011年	2012年	2013年
世界银行数据	1.000 0	高收入国家（地区）	7 345.91	7 520.24	7 410.31	7 782.32	8 097.27	8 260.34	8 428.42
		中收入发展中国家（地区）	1 428.82	1 463.78	1 485.01	1 564.97	1632	1 712.64	1 785.57
		低收入发展中国家（地区）	478.14	497.19	518.54	543.84	562.34	588.42	615.31
基准情景	0.990 5	中国	3 688.15	4 093.54	4 546.76	5 013.26	5 489.64	5 976.75	6 476.17
		美国	13 159.59	13 485.42	13 777.54	14 056.82	14 333.79	14 611.46	14 890.74
		日本	3 923.04	3 959.07	3 985.18	4 009.02	4 032.34	4 055.64	4 079.07
		欧盟	13 632.14	13 890.56	14 142.15	14 390.73	14 639.51	14 889.47	15 140.89
		印度	1 216.37	1 337.76	1 458.31	1 580.65	1 706.07	1 835.31	1 968.93
		俄罗斯	1 322.77	1 364.65	1 418.07	1 473.86	1 530.98	1 589.15	1 648.26
		资源供应业国家	2 870.54	3 025.81	3 181.71	3 340.13	3 502.79	3 670.41	3 843.37
		高收入国家（地区）	8 478.58	8 666.11	8 924.04	9 200.17	9 484.22	9 774.17	10 069.66
		中收入发展中国家（地区）	2 146.89	2 355.3	2 563.22	2 772.85	2 986.01	3 203.94	3 427.6
		低收入发展中国家（地区）	595.988 4	701.293 3	808.377 6	917.834 2	1 030.792	1 148.302	1 271.278

首先，通过对真实数据与一般均衡情况下的模拟数据做相关性分析，得到相关系数为 0.9905，这说明它们之间相关性非常大，基本接近完全正相关关系。为了验证两个样本均值之间的关系，本书做了 Z 检验。结果显示，Z 值为 0.5414，明显小于 P=0.05 下的单尾临界值 1.6449 和双尾临界值 1.9600，这说明两个样本的均值之间不存在显著的差异。为了验证样本方差之间的显著性，本书做了 F 检验。结果显示，F 值为 1.0676，小于 P=0.05 下的临界值 1.4900，这说明两个样本的方差之间也不存在显著差异。

总体来说，一般均衡情况下 2007～2013 年各区域的 GDP 的模拟值与世界银行提供的真实 GDP 相比有很强的正相关关系，而且没有显著差异，因此，一般均衡情况下的模拟结果比较理想，可以比较准确地反映真实情况下的经济发展情况。

3.1.2 各区域 GDP 的发展分析

1. GDP

在一般均衡情况下，我们模拟得到了各区域的 GDP 变化情况，以及 2007～2050 年的产业结构的变化情况。图 3.1 给出了各个区域的 GDP 的变化情况，表中 GDP 以万亿美元为单位。

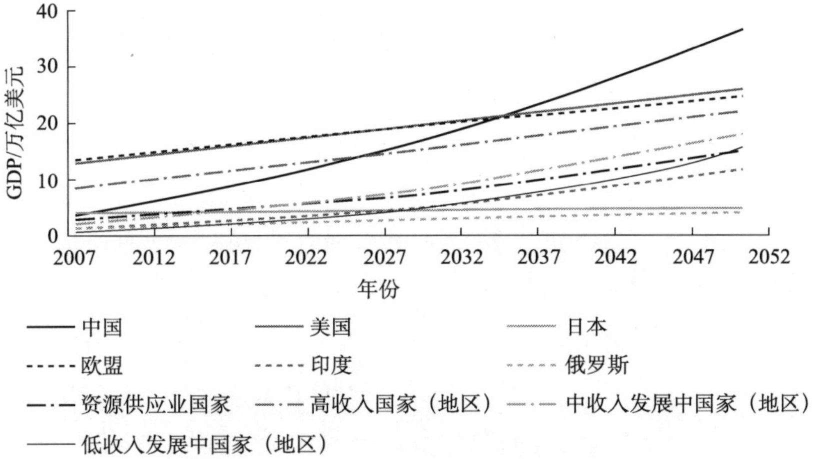

图 3.1 一般均衡情况下 2007 ～ 2050 年各区域的 GDP 总量（10^9 美元）

数据分析结果显示，全球的经济发展呈现慢速增长的趋势。一般均衡情况下，全球 2010～2020 年的 GDP 平均增长率为 3.30%，2020～2030 年的 GDP 平均增长率为 3.00%，2030～2040 年的 GDP 平均增长率为 2.75%，2040～2050 年的 GDP 平均增长率为 2.50%。为了更好地研究各区域 GDP 的发展情况，我们将全球经济分为 10 部分，分别是中国、美国、日本、欧盟、俄罗斯、资源供应业国家、高收入国家（地区）、中收入发展中国家（地区）和低收入发展中国家（地区）。根据我们得到的模拟结果来看（图 3.1），目前这 10 个区域依照 GDP 增长速率由高到低依次是低收入发展中国家（地区）、中国、印度、中收入发展中国家（地区）、资源供应业国家、高收入国家（地区）、美国、欧盟、俄罗斯和日本。

中国于 2010～2020 年的 GDP 平均增长速率约为 7.55%，仅次于低收入发展中国家（地区）的 GDP 增长速度。中国的 GDP 在 2010 年位列世界第三，仅次于美国和欧盟，由于欧盟是国家集团，在 2010 年各国（地区）的

GDP 排名中，中国仅落后于美国排名第二。2020～2030 年，中国的 GDP 平均增长率下降到 5.32%，但是仍然保持较高的水平，其增长率仅落后于低收入发展中国家（地区）和印度。2030～2040 年，中国的 GDP 平均增长率为 4.17%，比上一个 10 年下降 1.15 个百分点，2040～2050 年的平均增长率为 3.31%，可见，在一般均衡情况下，中国的 GDP 增长率逐步放缓。总体来看，中国在 2010～2050 年的 GDP 平均增长率约为 5.08%，在 10 个区域中排名第三，落后于低收入发展中国家（地区）和印度。就 GDP 的绝对值来看，在整个模拟的 2007～2050 年时间段内，中国的 GDP 将于 2034 年超过欧盟，并于 2035 年超过美国，成为 10 个区域中 GDP 最高的，并将第一的位置一直维持到 2050 年。到 2050 年，中国的 GDP 将达到 363 423 亿美元，占当期世界总 GDP 的 20.55%，与初始值 2007 年占全球总 GDP 的 7.23% 相比，增长了 13.32%。

美国在 2010～2020 年的 GDP 平均增长率约为 1.85%，在 10 个区域中，仅高于日本和欧盟。尽管速度较为缓慢，但 2007 年美国的 GDP 已经达到 131 596 亿美元，在单个国家的 GDP 排名中，排名世界第一。另外，美国的 GDP 将于 2021 年超过欧盟，成为世界第一大经济体；2020～2030 年，其 GDP 平均增长率下降至 1.61% 左右；2030～2040 年，美国的 GDP 继续下降至 1.39%，在 2035 年，GDP 为 212 936 亿美元，仅低于中国的 216 460 亿美元，成为世界第二，并维持第二的位置到 2050 年。2040～2050 年，美国的 GDP 平均增长率为 1.21%。总体来看，2010～2050 年，美国的 GDP 平均增长率为 1.52%，在这 10 个区域中处于较低水平，仅仅高于欧盟和日本。在 2050 年，美国 GDP 为 256 800 亿美元，占当期全球总 GDP 的 14.52%，与初始值 2007 年其占全球总 GDP 的 25.79% 相比，下降了 11.27%。

欧盟作为一个多国家集团的经济体，2007 年的总 GDP 为 136 321 亿美元，是这 10 个区域中最大的经济体。2010～2020 年，欧盟的 GDP 平均增长率为 1.63%，在这 10 个区域中仅仅高于日本。2020～2030 年，欧盟的 GDP 平均增长率下降至 1.42%，2021 年总 GDP 为 171 769 亿美元，被美国的 GDP 超越，成为这 10 个区域中的第二大经济体；2030～2040 年欧盟的 GDP 平均增长率为 1.20%，其 GDP 总值在 2033 年被中国超越。2040～2050 年，欧盟的

GDP 平均增长率下降至 1.05%。总体来看，2010～2050 年欧盟 GDP 的平均增长率为 1.31%，在所有模拟区域中仅仅高于日本。到 2050 年，欧盟的 GDP 为 244 955 亿美元，占当期全球总 GDP 的 13.63%，与初始值 2007 年其占全球总 GDP 的 26.71% 相比，下降 13.08%，其 GDP 总值在这 10 个区域中的排名也由 2007 年的第一位下降至 2050 年的第三位。

日本在 2010～2050 年的平均 GDP 增长率较为平稳，波动较小，而且一直是 10 个区域中增长率最低的国家。2007 年，日本的 GDP 在 10 个区域中排名第四，落后于欧盟、美国及高收入国家（地区），在 2008 年被中国超越，落至第五位。由于日本的 GDP 增长率过低，日本的 GDP 依次被资源供应业国家、中收入发展中国家（地区）、印度和低收入发展中国家（地区）超越，在 2050 年，其 GDP 排名第九位，仅仅高于俄罗斯。2010～2050 年每 10 年的 GDP 平均增长率分别是 0.54%、0.40%、0.28%、0.22%。总体看来，日本在 2010～2050 年的 GDP 平均增长率为 0.36%，是 10 个区域中最低的。2007 年日本的 GDP 为 39230 亿美元，占全球总 GDP 的 7.69%，而 2050 年的日本 GDP 为 46 305 亿美元，占当期全球总 GDP 的 2.62%，比初始值 2007 年的比例下降了 5.07%。

俄罗斯的 GDP 在 2007 年为 13 227 亿美元，在所有模拟的区域中排名第八，仅高于印度和低收入发展中国家（地区）。在模拟期间，2010～2020 年俄罗斯的 GDP 平均增长率为 3.52%，高于美国、高收入国家（地区）、欧盟和日本；2020～2030 年的 GDP 平均增长率为 2.74%，2030～2040 年的 GDP 平均增长率为 2.17%，2040～2050 年的 GDP 平均增长率为 1.75%。总体来看，2010～2050 年俄罗斯的 GDP 平均增长率为 2.54%，在所有模拟区域中排名第六。到 2050 年，俄罗斯的 GDP 为 40 210 亿美元，占当期全球总 GDP 的 2.59%，与初始值 2007 年的比例 2.27% 相比，变化不大。

2007 年，印度的 GDP 是 12 164 亿美元，相比其他国家，处于较低水平，排名仅高于低收入发展中国家（地区），但是印度的 GDP 增长速率较快，2010～2020 年 GDP 平均增长率为 6.79%；2020～2030 年 GDP 平均增长率下降至 5.37%，2027 年，印度 GDP 超过日本，排名第四。2030～2040 年，印度的 GDP 平均增长率为 4.54%，2040～2050 年，印度的 GDP 平均增长率为 3.85%。在 2010～2050 年，印度的 GDP 平均增长率为 5.13%，处于较高水平，仅仅落后于低收入发展中国家（地区），位于第二位。到 2050 年，印度 GDP 为 116 983 亿美元，占同期全球总 GDP 的 6.62%，与初始值 2007 年的 2.38% 相比，增加了 4.24%。但是由于印度的 GDP 基数较低，到 2050 年仍明显落后于中国、美国和欧盟等，位于第八位，仅高于日本和俄罗斯。

资源供应业国家 GDP 的平均增长率相对较高，2010～2020 年 GDP 平均增长率为 4.55%，2020～2030 年为 3.97%，2030～2040 年为 3.58%，2040～2050 年为 3.25%，模拟期间的平均增长率为 3.84%，2050 年 GDP 为 150 588 亿美元，占同期全球总 GDP 的 8.52%，比 2007 年的 5.62% 增加了 2.90%。

高收入国家（地区）的 GDP 增长率相对较平稳，2010～2020 年的 GDP 平均增长率为 2.90%，2020～2030 年为 2.42%，2030～2040 年为 1.95%，2040～2050 年为 1.47%，模拟期间的平均增长率为 2.18%，2050 年 GDP 为 217 990 亿美元，占全球总 GDP 的 12.33%，比 2007 年的 16.61% 降低了 4.28%。

中收入发展中国家（地区）的平均 GDP 增长率较高，2010～2020 年的 GDP 平均增长率为 6.47% 左右；2020～2030 年的 GDP 平均增长率从 6.47% 降至 4.99%；2030～2040 年，GDP 平均增长率继续降至 4.18%；2040～2050 年，GDP 平均增长率为 3.53%，2050 年 GDP 为 179 982 亿美元，占全球总 GDP 的 10.18%，与 2007 年的 4.20% 相比，增加了 5.98 %。

低收入发展中国家（地区）的平均 GDP 增长率是最高的，在 2010～2020 年，GDP 平均增长率为 9.81% 左右；2020～2030 年，GDP 平均增长率从 9.81% 降至 7.44%；2030～2040 年，平均 GDP 平均增长率继续降至 6.39%；2040～2050 年，GDP 平均增长率为 5.60%，2050 年 GDP 为 153 732 亿美元，占全球总 GDP 的 8.69%，与 2007 年的 1.17% 相比，增加了 7.52%。

2. 人均 GDP

图 3.2 显示了一般均衡情况下，各区域的人均 GDP 变化情况。

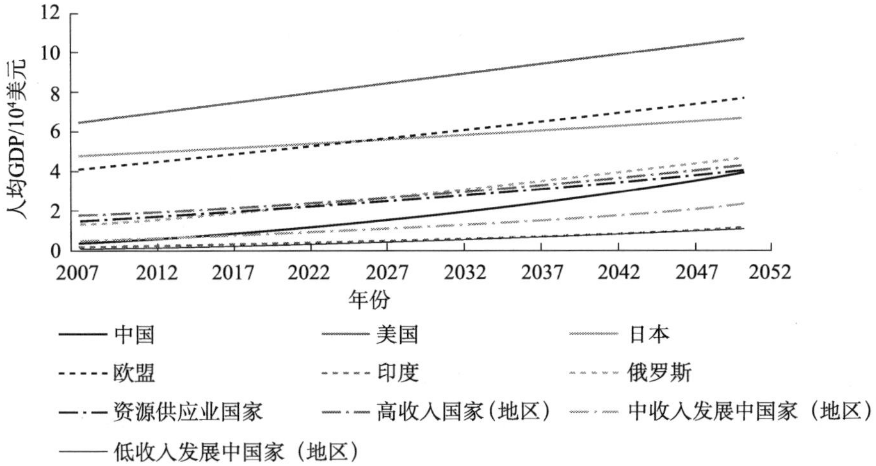

图 3.2　一般均衡情况下 2007~2050 年各区域的人均 GDP

由图 3.2 可得，到 2050 年为止，各区域的人均 GDP 增长率都较为稳定，基本呈线性趋势，全球人均 GDP 的平均增长率为 2.19% 左右。到 2050 年，全球人均 GDP 为 3.03 万美元。到 2050 年，人均 GDP 由高到低依次为美国、欧盟、日本、俄罗斯、高收入国家（地区）、资源供应业国家、中国、印度、中收入发展中国家（地区）、低收入发展中国家（地区）。美国的人均 GDP 一直大幅度领先于其他区域，欧盟的人均 GDP 在 2028 年超过日本后就一直位于第二位。日本的人均 GDP 一直比较高，在 2007 年之前仅落后于美国，2037 年被欧盟超过后就一直处于第三的位置。由于中国的人口基数较大，中国的人均 GDP 在 2007 年仅高于印度、低收入发展中国家（地区）和中收入发展中国家（地区），到 2050 年依然离发达国家（地区）有一定距离，但与 2007 年相比，有较大幅度的增长。

一般均衡情况下，2007 年中国的人均 GDP 为 0.3914 万美元。2010～2020 年的人均 GDP 平均增长率为 7.16%，2020～2030 年的人均 GDP 平均增长率为 5.26%，2030～2040 年的人均 GDP 平均增长率为 4.39%，2040～2050 年的人均 GDP 平均增长率为 3.79%。到 2050 年，中国人均 GDP 为 3.8998 万美元，是同期美国人均 GDP 的 36.46%。

美国在 2007 年的人均 GDP 为 6.5188 万美元，显著高于其他国家，排名第一。在 2010～2050 年，其人均 GDP 增长率较低，但仍然是人均 GDP 最高的国家。2010～2020 年的人均 GDP 增长率为 1.32%，2020～2030 年的人均

GDP 平均增长率为 1.17%，2030～2040 年的人均 GDP 平均增长率为 1.05%，2040～2050 年的人均 GDP 平均增长率为 0.94%。2050 年，美国人均 GDP 为 10.6943 万美元。

2010～2050 年，欧盟的人均 GDP 平均增长率略高于美国，2010～2020 年的人均 GDP 平均增长率为 1.61%，2020～2030 年的人均 GDP 增长率为 1.50%，2030～2040 年的人均 GDP 平均增长率为 1.40%，2040～2050 年的人均 GDP 平均增长率为 1.29%。到 2050 年欧盟人均 GDP 为 7.6506 万美元。

日本的人均 GDP 较高，其人均 GDP 增长速率较低且平稳。2010～2020 年的人均 GDP 平均增长率为 0.73%，2020～2030 年的人均 GDP 平均增长率为 0.82%，2030～2040 年的人均 GDP 平均增长率为 0.83%，2040～2050 年的人均 GDP 平均增长率为 0.79%。到 2050 年日本人均 GDP 为 6.6743 万美元。

俄罗斯的人均 GDP 增长速率高于日本、欧盟和美国等，在 2007 年俄罗斯的人均 GDP 为 1.2908 万美元。2010～2020 年的人均 GDP 平均增长率为 3.77%，2020～2030 年的人均 GDP 增长率为 3.16%，2030～2040 年的人均 GDP 平均增长率为 2.62%，2040～2050 年的人均 GDP 平均增长率为 2.18%。到 2050 年，俄罗斯人均 GDP 为 4.600 万美元。

印度的人均 GDP 较低，但是增长率较高，2010～2020 年的人均 GDP 平均增长率为 5.46%，2020～2030 年的人均 GDP 平均增长率为 4.37%，2030～2040 年的人均 GDP 平均增长率为 3.84%，2040～2050 年的人均 GDP 平均增长率为 3.43%。到 2050 年印度人均 GDP 为 1.1251 万美元。

资源供应业国家在模拟期间人均 GDP 平均增长率为 2.41%，2010～2020 年的人均 GDP 平均增长率为 2.83%，2020～2030 年的人均 GDP 平均增长率为 2.49%，2030～2040 年的人均 GDP 平均增长率为 2.25%，2040～2050 年的人均 GDP 平均增长率为 2.06%。到 2050 年资源供应业国家人均 GDP 为 4.0259 万美元。

高收入国家（地区）在 2010～2020 年的人均 GDP 平均增长率为 2.39%，2020～2030 年的人均 GDP 平均增长率为 2.28%，2030～2040 年的人均 GDP 平均增长率为 2.19%，2040～2050 年的人均 GDP 平均增长率为 2.08%。到 2050 年高收入国家（地区）人均 GDP 为 4.2763 万美元。

中收入发展中国家（地区）在2010～2020年的人均GDP平均增长率为5.13%，2020～2030年的人均GDP平均增长率为3.97%，2030～2040年的人均GDP平均增长率为3.42%，2040～2050年的人均GDP平均增长率为3.02%。到2050年中收入发展中国家（地区）人均GDP为2.2241万美元。

低收入发展中国家（地区）的人均GDP平均增长率是最高的，2010～2020年的人均GDP平均增长率为7.54%，2020～2030年的人均GDP平均增长率为5.48%，2030～2040年的人均GDP平均增长率为4.68%，2040～2050年的人均GDP平均增长率为4.13%。到2050年低收入发展中国家（地区）人均GDP为1.0464万美元。

3.2　各行业国际分工格局分析

在经济全球化的大背景下，各区域经济快速发展，各区域的产业结构也会发生变化，随之发生变化的还有各行业在不同区域之间的分工。这种分工最终决定了各区域的政治立场和经济基础，由此也就成为治理的基础。

结合全球变化治理理论，本节首先讨论在无碳排放约束的一般均衡情况下，2007～2050年各行业的国际分工的变化情况。

3.2.1　农业

对农业问题，我们应用3Gov模型开展了模拟，模拟得出，到2050年，全球农业产值持续增长，农业GDP达到3.96万亿美元，是2014年的2.01倍。从全球范围来说，农业及粮食供应是增长的。注意，截至2014年12月6日，全世界有72.09亿人，联合国有关部门预测，到2045年，世界人口可能达到100亿人[①]，是现有人口的1.38倍，与农业增长比较相对略慢，这也说明目前农业的发展能够更好地满足人类对粮食的需求。

① 参见《世界人口趋势》，2009年。

各区域的地缘政治立场，主要决定于产业分工，进一步的讨论在国际分工格局中。图 3.3 显示了一般均衡情况下农业的国际分工趋势，从中可以看出，模拟期间各区域在农业部分 GDP 份额变化有所不同。

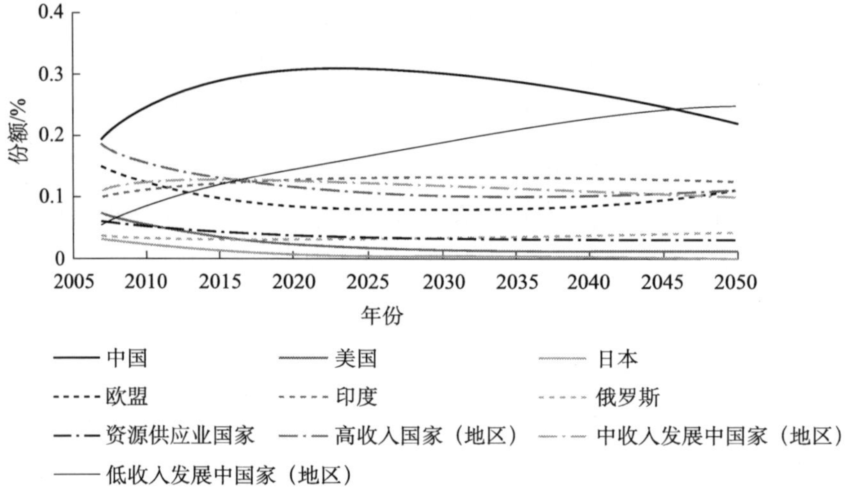

图 3.3 一般均衡情况下农业的国际分工趋势

中国的农业 GDP 占全球农业 GDP 的比例呈现先升高后降低的趋势。2007 年，中国农业的 GDP 份额为 19.38%，2010～2024 年，GDP 份额呈现上升趋势，在 2024 年达到最高，为 30.79%；之后中国农业 GDP 份额开始下降，到 2050 年，中国农业 GDP 的份额只占全球农业 GDP 份额的 22.04%。众所周知，这个份额大约与中国人口数相当，由此中国在未来的发展中，农业问题不会构成重大挑战，除非出现全球性农业衰退和经济衰退。毛泽东主席根据人口大国的特点，一直强调“农业是基础，工业是主导”，中国这个基础问题的解决，可能引导中国更主动更经济地投入国际事务。

美国农业 GDP 份额呈现持续下降的趋势。2007 年，美国的农业 GDP 占世界农业 GDP 的 7.31%，2007～2050 年，其农业的 GDP 份额不断下降，到 2050 年，美国的农业 GDP 仅占全球农业 GDP 的 1.20%。

日本农业 GDP 份额的变化趋势与美国类似，2007 年，日本的农业 GDP 占全球农业 GDP 的 3.20%，之后在模拟期间，其农业的 GDP 份额不断下降，在 2050 年，日本的农业 GDP 占全球农业 GDP 的 0.12%。

欧盟农业 GDP 在 2007 年占全球农业 GDP 的 15.01%，在模拟期间，其农业 GDP 份额持续下降，到 2050 年，其农业 GDP 占全球农业 GDP 的 10.91%。

印度的农业 GDP 份额呈现先上升后下降的趋势。2007 年，印度农业 GDP 占全球 GDP 的 10.12%，2007～2033 年，印度的农业 GDP 份额持续升高，但升高幅度较小，到 2019 年印度农业 GDP 占全球农业 GDP 的 13.09%。2020～2050 年，印度农业 GDP 的份额开始下降，到 2050 年其农业 GDP 份额下降至 12.46%，高于 2007 年的水平。印度农业的这种增长趋势，再考虑到印度的经济增长，我们可以认为作为人口大国的印度，农业问题的解决将意味着印度将更快地进入世界大国行列。

俄罗斯的农业 GDP 份额呈现先降低后升高的趋势，但变化幅度较小。2007 年，俄罗斯农业 GDP 占全球农业 GDP 的 3.67%，之后一直小幅度下降，到 2022 年，其农业 GDP 份额为 2.93%，2030～2050 年，俄罗斯的农业 GDP 份额开始增加，到 2050 年，其农业 GDP 占全球农业 GDP 的 4.33%。

资源供应业国家的农业 GDP 份额总体呈下降趋势，2007 年其农业 GDP 份额为 6.04%，之后资源供应业国家的农业 GDP 份额一直降低，至 2041 年降至 2.94%，但 2041～2050 年资源供应业国家的 GDP 份额有小幅度升高，至 2050 年，其农业 GDP 占全球农业 GDP 的 3.01%。

高收入国家（地区）的农业 GDP 份额在 2007 年是 18.58%，在模拟期间，随着时间的推移，其农业 GDP 份额逐渐降低，到 2050 年，其农业 GDP 份额为 11.20%。

中收入发展中国家（地区）的农业 GDP 份额在模拟期间变化不大，从 2007 年的 11.05% 增至 2016 年的 12.72%，之后有所下降，到 2050 年降至 9.85%。

相比而言，低收入发展中国家（地区）的农业 GDP 份额有着明显的变化，2007 年，低收入发展中国家（地区）的农业 GDP 只占全球农业 GDP 的 5.65%，之后，农业的迅速增加使得其农业份额也快速增加，到 2050 年，其农业 GDP 份额达到 24.89%。

3.2.2　食品加工业

图 3.4 显示了一般均衡情况下，2007～2050 年食品加工业的国际分工变化趋势。

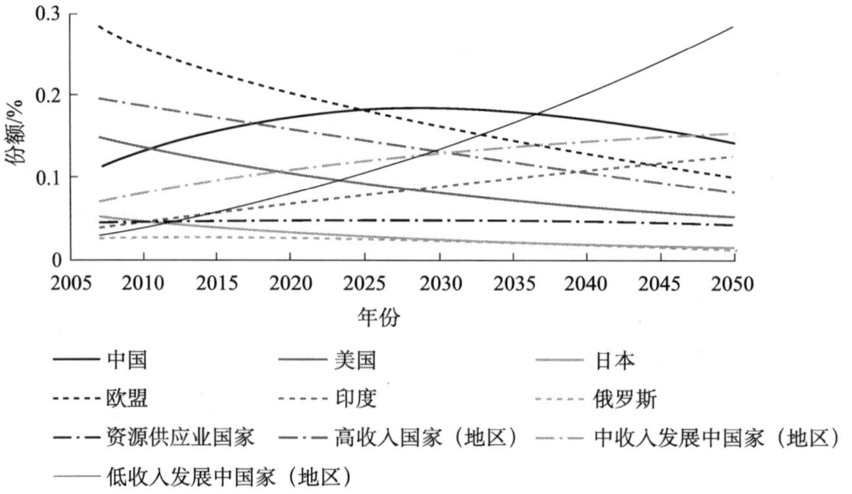

图 3.4 一般均衡情况下食品加工业的国际分工趋势

如图 3.4 所示，中国的食品加工业 GDP 份额呈现先升高后降低的变化趋势，2007～2029 年，中国食品加工业 GDP 份额由 11.30% 增至 18.18%，2029～2050 年，其食品加工业的 GDP 份额有所下降，到 2050 年，中国食品加工业的 GDP 份额为 14.41%。

美国的食品加工业 GDP 份额出现明显下降，2007 年，美国食品加工业 GDP 占全球食品加工业 GDP 的 14.84%，模拟期间，其食品加工业的 GDP 份额不断下降，到 2050 年降至 5.10%。

日本食品加工业的 GDP 份额变化趋势与美国类似，从 2007 年的 5.04% 降至 2050 年的 1.23%。

欧盟的食品加工业 GDP 份额较大，2007 年，其食品加工业 GDP 占全球的 28.16%，随着时间的延续，其食品加工业的份额逐渐降低，到 2050 年，只占全球的 9.94%。

印度的食品加工业发展较快，其食品加工业的 GDP 份额也明显上升，从 2007 年的 4.00% 一直上升，到 2050 年达到 12.55%。

俄罗斯的食品加工业相对变化较小，2007 年其食品加工业的 GDP 份额为 2.68%，之后有小幅度下降，到 2050 年变为 1.33%。

资源供应业国家的食品加工业变化不明显，2007 年其食品加工业的 GDP 份额为 4.55%，2007～2020 年，有小幅度升高，到 2020 年升高至 4.68%，2020～2050 年，其食品加工业 GDP 份额有所下降，至 2050 年，资源供应业国家食品加工业的 GDP 份额为 4.11%。

高收入国家（地区）的食品加工业 GDP 份额下降明显，2007 年，其 GDP 份额为 19.54%，在模拟期间，高收入国家（地区）的食品加工业 GDP 份额下降至 2050 年的 7.86%。

相比而言，中收入发展中国家（地区）和低收入发展中国家（地区）的食品加工业 GDP 份额都有明显的升高，中收入发展中国家（地区）由 2007 年的 6.97% 升至 2050 年的 15.21%，而低收入发展中国家（地区）由 2007 年的 2.92% 升高至 2050 年的 28.25%。

3.2.3　能源开采与加工业

图 3.5 显示了一般均衡情况下，2007～2050 年能源开采与加工业的国际分工的变化趋势。

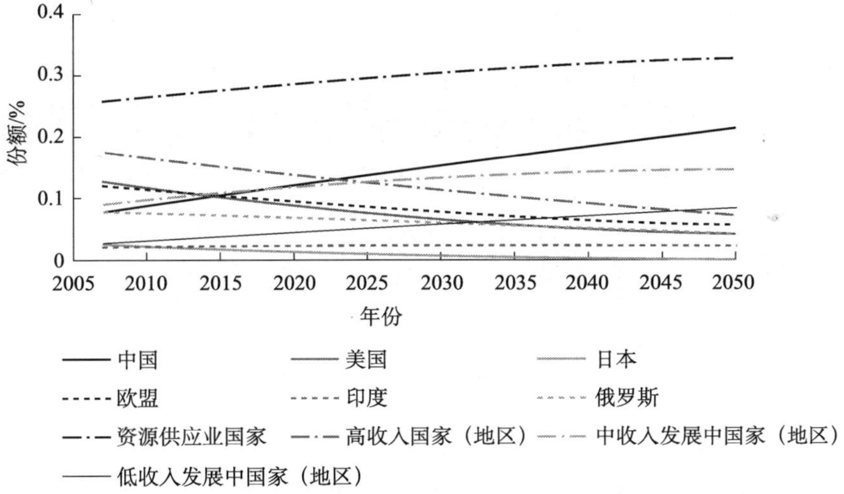

图 3.5　一般均衡情况下能源开采与加工业的国际分工趋势

如图 3.5 所示，中国的能源开采与加工业增长较快，2007 年，中国能源开采与加工业 GDP 仅占全球的 7.80%，模拟期间，中国能源开采与加工业发展迅速，到 2050 年其 GDP 份额达到 21.44%。

美国的能源开采与加工业呈现下降趋势，2007 年美国能源开采与加工业的 GDP 份额为 12.83%，到了 2050 年其份额只有 3.98%。日本、欧盟与美国的变化趋势类似，日本在 2007 年能源开采与加工业的 GDP 份额为 2.25%，到了 2050 年，其 GDP 份额只有 0.21%，欧盟在 2007 年的能源开采与加工业的 GDP 份额为 12.18%，到了 2050 年能源开采与加工业份额为 5.64%。

俄罗斯与印度的能源开采与加工业 GDP 份额变化相对较小。俄罗斯在 2007 年能源开采与加工业的 GDP 份额为 7.79%，模拟期间有小幅度降低，到 2050 年，其能源开采与加工业的 GDP 份额降至 4.07%；印度在 2007 年能源开采与加工业的 GDP 份额为 2.21%，到了 2050 年，其能源开采与加工业的 GDP 份额为 2.14%。俄罗斯是一个主要供应国家，它的这种变化，有助于它发展制造业产业。

资源供应业国家的能源开采与加工业 GDP 份额较大，并且在模拟期间，这种份额继续增加，2007 年资源供应业国家的能源开采与加工业 GDP 份额为 25.62%，到 2050 年其 GDP 份额升至 32.54%。资源供应业国家的这种变化，说明资源需求在世界上越来越大，资源供应业国家将在世界上获得越来越重要的地位。重视中国与俄罗斯和资源供应业国家的关系，是我们参与全球治理的重要要求。

高收入国家（地区）的能源开采与加工业 GDP 份额在模拟期间明显下降，2007 年的 GDP 份额为 17.45%，2007～2050 年其 GDP 份额一直在下降，到 2050 年，只占全球 GDP 的 7.12%，相比之下中收入发展中国家（地区）和低收入发展中国家（地区）有明显的增加，中收入发展中国家（地区）由 2007 年的 9.19% 上升至 2050 年的 14.51%，而低收入发展中国家（地区）由 2007 年的 2.67% 上升至 2050 年的 8.34%。

3.2.4 金属及其他矿业

图 3.6 显示了一般均衡情况下，2007～2050 年金属及其他矿业的国际分工的变化趋势。

中国的金属及其他矿业 GDP 份额呈现逐渐上升的趋势，2007 年，中国金属及其他矿业的 GDP 份额为 15.76%，在模拟期间，中国的 GDP 份额逐步上升，至 2041 年达到最高值，为 28.68%，之后 2041～2050 年，GDP 份额有小幅度下降，到 2050 年为 28.14%。

美国、日本和欧盟的金属及其他矿业 GDP 份额都呈现下滑的趋势。美国的金属及其他矿业 GDP 份额为 15.33%，到 2050 年，其 GDP 份额只有 7.77%，日本的金属及其他矿业 GDP 份额在 2007 年是 5.89%，而到了 2050 年，只有

2.13%；欧盟的金属及其他矿业 GDP 份额在 2007 年为 26.23%，而到了 2050 年，只有 13.43%。

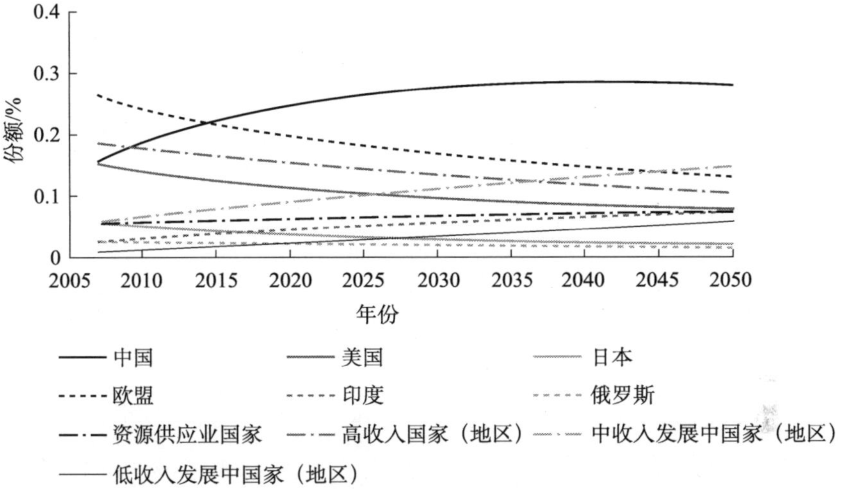

图 3.6　一般均衡情况下金属及其他矿业的国际分工趋势

印度的金属及其他矿业 GDP 份额在模拟期间逐渐升高，2007 年只有 2.95%，而随着印度经济的不断发展，到 2050 年，其 GDP 份额达到了 7.83%。

俄罗斯的金属及其他矿业发展缓慢，在模拟期间变化较小，且呈下降趋势。2007 年，俄罗斯金属及其他矿业的 GDP 份额为 2.51%，到了 2050 年，其 GDP 份额下降至 1.58%。资源供应业国家的金属及其他矿业发展与俄罗斯类似，在模拟期间变化不大，但是 GDP 份额在缓慢升高。2007 年的 GDP 份额是 5.79%，到了 2050 年上涨至 7.66%。这种缓慢增长对人类是幸运的，它表明，世界发展的资源基础是好的，不会出现因资源需求而大规模涨价的现象。整个经济在一般均衡的框架里可控。

高收入国家（地区）的金属及其他矿业 GDP 发展较其他国家缓慢，其 GDP 份额也有所下降，2007 年高收入国家（地区）的金属及其他矿业 GDP 份额为 18.6%，到了 2050 年，其 GDP 份额降至 10.37%。

中收入发展中国家（地区）和低收入发展中国家（地区）在金属及其他矿业的发展趋势一致，都有不同程度的升高。中收入发展中国家（地区）2007 年的 GDP 份额是 5.94%，低收入发展中国家（地区）是 1.00%，而到了 2050 年，中收入发展中国家（地区）GDP 份额上涨至 15.01%，低收入发展中国家（地区）上涨至 6.08%。

3.2.5 轻工业

图 3.7 显示了一般均衡情况下，2007～2050 年轻工业的国际分工变化趋势。

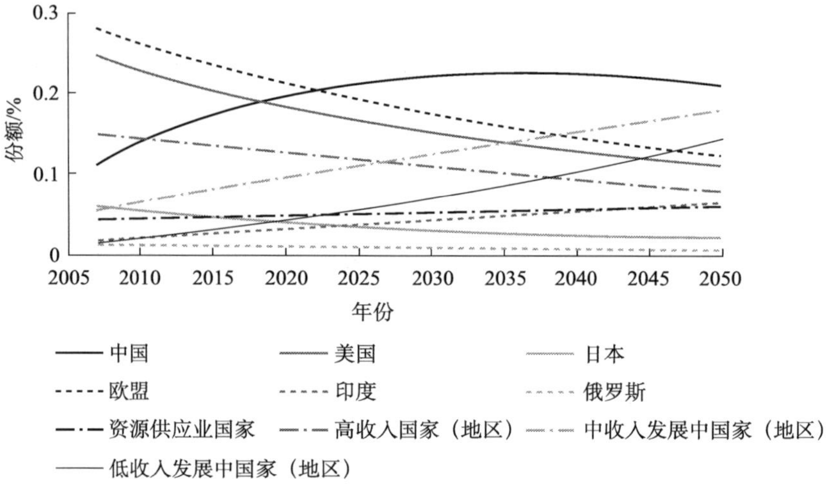

图 3.7 一般均衡情况下轻工业的国际分工趋势

可见，在模拟期间，中国的轻工业也有比较明显的发展。2007 年中国的轻工业 GDP 仅占全球轻工业 GDP 的 11.22%，随着轻工业的蓬勃发展，到 2036 年，中国轻工业 GDP 已经占全球轻工业 GDP 的 22.82%。之后，2036～2050 年，中国轻工业的 GDP 份额有所回落，到 2050 年达到 21.60%，但较 2007 年仍然有明显上涨。

美国、日本和欧盟三个区域的轻工业发展缓慢，占全球轻工业 GDP 的比例逐渐下滑。美国在 2007 年的轻工业 GDP 份额是 24.79%，但到了 2050 年，其轻工业 GDP 份额只有 11.19%，日本的轻工业 GDP 份额在 2007 年为 6.06%，但到了 2050 年只有 1.90%，欧盟的轻工业 GDP 份额由 2007 年的 28.35% 降低到 12.35%。

印度的轻工业在模拟期间发展较快，2007 年印度的轻工业 GDP 份额为 1.82%，而到了 2050 年，上升为 6.43%。

俄罗斯的轻工业不发达，其轻工业比重变化不大，有下降趋势。2007 年，俄罗斯的轻工业 GDP 份额为 1.26%，到了 2050 年，其轻工业 GDP 份额为 0.71%。相比而言，资源供应业国家的轻工业不发达，但是其轻工业 GDP 比重有所上升，由 2007 年的 4.41% 升为 2050 年的 6.00%。

高收入国家（地区）的轻工业 GDP 份额有所下滑，从 2007 年的 15.04% 下降至 2050 年的 7.90%，而中收入发展中国家（地区）和低收入发展中国家（地区）的轻工业发展较快，其中中收入发展中国家（地区）的轻工业份额由 2007 年的 5.54% 上升到 2050 年的 17.88%，低收入发展中国家（地区）的轻工业 GDP 份额由 2007 年的 1.50% 上升到 2050 年的 14.48%。

3.2.6　化学工业

图 3.8 显示了一般均衡情况下，2007～2050 年化学工业的国际分工变化趋势。

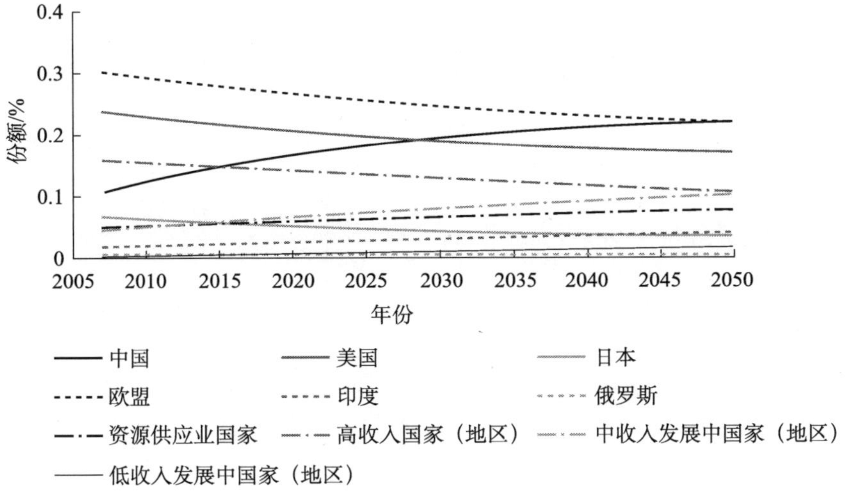

图 3.8　一般均衡情况下化学工业的国际分工趋势

中国的化学工业份额在模拟期间有明显升高的趋势。2007 年，中国化学工业的 GDP 只占全球化学工业 GDP 的 10.80%，经过不断发展，到 2050 年，中国化学工业的 GDP 份额升至 22.31%。

美国、日本和欧盟的化学工业 GDP 份额呈现下降趋势，美国由 2007 年的 23.91% 下降至 2050 年的 17.22%，日本由 2007 年的 6.68% 下降至 2050 年的 3.32%，欧盟由 2007 年的 30.35% 下降至 2050 年的 22.12%。

印度、俄罗斯和资源供应业国家的化学工业发展缓慢，其化学工业 GDP 份额变化也就较小，2007 年印度的化学工业 GDP 份额为 1.82%，到 2050 年升高至 3.96%，俄罗斯的 GDP 份额由 2007 年的 0.65% 下降至 2050 年的 0.47%，资源供应业国家的化学工业 GDP 份额由 2007 年的 5.11% 上升到 2050 年的 7.75%。

高收入国家（地区）的化学工业 GDP 份额有所下降，2007 年为 15.79%，而到了 2050 年下降至 10.66%，而中收入发展中国家（地区）和低收入发展中国家（地区）的化学工业 GDP 份额上升较快，中收入发展中国家（地区）由 2007 年的 4.57% 升至 2050 年的 10.45%，而低收入发展中国家（地区）由 2007 年的 0.34% 上升到 1.73%。

3.2.7 重工业

图 3.9 显示了一般均衡情况下，2007～2050 年重工业的国际分工变化趋势。

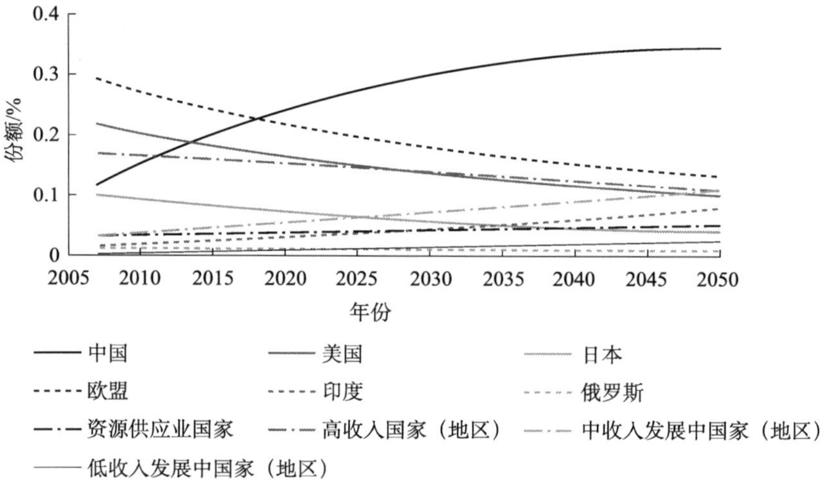

图 3.9 一般均衡情况下重工业的国际分工趋势

如图 3.9 所示，模拟期间，中国的重工业 GDP 份额有明显的升高趋势，2007 年中国重工业的 GDP 占全球重工业 GDP 的 12.00%，而到了 2050 年上升到 34.46%，有了明显升高。而美国、日本和欧盟等发达国家（地区），占全球重工业 GDP 的比重有明显下降趋势。美国的重工业由 2007 年的 21.91% 降至 2050 年的 10.24%，日本由 2007 年的 10.11% 降至 2050 年的 4.04%，欧盟由 2007 年的 29.18% 降至 2050 年的 13.26%。

印度的重工业也有较明显的发展，2007 年印度重工业 GDP 份额为 1.62%，到了 2050 年上升至 7.91%。

俄罗斯的重工业有些许下滑，2007 年其重工业 GDP 份额为 1.37%，而到了 2050 年，其 GDP 份额降至 0.85%。

资源供应业国家的重工业 GDP 份额变化不大，2007 年为 3.41%，到 2050 年上涨到 5.01%。

高收入国家（地区）的重工业份额有所下降，从 2007 年的 16.97% 降至 2050 年的 10.83%。中收入发展中国家（地区）的重工业发展较为迅速，2007 年其重工业 GDP 份额仅为 3.10%，到 2050 年，其 GDP 份额上升至 10.95%。低收入发展中国家（地区）的重工业 GDP 份额也有所升高，由 2007 年的 0.32% 升高至 2050 年的 2.46%，但由于其基值较低，所以占全球重工业 GDP 的比重仍然不高。

3.2.8 建筑业

图 3.10 显示了一般均衡情况下，2007～2050 年建筑业的国际分工变化趋势。

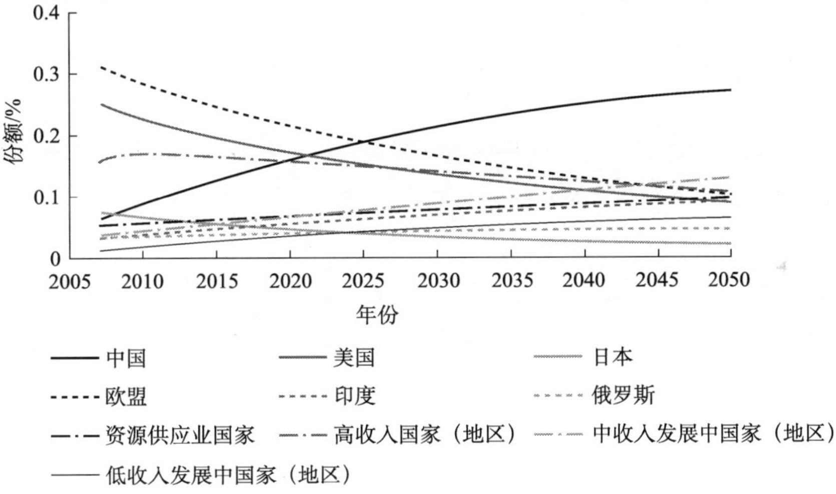

图 3.10　一般均衡情况下建筑业的国际分工趋势

全球建筑业的 GDP 份额变化较大。2007 年中国的建筑业 GDP 只占全球建筑业 GDP 的 6.31%，在模拟期间，中国的建筑业份额明显升高，到 2050 年上升到 26.89%。

美国、日本和欧盟的建筑业的 GDP 份额有所下滑，美国由 2007 年的 24.64% 下降至 2050 年的 8.64%，日本由 2007 年的 7.11% 下降至 2050 年的 2.00%，欧盟由 2007 年的 30.79% 下降至 2050 年的 10.11%。

印度的建筑业 GDP 份额也有较大幅度上升，由 2007 年的 2.92% 升高至 2050 年的 8.81%，俄罗斯的建筑 GDP 份额变化不大。2007 年的建筑 GDP 份额为 3.09%，到 2050 年升高至 4.40%。

资源供应业国家的建筑业 GDP 份额有小幅度的升高，2007 年为 5.00%，到 2050 年上升至 9.71%。

高收入国家（地区）的建筑业 GDP 份额有所下降，从 2007 年的 15.56% 下降至 10.45%，而中收入发展中国家（地区）和低收入发展中国家（地区）的建筑业 GDP 份额有所升高，中收入发展中国家（地区）由 2007 年的 3.43% 上升至 2050 年的 12.83%，低收入发展中国家（地区）由 2007 年的 1.13% 上升至 2050 年的 6.16%。

3.2.9 商贸零售业

图 3.11 显示了一般均衡情况下，2007～2050 年商贸零售业的国际分工变化趋势。

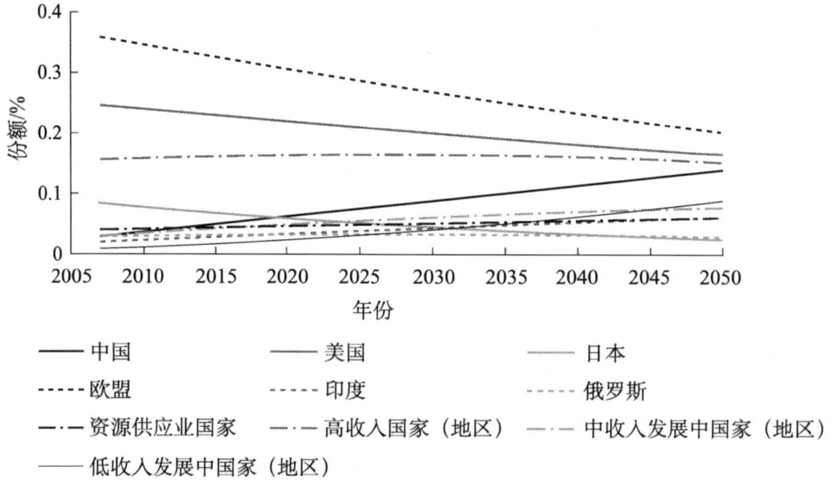

图 3.11 一般均衡情况下商贸零售业的国际分工趋势

图 3.11 显示了全球商贸零售业 GDP 份额的变化趋势。由图可见，中国的商贸零售业 GDP 份额有所升高，2007 年中国商贸零售业的 GDP 份额为 3.05%，到 2050 年升高至 13.90%。

美国、日本和欧盟的商贸零售业 GDP 份额有所下滑，在模拟期间，美国的商贸零售业 GDP 份额由 2007 年的 24.65% 下降至 2050 年的 16.56%，日本由 2007 年的 8.25% 下降至 2050 年的 2.47%，欧盟由 2007 年的 35.86% 下降至 2050 年的 20.38%。

印度的商贸零售业GDP份额较2007年有小幅度上升，由2007年的2.02%上升至2050年的6.16%。俄罗斯的商贸零售业GDP份额变化不大，2007年的GDP份额为2.76%，到2029年，俄罗斯的商贸零售业GDP份额升至3.35%，之后又出现小幅度下降，到2050年，降至2.98%。

资源供应业国家的商贸零售业GDP份额在模拟期间有小幅度上升，由2007年的4.12%升高至2050年的5.71%。变化相对较缓慢。

高收入国家（地区）商贸零售业GDP份额变化趋势与俄罗斯的变化趋势类似，在2007年其GDP份额为15.40%，到2028年上升至16.50%，之后又出现小幅度下降，到2050年降至15.27%。

中收入发展中国家（地区）和低收入发展中国家（地区）的商贸零售业GDP份额升高明显，中收入发展中国家（地区）的商贸零售业GDP份额由2007年的3.04%上升至2050年的7.75%，低收入发展中国家(地区)的商贸零售业份额由2007年的0.85%上升至2050年的8.82%。

3.2.10　交通运输业

图3.12显示了一般均衡情况下，2007～2050年的交通运输业的国际分工变化趋势。

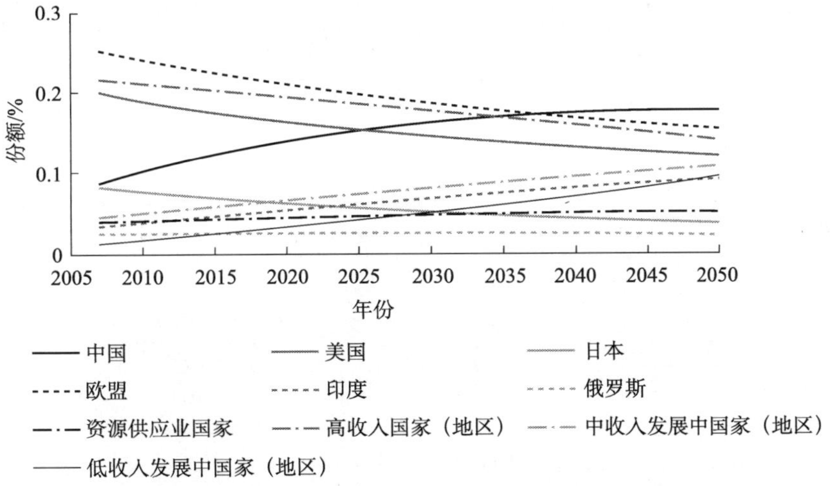

图3.12　一般均衡情况下交通运输业的国际分工趋势

中国的交通运输业GDP份额有明显的上升，2007年其交通运输业GDP

份额为 8.81%，到了 2050 年，其交通运输业 GDP 份额上升至 17.79%。

美国、日本和欧盟的交通运输业 GDP 份额都有下降的趋势，美国由 2007 年的 19.92% 下降至 2050 年的 12.11%，日本由 2007 年的 8.24% 下降至 2050 年的 3.72%，欧盟由 2007 年的 25.28% 下降至 2050 年的 15.33%。

印度的交通运输业 GDP 份额有所增长，2007 年，印度交通运输业 GDP 份额为 3.50%，到 2050 年上升至 9.31%。

俄罗斯的交通运输业 GDP 份额变化不明显，2007 年俄罗斯交通运输业的 GDP 份额为 2.60%，到 2015 年升至 2.70%，到 2050 年又下降至 2.16%。

资源供应业国家的交通运输业 GDP 份额有小幅度上升，2007 年为 3.96%，到了 2050 年上升至 5.20%。

高收入国家（地区）的交通运输业 GDP 份额也有所下降，2007 年为 21.65%，到 2050 年，下降至 14.18%。

中收入发展中国家（地区）和低收入发展中国家（地区）的交通运输业 GDP 份额上升较快，中收入发展中国家（地区）的交通运输业 GDP 份额由 2007 年的 4.56% 上升到 2050 年的 10.78%，低收入发展中国家（地区）的交通运输业 GDP 份额由 2007 年的 1.47% 上升到 2050 年的 9.42。

3.2.11 金融保险业

图 3.13 显示了一般均衡情况下，2007～2050 年金融保险业的国际分工变化趋势。

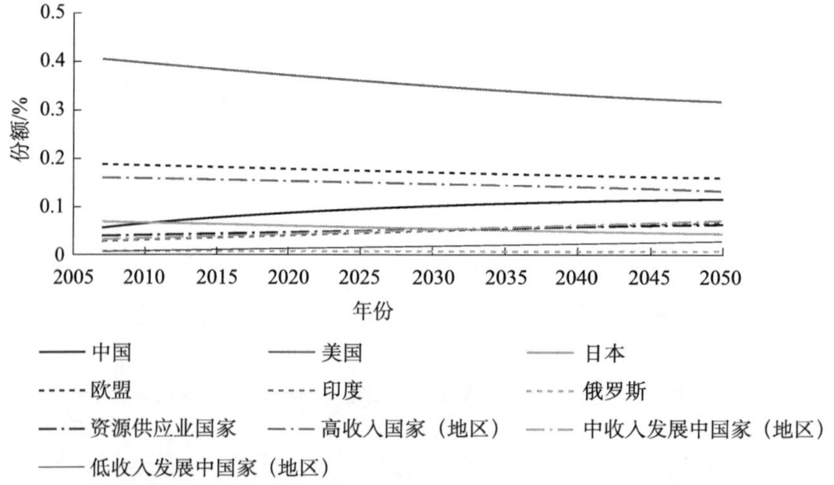

图 3.13 一般均衡情况下金融保险业的国际分工趋势

从图 3.13 中我们可以看到，中国金融保险业的 GDP 份额在模拟期间有所增加，2007 年为 5.67%，到 2050 年上涨至 11.60%。中国的这种变化，与中国发起亚投行（亚洲基础设施投资银行，Asian Infrastructure Investment Bank，AIIB）的战略是一致的。

美国是金融保险业 GDP 份额最高的国家，在模拟期间，其 GDP 份额有所下降，2007 年为 40.79%，到 2050 年下降至 31.94%，但仍然是世界第一，不过它的金融业在国内的重要性下降，这与奥巴马要首先“再工业化”的战略是一致的。另外，金融业是美国操控全球经济的关键，美国金融业在全球金融 - 经济体系里地位的下降，可能引起美国的强烈反弹。

日本和欧盟的金融保险业 GDP 份额分别有不同程度的下降。日本由 2007 年的 7.04% 下降至 2050 年的 4.40%，而欧盟由 2007 年的 18.97% 下降至 2050 年的 15.92%。

印度的金融保险业 GDP 份额也有一定程度的增加，2007 年印度金融保险业 GDP 仅占全球金融保险业 GDP 的 2.74%，到了 2050 年其 GDP 份额升高至 6.38%。

俄罗斯的金融保险业不发达，其金融保险业 GDP 份额变化不大，由 2007 年的 0.94% 下降至 2050 年的 0.77%。

资源供应业国家的金融保险业 GDP 份额有小幅度升高，2007 年为 3.93%，到了 2050 年达到 6.20%。

高收入国家（地区）的金融保险业 GDP 份额呈下降趋势，2007 年为 16.16%，2050 年下降至 12.90%。而中收入发展中国家（地区）和低收入发展中国家（地区）的金融保险业 GDP 份额有所上升，中收入发展中国家（地区）的金融保险业 GDP 份额由 2007 年的 3.17% 升高至 2050 年的 7.14%，而低收入发展中国家（地区）的金融保险业 GDP 份额由 2007 年的 0.60% 升高至 2050 年的 2.75%。

3.2.12　其他服务业

图 3.14 显示了一般均衡情况下，2007～2050 年其他服务业的国际分工的变化趋势。

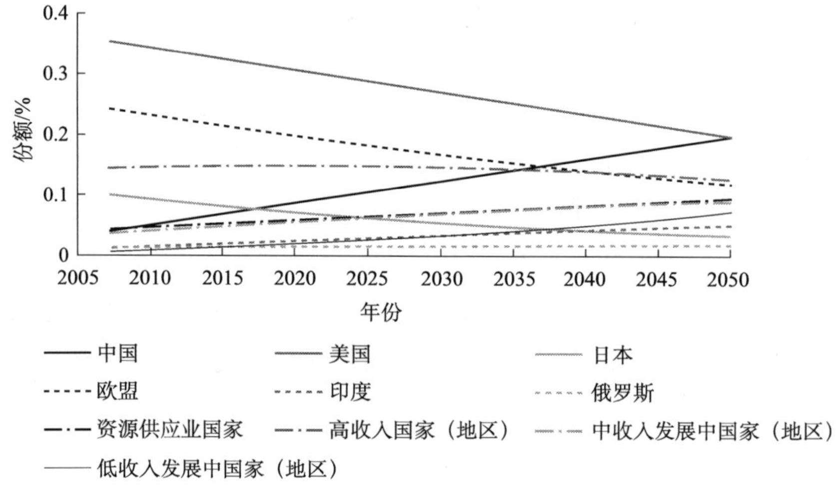

图 3.14　一般均衡情况下其他服务业的国际分工趋势

图 3.14 显示了其他服务业 GDP 份额的变化趋势。中国在其他服务业方面有较快的发展，2007 年中国其他服务业的 GDP 份额为 4.13%，到 2050 年上升为 19.73%。

美国、日本和欧盟的其他服务业 GDP 份额有下降的趋势，美国 2007 年其他服务业的 GDP 份额为 35.50%，到了 2050 年下降到 19.73%，日本由 2007 年的 9.98% 下降到 2050 年的 3.28%，欧盟由 2007 年的 24.18% 下降到 2050 年的 11.58%。

印度和俄罗斯其他服务业的 GDP 份额有不同程度的上升。印度由 2007 年的 1.55%，上升至 2050 年的 5.22%，俄罗斯由 2007 年的 1.40% 上升至 2034 年的 1.89%，之后又出现小幅度下降，到 2050 年达到 1.77%。

模拟显示，资源供应业国家其他服务业的 GDP 份额有一定程度的上升，由 2007 年的 4.54% 上升到 2050 年的 9.36%。高收入国家（地区）2007 年其他服务业的 GDP 份额为 14.60%，而到了 2021 年，GDP 份额上升至 14.99%，之后出现下降，到 2050 年只有 12.71%。

在模拟中，中收入发展中国家（地区）和低收入发展中国家（地区）的其他服务业的 GDP 份额有上升的趋势。中收入发展中国家（地区）由 2007 年的 3.37% 上升到 2050 年的 9.05%，而低收入发展中国家（地区）由 2007 年的 0.75% 上升到 2050 年的 7.45%。

总之，从国际分工格局来看，像农业、食品加工业等劳动密集型产业将从发达国家（地区）向劳动成本较低的发展中国家（地区）转移，全球的农业基础是稳定的。总体来看，发展中国家（地区）在各产业中的比重都有所上升，也说明了其发展潜力较大。资本密集型的产业在发达国家（地区）中的比重也相对有所下降，但是幅度比劳动密集型产业小很多，发展中国家（地区）一部分新兴国家（地区）快速发展，特别是第三产业的比重上升幅度较明显。能源开采与加工业主要还是资源供应业国家占主导地位，而且资源供应业国家在能源开采与加工业中的比重仍然保持小幅度的提高。

3.3　各区域产业结构变化分析

本节采用各区域各产业增加值占区域总增加值的比例来表示其 2007～2050 年产业结构的变化。在本节中，我们只比较实体产品生产过程中的各产业增加值占区域总增加值的比例变化，而没有考虑资本产品生产。

3.3.1　中国产业结构变化

图 3.15 显示了一般均衡情况下中国的产业结构变化趋势，从中我们可以看到，中国的产业结构总体上第一产业、第二产业比例下降，第三产业比例上升。

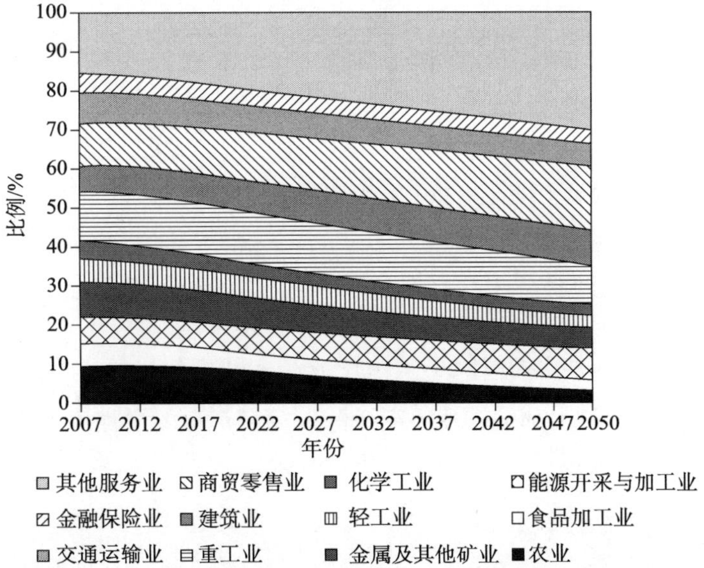

图 3.15　一般均衡情况下中国 2007～2050 年的产业结构变化

中国的农业在产业结构中的比例由2007年的9.29%下降至2050年的2.71%，第二产业总体由2007年的51.03%下降至2050年的41.06%，而第三产业总体的比例由2007年的39.68%上升至2050年的56.23%。这个产业结构的变化也符合目前中国第三产业的发展趋势。中国作为新兴发展中国家，第二产业是其主导产业，随着中国经济的快速发展，中国的第三产业在世界中的地位也越来越重要。中国主导的亚投行吸引了欧洲等多个发达国家和地区的加入，也是发展中国家第三产业越来越有竞争力的典型案例。

一般均衡情况下，在模拟期间，中国的各生产部门中，农业、食品加工业、金属及其他矿业、轻工业、化学工业和金融保险业的占比始终处于下降趋势，能源开采与加工业、建筑业、商贸零售业和其他服务业呈现持续上升的趋势，而重工业的占比呈现先升高后降低的趋势。

中国的其他服务业和商贸零售业在模拟期间增加值占比上升幅度较大，其中，其他服务业从2007年的15.66%上升至2050年的30.54%，商贸零售业由2007年的10.95%上升至2050年的16.12%。能源开采与加工业和建筑业增加值占比有小幅度的增加，建筑业从2007年的6.31%上升至2050年的9.36%，能源开采与加工业从2007年的6.52%上升至2050年的8.11%。下降幅度较大的是农业，由2007年的9.29%下降到2050年的2.71%，还有金属及其他矿业，由2007年的9.36%下降至2050年的5.15%。化学工业和金融保险业增加值占比缓慢下降，分别从2007年的4.31%和4.89%下降至2050年的2.52%和3.78%。重工业增加值占比从2007年的12.58%先上升至2015年的13.17%，之后又下降至2050年的10.13%。

3.3.2 美国产业结构变化

图3.16显示一般均衡情况下美国产业结构的变化趋势。可见，美国的第一产业、第二产业的增加值占比不断下降，第三产业的增加值占比不断上升。

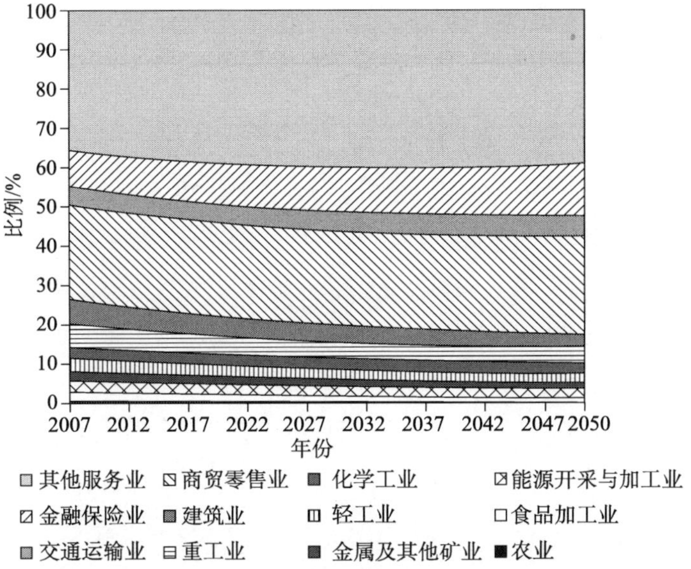

图 3.16　一般均衡情况下美国 2007 ～ 2050 年的产业结构变化

模拟期间，金融保险业和其他服务业增加值占比增加幅度较大，金融保险业 2007 年的占比是 9.32%，到了 2050 年上涨至 13.35%，其他服务业由 2007 年的 35.56% 上涨至 2050 年的 39.19%。商贸零售业、化学工业和交通运输业占比缓慢增长，商贸零售业从 2007 年的 23.38% 增长到 2050 年的 24.87%，化学工业由 2007 年的 2.53% 增长到 2050 年的 2.97%，交通运输业从 2050 年的 4.90% 增长到 2050 年的 5.08%。模拟期间增加值占比降幅较大的是建筑业和重工业，建筑业在 2007 年的占比为 6.52%，到了 2050 年只有 3.31%，重工业的增加值占比由 2007 年的 6.08% 下降至 2050 年的 3.91%。轻工业占比由 2007 年的 3.43% 缓慢下降至 2050 年的 2.17%。金属及其他矿业、能源开采与加工业、食品加工业和农业缓慢下降。模拟期间，金属及其他矿业由 2007 年的 2.41% 下降至 2050 年的 1.83%，能源开采与加工业从 2007 年的 2.84% 缓慢降至 2050 年的 1.93%，食品加工业由 2007 年的 2.11% 下降至 2050 年的 1.19%，农业由 2007 年的 0.93% 缓慢降至 2050 年的 0.19%。

美元是国际货币，美国的金融业在全球一直处于领先地位，其发展与其他很多国家的金融业都有密切的联系，在 2008 年国际金融危机中，美国的金融泡沫一破裂，就迅速导致欧洲等一批国家金融业受损。通过模拟结果来看，相比中国，美国的第三产业增长没有那么快，但也是在增长的。经过金融危机，美国也越来越认识到实体经济的重要性，增强美国第二产业的发展才能更好地应对金融危机的影响。

3.3.3 日本产业结构的变化

图 3.17 显示日本产业结构的变化趋势，从中可见，在模拟期间，日本的第一产业和第二产业的增加值占比分别有不同程度的下降，第三产业有所升高。

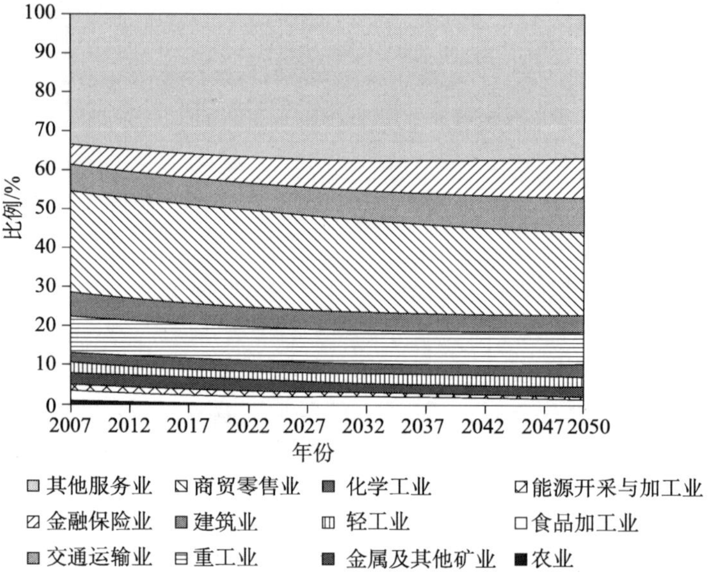

图 3.17 一般均衡情况下日本 2007 ～ 2050 年的产业结构变化

模拟期间，日本农业的增加值占比处于持续下降的趋势，2007 年日本的农业增加值占比为 1.34%，到了 2050 年继续下降至 0.11%。食品加工业的增加值占比也处于持续下降的趋势，从 2007 年的 2.37% 下降至 2050 年的 1.62%。能源开采与加工业增加值占比在 2007 年为 1.65%，2050 年较 2007 年有所下降只有 0.57%。金属及其他矿业在模拟期间也有小幅度下降，从 2007 年的 3.06% 下降至 2050 年的 2.83%。化学工业的增加值占比从 2007 年的 2.78% 下降至 2050 年的 2.07%，共下降 0.71%。相比而言，化学工业的占比有小幅度的升高，由 2007 年的 2.33% 持续缓慢上升，到 2050 年上升至 3.22%。重工业的增加值占比呈现先降低后升高的趋势。2007 年日本重工业增加值占比为 9.28%，到 2038 年，重工业增加值占比下降至 8.39%，之后又出现缓慢上升的趋势，到 2050 年，日本重工业增加值占比为 8.64%。建筑业和商贸零售业下降较明显，建筑业的增加值占比在 2007 年为 6.22%，到 2050 年，下降到 4.31%。商贸零售业的占比从 2007 年的 25.88% 持续下降至 20.84%。交通运输业、金融保险业和其他服务业的增加值占比上升幅度较明显，交通运输业由 2007 年的 6.70% 上升至 2050 年的 8.78%，金融保险业由 2007 年的 5.32% 上升至 2050 年的 10.34%，其他服务业由 33.07% 上升至 2050 年的 36.68%。

日本属于制造业相对发达的资本主义国家，不过随着中国等发展中国家制造业的快速发展，日本制造业的竞争力也有所下降。日本的经济运行体现出更多的类似西方经济体的特征，在完成工业化后更加重视第三产业的发展，从产业结构变化来看，日本的产业结构相对较稳定，第三产业比重略有上升。

3.3.4　欧盟的产业结构变化

图 3.18 为欧盟的产业结构变化趋势。可见，欧盟的第一产业呈现先下降后上升的趋势，第二产业总体是下降趋势，第三产业为上升趋势。

模拟期间，欧盟的金融保险业和商贸零售业的增长趋势较明显，金融保险业增加值占比由 2007 年的 4.13% 上升至 2050 年的 7.54%，商贸零售业由 2007 年的 32.42% 上升至 2050 年的 35.17%。交通运输业和化学工业的增长也比较明显，交通运输业由 2007 年的 5.93% 上升至 2050 年的 7.31%，化学工业由 2007 年的 3.06% 上升至 2050 年的 4.33%。能源开采与加工业有小幅度的上升，2007 年能源开采与加工业的增加值占比为 2.57%，到 2050 年缓慢上升至 3.09%。建筑业和重工业的增加值占比下降较为明显，建筑业由 2007 年的 7.77% 下降至 2050 年的 4.54%，而重工业由 2007 年的 7.72% 缓慢下降至 2050 年的 5.86%。食品加工业和化学工业的增加值占比也有较明显的下降趋势，分别从 2007 年的 3.82% 和 3.75% 下降至 2050 年的 2.65% 和 2.76%。农业和金属及其他矿业呈现先降低后升高的变化趋势，农业由 2007 年的 1.82% 下降至 2023 年的 1.30%，之后又出现上涨趋势，到 2050 年升高至 2.12%，金属及其他矿业由 2007 年的 3.93% 下降至 2034 年的 3.57%，之后又升高至 2050 年的 3.62%。其他服务业呈现先升高后降低的变化趋势，由 2007 年的 23.35% 上升至 2021 年的 24.03% 之后又有所下降，到 2050 年下降至 21.02%。

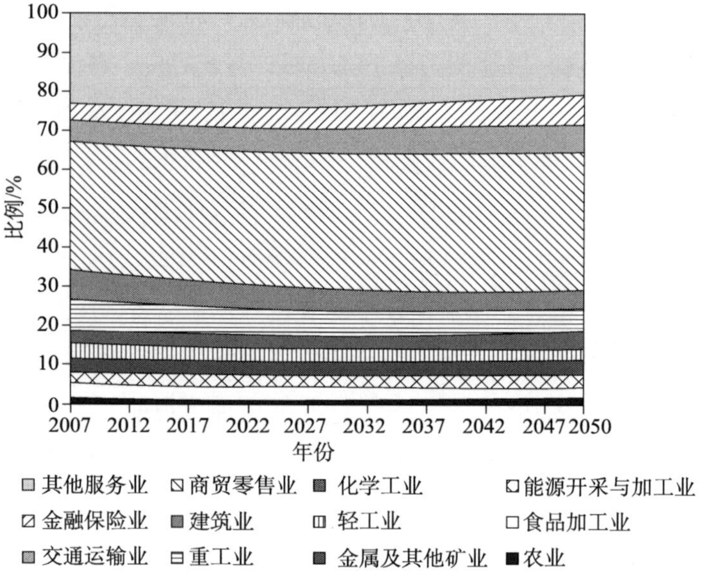

图 3.18　一般均衡情况下欧盟 2007 ～ 2050 年的产业结构变化

就产业结构的变化来看，欧盟的产业结构相对较稳定，类似于美国和日本，欧盟的第三产业比重也最大。

3.3.5　印度的产业结构变化趋势

图 3.19 显示的是印度的产业结构变化趋势。从总体上看，第一产业的增加值占比明显下降，第二产业总体变化趋势不大，相应地，第三产业增加值占比有明显的增加。

模拟期间，印度增加值占比升高较明显的产业有其他服务业和重工业，其他服务业由 2007 年的 16.50% 上升至 2050 年的 24.63%，而重工业的增加值占比在 2007 年为 4.78%，持续上升后到了 2050 年，达到 7.11%。商贸零售业在 2007 年的增加值占比是 20.32%，到了 2050 年，其商贸零售业的增加值占比达到 21.71%。能源开采与加工业和农业的增加值占比下降较明显。农业增加值占比由 2007 年的 13.61% 下降到 2050 年的 4.72%，能源开采与加工业的增加值占比从 2007 年的 5.18% 下降到 2050 年的 2.45%。相对而言，轻工业、食品加工业、化学工业和金属及其他矿业变化幅度相对较小，轻工业由 2007

年的2.67%缓慢上升至2050年的2.94%，模拟期间增加0.27%，食品加工业由2007年的6.04%缓慢上升至2050年的6.85%，化学工业由2007年的2.03%缓慢下降到2050年的1.61%。金属及其他矿业的占比由2007年的4.91%下降至2050年的4.35%。印度的建筑业呈现先升高后降低的变化趋势。2007年印度建筑业的增加值占比为8.20%，到了2024年，升高至9.11%，到了2050年又下降至8.14%。交通运输业和金融保险业的变化呈现先降低后升高的趋势。交通运输业增加值占比在2007年为9.14%，到2017年，下降至8.94%，到了2050年，上升至9.19%。金融保险业由2007年的6.63%下降至2026年的6.17%，到了2050年，上升至6.29%。

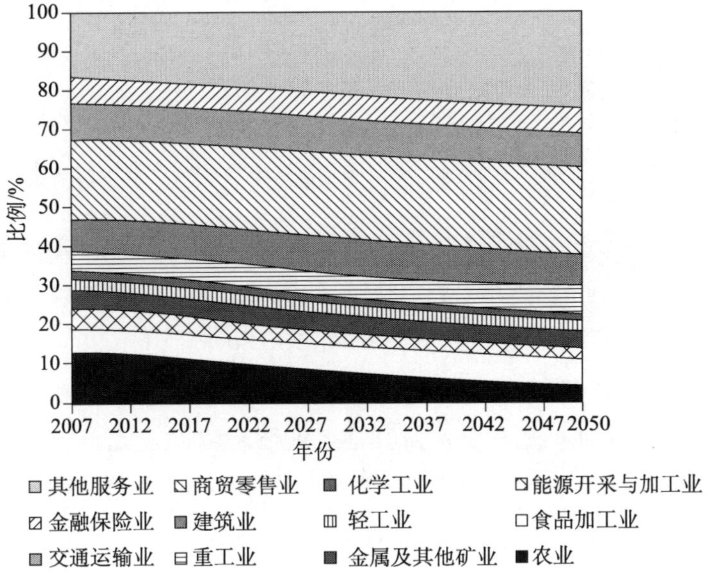

图3.19 一般均衡情况下印度2007～2050年的产业结构变化

印度也属于发展中国家，其产业结构最明显的特征是第三产业占比增加非常明显。就目前阶段来看，印度的工业化仍是重要的发展目标。

3.3.6 俄罗斯产业结构变化趋势

图3.20显示俄罗斯产业结构的变化趋势，模拟期间，第一产业呈现先降低后升高的趋势，而第二产业总体下降明显，第三产业有较大幅度的升高。

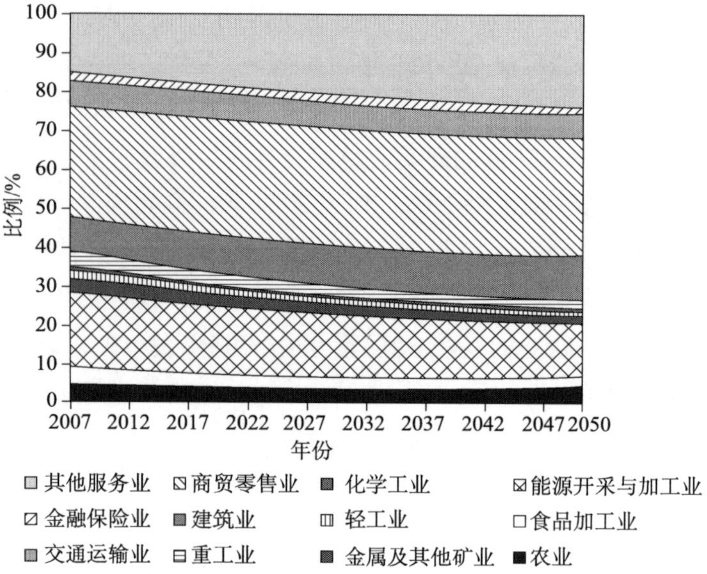

图 3.20 一般均衡情况下俄罗斯 2007~2050 年的产业结构变化

模拟期间，俄罗斯其他服务业、建筑业和商贸零售业的增加值占比上升幅度较大，其他服务业的占比从 2007 年的 15.08% 上升至 2050 年的 23.80%，模拟期间增加了 8.72%，建筑业从 2007 年的 8.80% 上升至 2050 年的 11.57%，商贸零售业由 2007 年的 28.24% 上升至 2050 年的 30.08%。能源开采与加工业、重工业、食品加工业和金属及其他矿业下降幅度较大。能源开采与加工业由 2007 年的 18.58% 下降至 2050 年的 13.33%，重工业由 2007 年的 4.10% 下降至 2050 年的 2.18%，金属及其他矿业从 2007 年的 4.25% 下降至 2005 年的 2.52%，食品加工业由 2007 年的 4.11% 下降至 2050 年的 2.09% ，而交通运输业、轻工业、化学工业的变化幅度较小，轻工业从 2007 年的 1.88% 下降至 2050 年的 0.93%，化学工业由 2007 年的 0.74% 下降至 2050 年的 0.55%，交通运输业由 2007 年的 6.89% 降至 2050 年的 6.11%。农业和金融保险业呈现先降低后升高的变化趋势，农业由 2007 年的 5.02% 下降至 2030 年的 3.62%，之后又有所升高，至 2050 年升高至 4.68%。金融保险业由 2007 年的 2.31% 下降至 2030 年的 2.11%，2050 年又升高至 2.17%。

3.3.7　资源供应业国家产业结构变化趋势

图 3.21 显示了资源供应业国家一般均衡情况下的产业结构变化趋势。

从中我们发现，资源供应业国家的产业结构也是呈现第一、第二产业增加值占比总体下降，第三产业占比上升的趋势。第一产业由 2007 年的 3.53% 下降至 2050 年的 0.82%，而第二产业从 2007 年的 48.98% 下降至 2050 年的 22.90%，第三产业由 2007 年的 47.50% 上升至 2050 年的 54.28%。

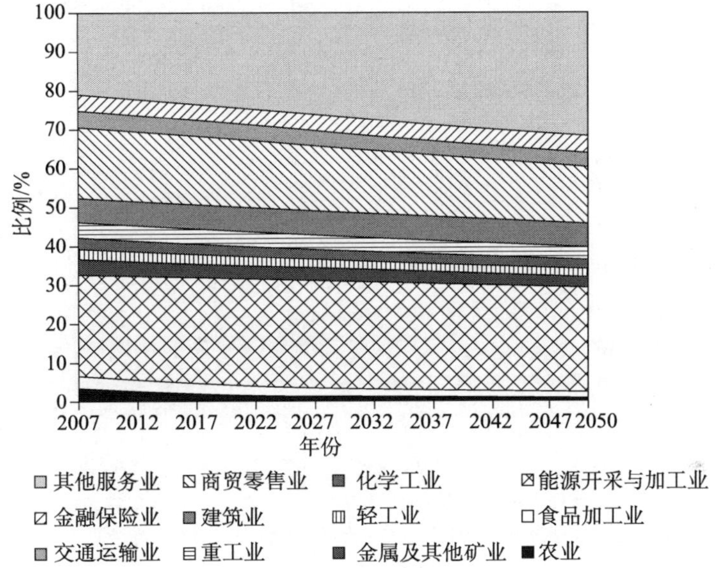

图 3.21　一般均衡情况下资源供应业国家 2007 ～ 2050 年的产业结构变化

资源供应业国家其他服务业的变化幅度较大，从 2007 年的 20.91% 上升至 2050 年的 31.80%，而降幅最大的是商贸零售业，从 2007 年的 17.97% 下降至 2050 年的 14.44%。其他产业的变化幅度较小，其中能源开采与加工业、建筑业、金融保险业略有上升，分别从 2007 年的 26.08%、6.09% 和 4.13% 上升至 2050 年的 26.51%、6.30% 和 4.37%，而食品加工业、金属及其他矿业、轻工业、化学工业和重工业有不同程度的下降，分别下降 1.37、1.14、0.85、0.24、1.14 个百分点。

3.3.8 高收入国家（地区）产业结构变化趋势

图 3.22 显示了高收入国家（地区）产业结构变化趋势，从中可见，高收入国家（地区）的变化趋势与大多数国家一致，第一、第二产业的增加值占比呈现下降趋势，而第三产业的占比继续升高。第一产业和第二产业的占比分别下降了 1.51% 和 11.38%，第三产业由 2007 年的 60.95% 升高至 2050 年的 73.84%。

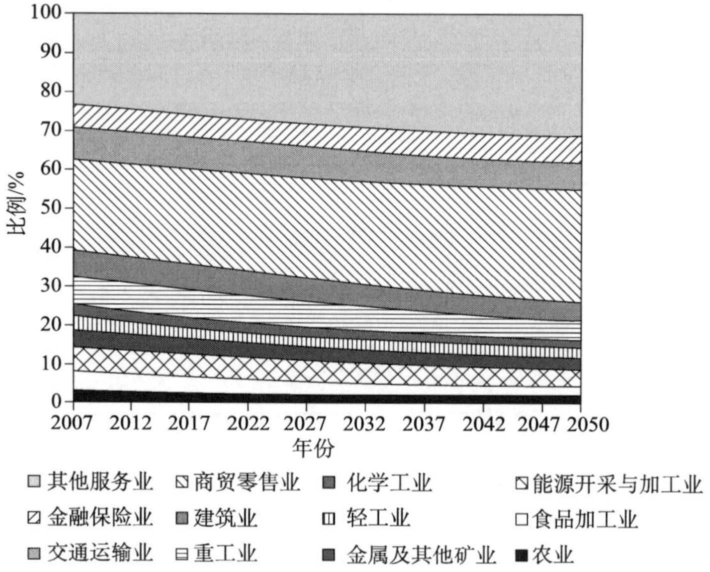

图 3.22 一般均衡情况下高收入国家（地区）2007~2050 年的产业结构变化

各产业中，其他服务业和商贸零售业的增加幅度较为明显，分别上涨 8.09 和 5.10 个百分点。食品加工业、重工业、能源开采与加工业、农业、金属及其他矿业和交通运输业分别下降 2.16、2.38、1.86、1.62、1.51、1.42 和 1.11 个百分点，化学工业下降幅度最小，模拟期间仅由 2007 年的 2.66% 下降至 2050 年的 2.28%。金融保险业有小幅度升高，升高 0.81 个百分点。

3.3.9 中收入发展中国家（地区）产业结构变化趋势

图 3.23 显示了中收入发展中国家（地区）产业结构变化趋势。模拟期间，中收入发展中国家（地区）的第一产业增加值占比有较明显的下降，而第二

产业总体变化不大，第三产业占比有所升高。第一产业由 2007 年的 8.50% 下降至 2050 年的 3.36%，下降了 5.14 个百分点，第二产业下降了 0.92 个百分点。

中收入发展中国家（地区）的各产业中，农业和建筑业下降幅度较大，分别下降 5.14 个和 4.48 个百分点，而其他服务业和重工业占比有小幅度的升高，分别增加 1.97 个和 1.48 个百分点。其他产业的变化相对不明显，均低于 1 个百分点。

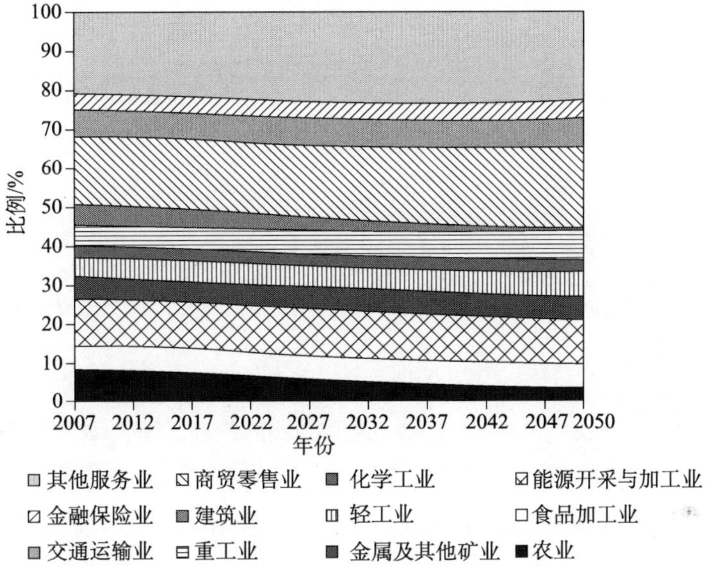

图 3.23 一般均衡情况下中收入发展中国家（地区）2007 ～ 2050 年的产业结构变化

3.3.10 低收入发展中国家（地区）产业结构变化趋势

图 3.24 显示低收入发展中国家（地区）的产业结构变化趋势，可见，低收入发展中国家（地区）的第一产业和第二产业增加值占比明显下降，第三产业占比明显上升。

2007 年，低收入发展中国家（地区）的第一产业增加值占比为 15.70%，到 2050 年，第一产业占比仅为 7.19%，第二产业总体从 2007 年到 2050 年下降 6.21 个百分点，而第三产业相应升高 14.72 个百分点。

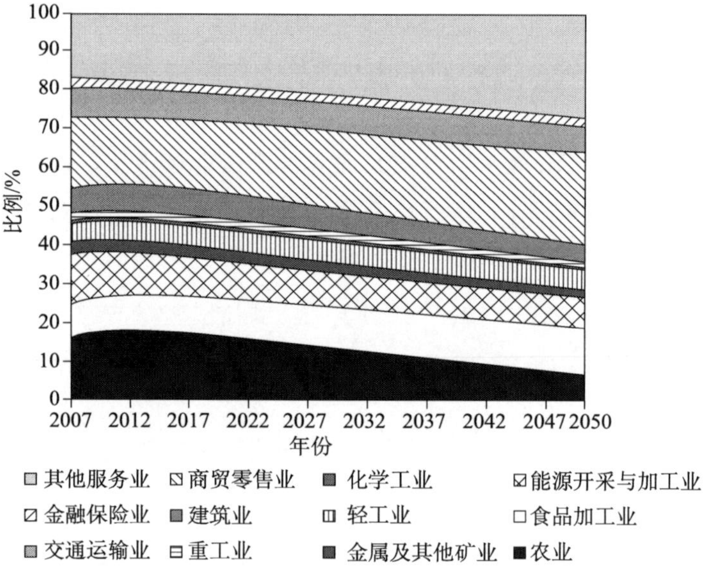

图 3.24 一般均衡情况下低收入发展中国家（地区）2007 ～ 2050 年的产业结构变化

对于低收入发展中国家（地区），各产业中，其他服务业和商贸零售业的占比变化与中收入发展中国家（地区）的变化趋势类似，均有较大幅度的升高。其他服务业升高 10.32 个百分点，而商贸零售业升高 6.14 个百分点，农业占比下降明显，从 2007 年的 15.70% 下降至 2050 年的 7.19%。能源开采与加工业和建筑业也有较大幅度的下降，模拟期间分别下降 5.70 个和 2.24 个百分点。食品加工业从 2007 年的 9.09% 上升至 2050 年的 11.71%，模拟期间升高 2.62 个百分点，其他产业变化幅度较小，波动范围均不超过 1 个百分点。

总之，中国、印度、俄罗斯等发展中国家的产业结构中第三产业的增加幅度非常大，第一产业的比例都下降明显，第二产业的比例变化很小。美国、欧盟、日本等发达国家（地区）的产业结构比发展中国家（地区）要稳定，其第三产业的比重有小幅度的增加，但是变化不大。

3.4 各区域能量使用与碳排放变化趋势

图 3.25 和图 3.26 显示了一般均衡情况下，各区域能源使用量和碳排放量

的变化情况。模拟期间，各区域的能源使用量和碳排放量主要受各国的经济发展、产业结构变化、人口变化、能源强度和结构改变等多种因素调控。

一般均衡情况下，全球的能源使用量和碳排放量受到各国能源使用量和碳排放量的影响，总体呈上升的趋势。全球各区域能源使用量在 2007 年达到 17 442.79Mtoe，持续升高至 2050 年，达到 21 528.05 Mtoe，与 2007 年相比上升了 23.42 个百分点。而全球的碳排放量在 2007 年为 9331.89MtC，到 2050 年上升至 11 782.71MtC，较 2007 年上升了 26%。总体来看，全球的碳排放量上升比例略高于全球的能源使用量，这可能是由于模拟期间，能源使用量较大的国家本身的碳排放量强度也较大，并且其产业结构中碳排放强度高的产业占有比例较高。

各区域的能源使用量变化和碳排放量的变化趋势大致可以分为一直上升、一直下降、先上升后下降的趋势。其中，中国和俄罗斯两国的能源使用量和碳排放量呈现先上升后下降的趋势，美国、日本和欧盟的能源使用量和碳排放量呈现持续下降的趋势，而印度、资源供应业国家、高收入国家（地区）、中收入发展中国家（地区）和低发展中国家（地区）呈现持续上升的趋势。

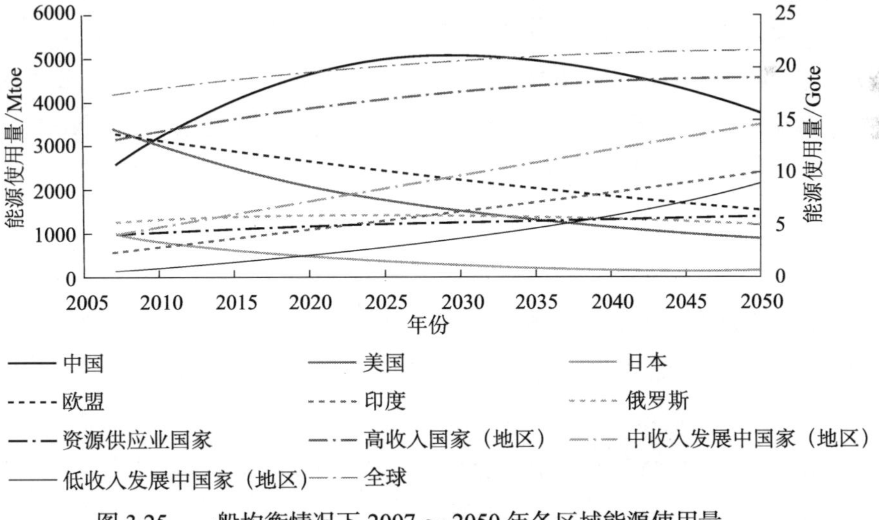

图 3.25　一般均衡情况下 2007 ～ 2050 年各区域能源使用量

右侧纵坐标表示全球的能源使用量

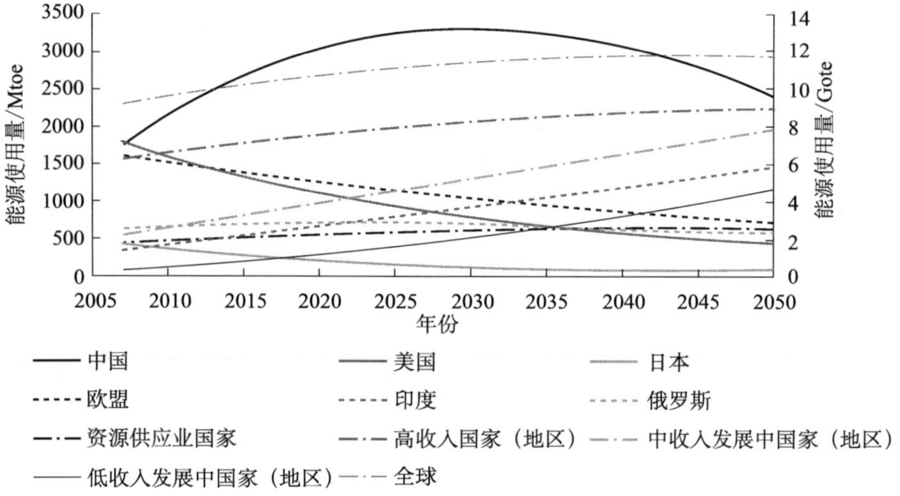

图 3.26 一般均衡情况下 2007 ～ 2050 年各区域碳排放量

右侧纵坐标表示全球的碳排放量

模拟期间，中国的能源使用量在 2007 年达到 2609.45Mtoe，随着不断发展，到 2031 年上升至 5077.90Mtoe，达到能源使用量的最高值，之后有所下降，到 2050 年，中国的能源使用量下降至 3751.78Mtoe，比最高值低 26.11 个百分点，但仍高于 2007 年 43.78 个百分点。而中国的碳排放量在 2007 年为 1739.30MtC，2030 年达到最高值 3311.94MtC，之后随着产业结构和能源结构等因素的改变，中国的碳排放量呈不断下降趋势，到 2050 年下降至 2429.18MtC，低于高峰值的 26.66 个百分点，高出 2007 年 40 个百分点。中国的碳排放量和能源使用量在变化幅度上和增长情况上基本保持一致，但与全球的能源使用量和碳排放量变化趋势不符。

俄罗斯能源使用量和碳排放量的发展趋势与中国类似。在 2007 年俄罗斯的能源使用量为 1271.19Mtoe，到 2023 年上升至 21 425.81Mtoe，之后又出现持续下降，到 2050 年变为 1198.38Mtoe，与 2007 年相比，反而下降了 5.73 个百分点。而俄罗斯的碳排放量在 2007 年为 639.00MtC，到了 2023 年，上升至 711.87MtC，之后下降，至 2050 年，达到 595.65MtC，比 2007 年下降了 7 个百分点。

一般均衡情况下，美国、日本和欧盟的能源使用量和碳排放量都呈现不断下降的趋势，美国在 2007 年的能源使用量为 3403.19Mtoe，而到了 2050

年下降至 911.21Mtoe，与 2007 年相比下降了 73.22 个百分点。日本 2007 年的能源使用量为 937.21Mtoe，到 2050 年下降至 160.86Mtoe，下降了 82.84 个百分点。欧盟的能源使用量从 2007 年的 3305.83Mtoe 下降至 2050 年的 1544.09Mtoe，下降 53.29 个百分点。上述三个国家其碳排放量与能源使用量的变化趋势基本一致。其中美国在 2007 年的碳排放量为 1810.04MtC，持续下降到 2050 年的 467.38MtC，下降了 74 个百分点。日本在 2007 年的碳排放量为 437.97MtC，到 2050 年下降至 74.80MtC，下降了 83 个百分点。欧盟 2007 年的碳排放量达到 1629.84MtC，到 2050 年下降至 716.41MtC，下降了 56 个百分点。

印度、中收入发展中国家（地区）和低收入发展中国家（地区）的能源使用量和碳排量的变化趋势一致，都是持续上升且上升幅度较大。印度 2007 年的能源使用量为 591.76Mtoe，在模拟期间，增长至 2050 年的 2391.36Mtoe，上升了 3.04 倍，而 2007 年的碳排放量为 372.53MtC，到 2050 年上升至 1464.1MtC，增加 2.93 倍。中收入发展中国家（地区）在 2007 年的能源使用量为 982.36Mtoe，到了 2050 年，增长至 3464.67Mtoe，增加 2.52 倍，而 2007 年的碳排放量为 561.62MtC，到 2050 年上升至 1966.37MtC，增长 2.50 倍。低收入发展中国家（地区）在 2007 年的能源使用量为 192.82Mtoe，到了 2050 年上升至 2154.96Mtoe，增加了 10.17 倍，碳排放量由 2007 年的 109.96MtC 上升至 2050 年的 1181.98MtC，增加 9.75 倍。

资源供应业国家和高收入国家（地区）的能源使用量和碳排放量也处于上升的趋势，但上升幅度较小，资源供应业国家在 2007 年的能源使用量为 980.77Mtoe，到 2050 年缓慢上升至 1386.79Mtoe，比 2007 年增加 41.4 个百分点，碳排放量在 2007 年为 461.28MtC，缓慢上升至 2050 年的 662.02Mtoe，比 2007 年增加 44 个百分点。高收入国家（地区）的能源使用量在全球中占非常大的比重，2007 年，其能源使用量为 3168.36Mtoe，到 2050 年上升至 4563.94Mtoe，比 2007 年上升了 44.05 个百分点。高收入国家（地区）的碳排放量在 2007 年为 1570.34MtC，而到了 2050 年上升至 2224.73MtC，比 2007 年增加了 42 个百分点。

3.4.1 各区域累计碳排放量

图 3.27 显示了一般均衡情况下全球 2007～2050 年累计碳排放量的变化情况。全球在 2007 年的碳排放累计量为 9.33GtC，到 2050 年累计碳排放量达到 486.91GtC。其中，中国的累计碳排放量上升幅度最大，之后依次是高收入国家（地区）、中收入发展中国家（地区）、欧盟、美国、印度、俄罗斯、资源供应业国家、日本。

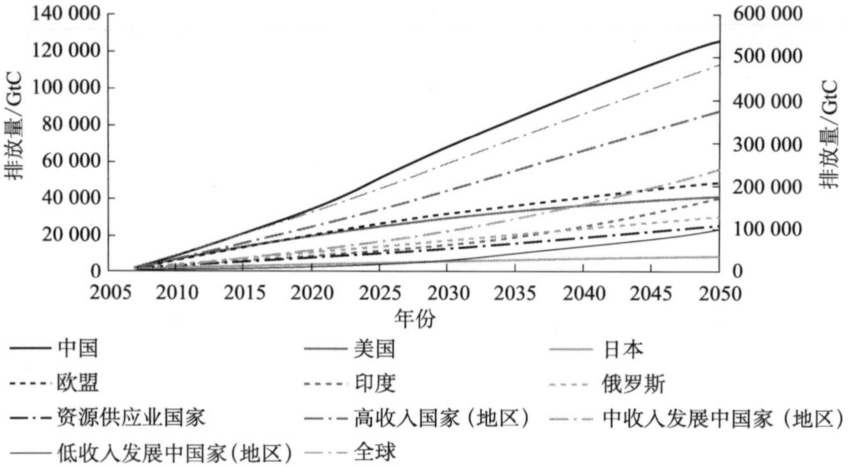

图 3.27 一般均衡情况下 2007～2050 年各区域累计碳排放量
右侧纵坐标表示全球的累计碳排放量

其中，中国在 2007 年的累计碳排放量为 1.74GtC，占全球的 18.64%，而到 2050 年累计碳排放量达到 126.46GtC，占全球总量的 25.97%；与 2007 年相比，中国的累计碳排放量比例上升 7.33%。美国 2007 年的累计碳排放量为 1.81GtC，占全球总量的 19.40%，到了 2050 年其累计碳排放量为 41.00GtC，占全球累计碳排放量的 8.42%，比 2007 年的 19.40% 下降了 10.98 个百分点。日本 2007～2050 年的累计碳排放量为 8.32GtC，占全球的 1.71%，与 2007 年的 4.69% 相比，有小幅度下降。欧盟 2007～2050 年的累计碳排放量为 48.81GtC，占全球的 10.02%，比 2007 年的 17.47% 下降了 7.45 个百分点。

印度，2007 年碳排放累积量为 0.37GtC，占全球的 3.99%，由于印度发展迅速，其碳排放量也较大，到 2050 年其累计碳排放量为 39.39GtC，占全球的 8.09%。俄罗斯的累计碳排放量比例变化较小，2007 年其累计碳排放量为 0.64GtC，占全球的 6.85%，到 2050 年累计碳排放量为 29.70GtC，占全球的 6.10%。资源供应业国家和高收入国家（地区）的累计碳排放量占全球的比例改变不大，资源供应业国家 2007 年的累计碳排放量为 0.46GtC，占全球的 4.94%，到了 2050 年为 25.80GtC，占全球的 5.30%，高收入国家（地区）2007 年累计碳排放量为 1.57GtC，2050 年为 87.96GtC，占全球的 18.06%。

中收入发展中国家（地区）和低收入发展中国家（地区）的累计碳排放量增加幅度较大。中收入发展中国家（地区）和低收入发展中国家（地区）2007 年的累计碳排放量分别为 561.62MtC 和 109.96MtC，占全球的 6.02% 和 1.18%，到 2050 年上升至 56.00GtC 和 23.47GtC，分别占全球的 11.51% 和 4.82%。

3.4.2　各区域人均碳排放量

图 3.28 显示了一般均衡情况下各区域人均碳排放量的变化趋势。在 2007 年，全球人均碳排放量的排名依次是美国、俄罗斯、日本、欧盟、高收入国家（地区）、资源供应业国家、中国、中收入发展中国家（地区）、印度、低收入发展中国家（地区）。其中，中国和俄罗斯的碳排放量呈现先升高后下降的趋势，印度、中收入发展中国家（地区）和低发展中国家（地区）呈现持续升高的趋势，而美国、日本、欧盟、资源供应业国家和高收入国家（地区）呈现持续下降的趋势。

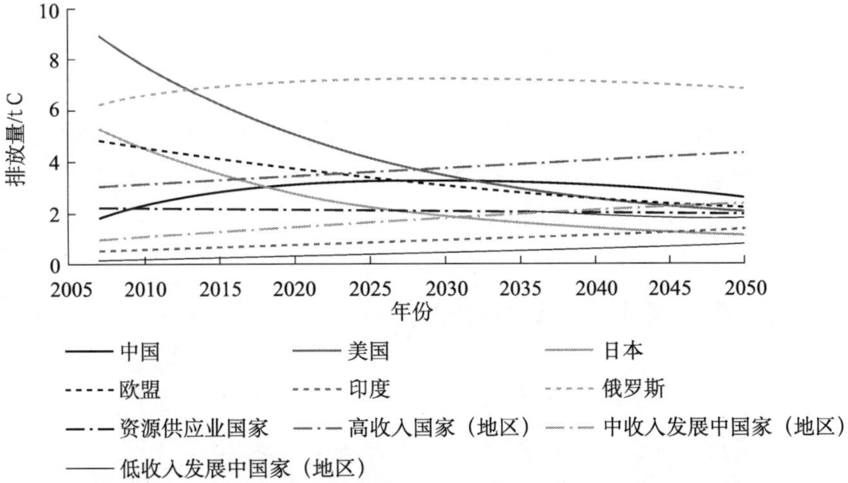

图 3.28　一般均衡情况下 2007 ～ 2050 年各区域人均碳排放量

模拟期间，全球的人均碳排放量变化较小，呈小幅度上升之后小幅度下降的趋势。2007 年，全球的人均碳排放量为 2.15tC，到 2016 年，上涨到 2.190tC，之后小幅度下降至 2.014tC。与 2007 年相比，2050 年的人均碳排放量下降了 6.3 个百分点。

中国 2007 年人均碳排放量为 1.85tC，到 2032 年，人均碳排放量为 3.33tC，在模拟期间达到高峰。之后出现下降，到 2050 年下降至 2.61tC，与 2007 年相比，上升 41.08 个百分点。俄罗斯和中国的变化趋势一致，从 2007 年的 6.24tC 上升到 2031 年的 7.34tC，之后下降至 6.814tC，与 2007 年相比，上升了 9.20 个百分点。

美国的人均碳排放量在 2007 年为 8.97tC，在世界上排名最高。但是，之后逐渐下降，到 2050 年下降到 1.95tC，与 2007 年相比，仅为 2007 年的 21.74%。其他发达国家（地区），如日本、欧盟及资源供应业国家，其人均碳排放量均呈逐渐下降的趋势。日本由 2007 年的 5.30tC 下降到 2050 年 1.08tC，2050 年仅为 2007 年的 20.38%；欧盟由 2007 年的 4.88tC 下降至 2050 年的 2.24tC，2050 年仅为 2007 年的 45.90%。资源供应业国家在 2007 年的人均碳排放量为 2.26tC，到 2050 年下降至 1.77tC，下降了 22.60 个百分点。

高收入国家（地区），印度及中低收入发展中国家（地区）的人均碳排放量呈上升趋势。高收入国家（地区）由 2007 年的 3.07tC 上升至 2050 年的 4.36tC，与 2007 年相比增加了 42.24 个百分点。印度由 2007 年的 0.52tC 上升至 2050 年的 1.41tC，与 2050 年相比，增加了 1.71 倍。中收入发展中国家（地区）由 2007 年的 1.02tC 上升到 2050 年的 2.43tC，与 2007 年相比，增加了 1.38 倍。低收入发展中国家（地区）由 2007 年的 0.16tC 上升至 2050 年的 0.81tC，与 2007 年相比增加了 4.03 倍。

3.4.3 各区域人均累计碳排放量

图 3.29 显示各区域人均累计碳排放量。人均累计碳排放量强度受到人口密度、经济变化、能源需求强度等因素的影响。全球 2007 年的人均累计碳排放量为 2.15tC，到 2050 年人均累计碳排放量为 83.22tC，与 2050 年相比，增

加了 37.71 倍。其中中国的人均累计碳排放量增长迅速，2007 年其人均累计碳排放量为 1.85tC，到 2050 年人均碳排放量为 129.37tC，增加 68.93 倍，高于世界水平。

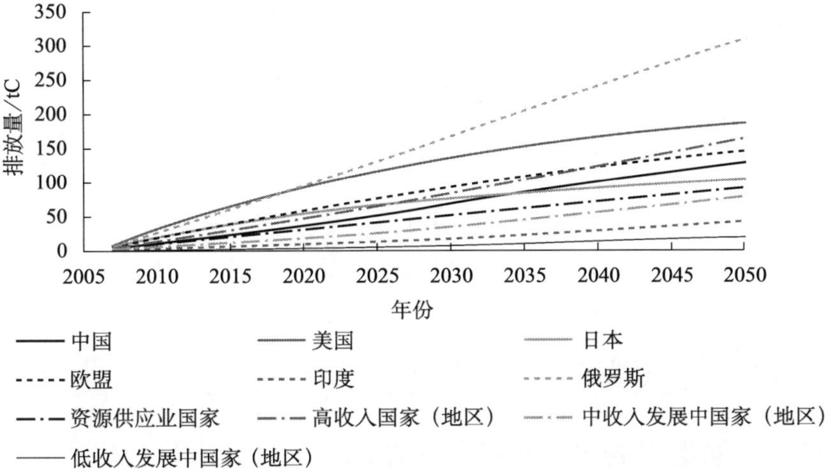

图 3.29　一般均衡情况下 2007 ～ 2050 年各区域人均累计碳排放量

发达国家（地区）的人均累计碳排放量增加相对缓慢，美国 2007 年人均累计碳排放量为 8.97tC，在世界上排名第一，到 2050 年，增加到 188.10tC，增加了 19.97 倍，低于全球增长速率。日本 2007 年的累计人均碳排放量为 5.30tC，到 2050 年升高至 105.01tC，增加 18.81 倍。欧盟 2007 年的人均累计碳排放量为 4.88tC，到 2050 年增加至 147.10tC，增加了 29.14 倍。

高收入国家（地区）相对发展程度较高，但其人均累计碳排放量也较高。2007 年，高收入国家（地区）的人均累计碳排放量为 3.07tC，到 2050 年，增加至 163.26tC，增加 52.18 倍。

发展中国家人均累计碳排放量增长率普遍较高，印度作为发展中国家，2007 年的人均累计碳排放量只有 0.52tC，而到 2050 年增加至 42.26tC，虽然值并不高，但增加了 80.27 倍。中收入发展中国家（地区）和低收入发展中国家（地区）在 2007 年的累计人均碳排放量分别为 1.02tC 和 0.16tC，到 2050 年分别累积到 78.42tC 和 20.26tC，分别增长了 75.88 倍和 125.63 倍。

俄罗斯 2007 年的人均累计碳排放量为 6.24tC，在世界上排名第二，到 2050 年，俄罗斯的人均累计碳排放量增加至 310.73tC，在世界上排名第一。

与 2007 年相比，增加 48.80 倍。资源供应业国家的人均累计碳排放量从 2007 年的 2.26tC，上升至 2050 年的 90.91tC，增加了 39.23 倍。

总之，各国的能源使用量变化和碳排放量的变化趋势大致可以分为一直上升、一直下降、先上升后下降的趋势。其中，中国和俄罗斯两国的能源使用量和碳排放量呈现先上升后下降的趋势，美国、日本和欧盟的能源使用量和碳排放量呈现持续下降的趋势，而印度、资源供应业国家、高收入国家（地区）、中收入发展中国家（地区）和低收入发展中国家（地区）呈现持续上升的趋势。中国的碳排放高峰在 2031 年左右来到，俄罗斯的高峰是在 2023 年左右。就人均累计碳排放来看，发展中国家的水平明显低于发达国家（地区）及资源类国家（地区）的水平，但是发展中国家（地区）普遍呈上升的趋势，而发达国家（地区）是在下降的。

3.4.4 各区域各产业能源使用趋势

随着各区域各产业的发展，各产业的能源使用也会受到影响，本节讨论各个区域各产业的能源使用量的变化。

1. 中国

图 3.30 显示了一般均衡情况下中国各产业的能源使用量。总体上，中国大部分能源行业的能源使用量呈现先升高后下降的变化趋势。

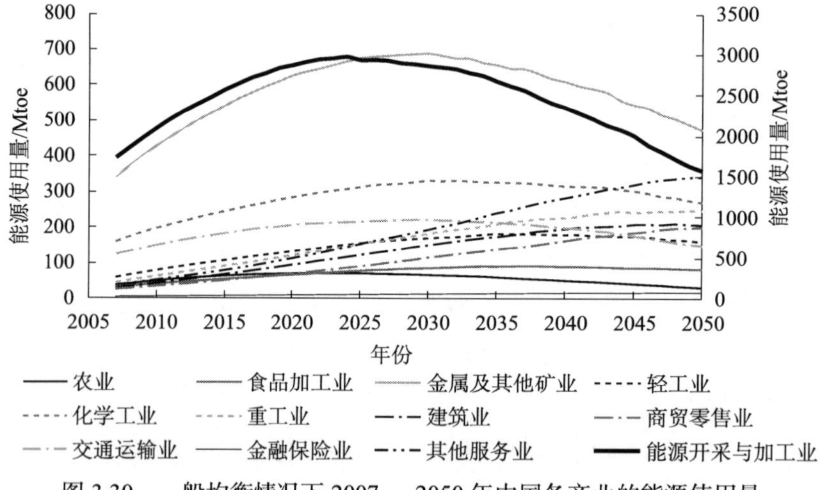

图 3.30 一般均衡情况下 2007 ～ 2050 年中国各产业的能源使用量

右侧纵坐标表示能源开采与加工业的能源使用量

由图3.30可见，中国各能源开采与加工业的能源使用量远超过其他产业，2007年其能源使用量为1727.02Mtoe，之后持续增加，到2024年升高至2917.97Mtoe，达到最高峰。到2050年，能源开采与加工业的能源使用量逐渐下降，至2050年又下降至1572.45Mtoe。与2007年相比，反而下降9个百分点。

其他行业中，金属及其他矿业、化学工业和轻工业的能源使用量较大。2007年，金属及其他矿业、化学工业和轻工业能源使用量分别为338.60Mtoe、159.14Mtoe和58.16Mtoe，金属及其他矿业到2030年达到能源使用高峰，达到689.13Mtoe，之后又出现下降，到2050年下降至473.10Mtoe，比2007年上升40个百分点。化学工业从2007年上升至2032年的331.32Mtoe，达到高峰。之后又出现下降，到2050年下降至270.47Mtoe，是2007年的1.7倍。交通运输业在2007年的能源使用量为123.35Mtoe，到2025年升高至222.05Mtoe，到2050年又下降至148.11Mtoe，比2007年升高20个百分点。轻工业上升至2035年，达到高峰182.33Mtoe，之后下降至159.40Mtoe，相比2070年升高2.74倍。

农业和食品加工业的能源使用变化趋势也是先升高后下降。农业从2007年的35.40Mtoe上升至2025年的70.10Mtoe，到2050年下降至30.82Mtoe，与2007年相比下降了13个百分点。食品加工业从2007年的30.68Mtoe上升至2037年的91.46Mtoe，之后下降至2050年的81.90Mtoe，与2007年相比升高1.67倍。

重工业和金融保险业总体呈持续升高的趋势。重工业从2007年的43.50Mtoe升高至2049年的248.05Mtoe，达到最高峰，之后又略微下降，到2050年达到247.97Mtoe，比2007年增加4.70倍。而金融保险业由2007年的3.97Mtoe上升至2049年的17.12Mtoe，到2050年略微降至17.05Mtoe，与2007年相比增加3.30倍。

建筑业、零售商贸业和其他服务业呈现持续上升的趋势。建筑业、零售商贸业和其他服务业在2007年的能源使用量为别为28.14Mtoe、24.75Mtoe和36.69Mtoe，分别上升至2050年的207.37Mtoe、201.14Mtoe和341.99Mtoe。与2007年相比，分别增加6.37倍、7.13倍和8.32倍。

2. 美国

图3.31显示了一般均衡情况下美国各产业的能源使用量。美国的各产业中，重工业、商贸零售业、其他服务业在模拟期间能源使用量变化是先升高

后降低的变化趋势，而金融保险业呈持续上升的趋势，其他产业的能源使用均呈持续下降的趋势。

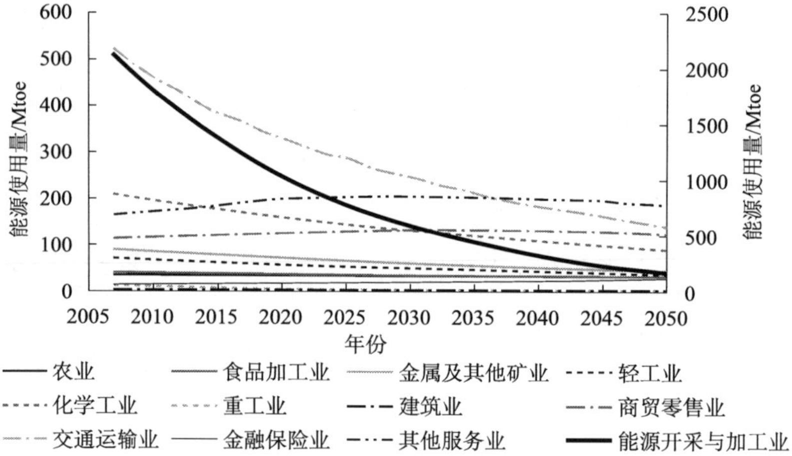

图 3.31　一般均衡情况下 2007~2050 年美国各产业的能源使用量
右侧纵坐标表示能源开采与加工业的能源使用量

模拟期间，美国仅金融保险业的能源使用量持续上升。2007 年金融保险业的能源使用量为 14.39Mtoe，而到了 2050 年升高至 28.71Mtoe。

能源开采与加工业和交通运输业是美国能源使用量最大的两个产业，在 2007 年的能源使用量分别是 2118.77Mtoe 和 521.02Mtoe。到 2050 年分别下降至 183.87Mtoe 和 142.69Mtoe。其次，农业、化学工业、金属及其他矿业和食品加工业的能源使用量也有较明显的下降趋势。

农业、化学工业、金属及其他矿业、轻工业和食品加工业在 2007 年的能源使用量分别为 15.11Mtoe、207.38 Mtoe、90.76 Mtoe、71.24 Mtoe、42.01Mtoe，而到了 2050 年分别下降至 2.16 Mtoe、92.78 Mtoe、54.39 Mtoe、37.54 Mtoe、27.52 Mtoe。建筑业的能源使用量变化较小，从 2007 年的 4.29 Mtoe 到 2050 年的 3.82 Mtoe，模拟期间下降 9 个百分点。

重工业、其他服务业和商贸零售业的能源使用量在模拟期间出现了能源使用高峰。重工业在2007年能源使用量为35.39 Mtoe，到了2039年达到高峰。为 36.08 Mtoe，之后有所下降，到 2050 年降至 35.00 Mtoe。其他服务业由 2007 年的 167.10 Mtoe 上升至 207.61 Mtoe，之后又下降至 2050 年的 185.64 Mtoe。商贸零售业由 2007 年的 115.72 Mtoe 上升至 132.78 Mtoe，到 2050 年下降至 126.14 Mtoe。

3. 日本

图 3.32 显示了一般均衡情况下日本各产业的能源使用量。可见，除了金融保险业的能源使用有所增加，其他产业均处于下降趋势。

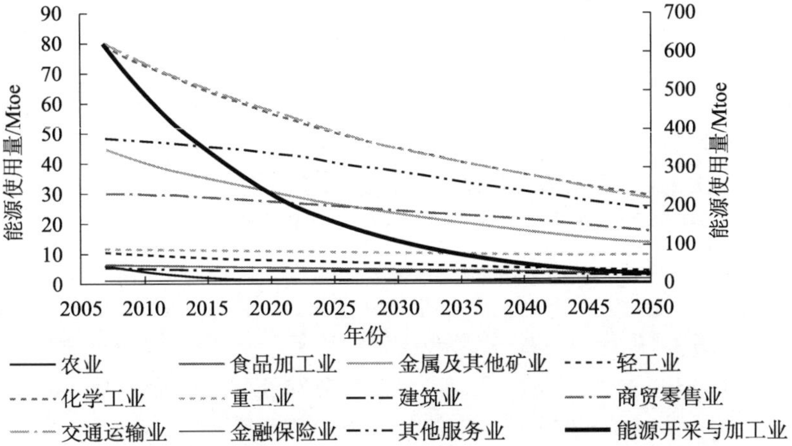

图 3.32　一般均衡情况下 2007 ～ 2050 年日本各产业的能源使用量
右侧纵坐标表示能源开采与加工业的能源使用量

日本金融保险业的能源使用量由 2007 年的 1.18 Mtoe 上升至 2050 年的 1.98 Mtoe，模拟期间上升 68 个百分点。

农业、能源开采与加工业、化学工业、金属及其他矿业和交通运输业的能源使用量下降非常显著，均超过 70 个百分点。农业和能源开采与加工业在 2007 年的能源使用量为 5.83 Mtoe 和 615.28 Mtoe，到了 2050 年其能源使用量分别下降至 0.19 Mtoe 和 23.67 Mtoe。化学工业、金属及其他矿业和交通运输业 2007 年的能源使用量为 78.50 Mtoe、44.43 Mtoe 和 79.68 Mtoe，到 2050 年下降至 29.67 Mtoe、13.74 Mtoe 和 28.44 Mtoe。其他产业的能源使用量也有很明显的下降，模拟期间，食品加工业由 6.41 Mtoe 下降到 3.35 Mtoe，轻工业由 10.48 Mtoe 下降至 4.51 Mtoe，重工业由 11.73 Mtoe 下降至 9.79 Mtoe，建筑业由 5.17 Mtoe 下降至 3.13 Mtoe，商贸零售业由 30.18 Mtoe 下降至 17.55 Mtoe，其他服务业由 48.34 Mtoe 下降至 24.83 Mtoe。

4. 欧盟

图 3.33 显示了一般均衡情况下欧盟各产业的能源使用量。模拟期间，欧

盟的各部门能源使用量中，重工业、商贸零售业和金融保险业有所升高，其他服务业呈先升高后降低的趋势，其他产业均呈下降趋势。

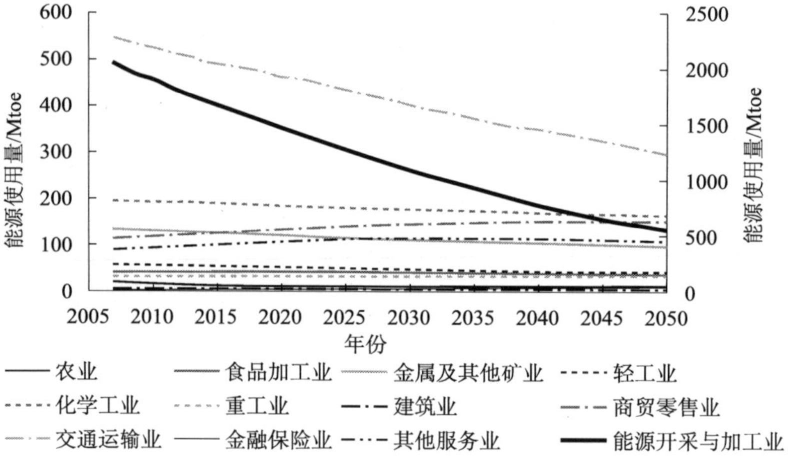

图 3.33　一般均衡情况下 2007 ～ 2050 年欧盟各产业的能源使用量
右侧纵坐标表示能源开采与加工业的能源使用量

欧盟的重工业、商贸零售业和金融保险业的能源使用量呈现升高趋势，从 2007 年的 34.79 Mtoe、116.29 Mtoe、6.12 Mtoe 上升至 2050 年的 36.32 Mtoe、155.69 Mtoe、15.62 Mtoe。而其他服务业的能源使用量在 2007 年为 92.25 Mtoe，到 2037 年上升至能量高峰 118.05 Mtoe，到 2050 年降至 110.89 Mtoe。

在下降的各个产业里，能源开采与加工业和交通运输业的能源使用量下降幅度较大，能源开采与加工业由 2007 年的 2043.15 Mtoe 下降到 2050 年的 560.54 Mtoe，交通运输业从 2007 年的 545.68 Mtoe 降至 2050 年的 296.99 Mtoe，分别下降 72.57 个和 45.57 个百分点。其次是农业、金属及其他矿业和轻工业，分别下降 27.21 个、27.19 个和 26.14 个百分点。食品加工业、化学工业和建筑业的能源使用量分别从 2007 年的 44.93 Mtoe、196.98 Mtoe 和 9.34 Mtoe 下降到 37.11 Mtoe、164.74 Mtoe 和 7.74 Mtoe。

5. 俄罗斯

图 3.34 显示了一般均衡情况下俄罗斯各产业的能源使用量。俄罗斯的能源使用量的变化趋势与中国类似，能源开采与加工业、金属及其他矿业、化学工业、交通运输业的能源使用量呈现先升高后降低趋势。其他产业的能源

使用量呈上升的趋势。

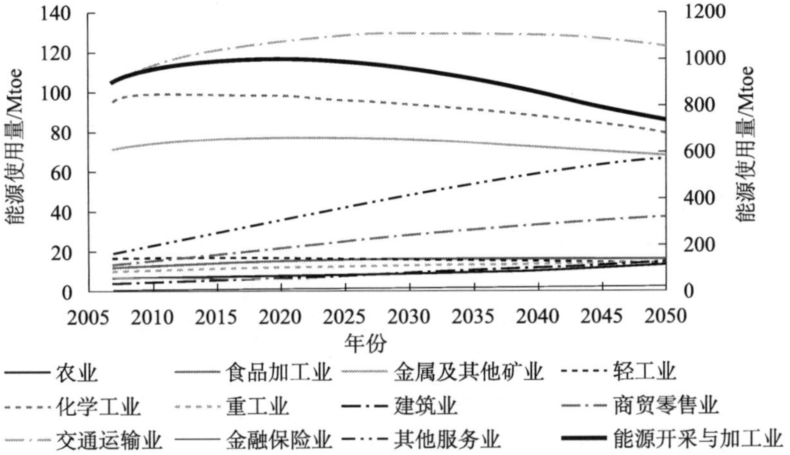

图 3.34　一般均衡情况下 2007~2050 年俄罗斯各产业的能源使用量
右侧纵坐标表示能源开采与加工业的能源使用量

俄罗斯的能源开采与加工业在 2007 年的能源使用量为 909.87 Mtoe，一直到 2017 年升至能源使用最高峰。之后又出现下降，到 2050 年下降至 745.02 Mtoe。金属及其他矿业在 2021 年达到能源使用的高峰，为 77.57 Mtoe，之后就持续下降，到 2050 年降至 68.78 Mtoe。化学工业在 2012 年达到能源使用的高峰 99.62 Mtoe，之后下降至 2050 年的 80.20 Mtoe。交通运输业在 2029 年达到能源使用高峰 130.14 Mtoe，之后下降至 2050 年的 123.34 Mtoe。

轻工业的能源使用量在模拟期间持续降低。在 2007 年能源使用量为 17.15 Mtoe，到了 2050 年降低至 13.98 Mtoe。其他服务业、建筑业和商贸零售业的能源使用量升高幅度较大。2007 年，其他服务业、建筑业和商贸零售业的能源使用量为 19.76 Mtoe、4.31 Mtoe、14.15 Mtoe，到 2050 年，其能源使用量分别为 67.33 Mtoe、14.91 Mtoe 和 37.96 Mtoe。金融业从 2007 年的 1.13 Mtoe 上升至 2.97 Mtoe。重工业、农业和食品加工业分别上升 31 个、89 个、29 个百分点。

6. 印度

图 3.35 显示了一般均衡情况下印度各产业的能源使用量。印度各产业能源使用量均处于上升的趋势。

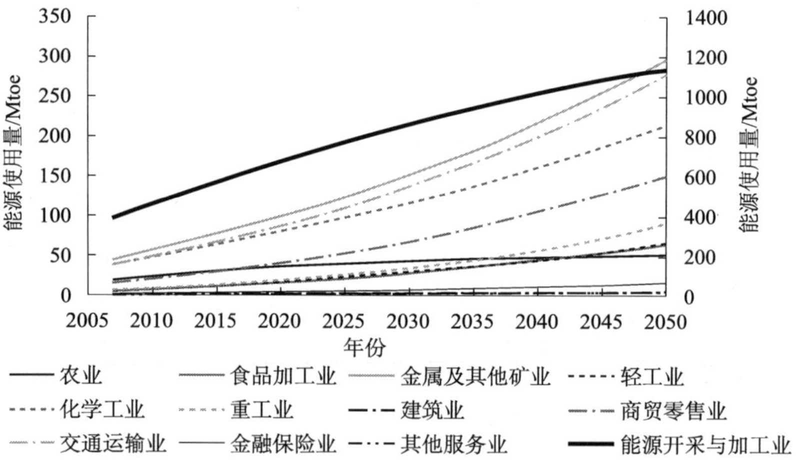

图 3.35 一般均衡情况下 2007 ～ 2050 年印度各产业的能源使用量

右侧纵坐标表示能源开采与加工业的能源使用量

印度的能源使用量上升幅度最大的是重工业、其他服务业，分别从 2007 年的 7.23 Mtoe 和 0.49 Mtoe 上升到 2050 年的 92.01 Mtoe 和 6.03 Mtoe，与 2007 年相比，分别增加 11.72 倍和 11.43 倍。其次是轻工业，从 2007 年的 40.81 Mtoe 上升到 2050 年的 214.57 Mtoe，增加 4.26 倍；食品加工业从 6.77 Mtoe 上升到 65.64 Mtoe，增加 8.70 倍；商贸零售业从 17.53 上升到 151.01 Mtoe，上升 7.61 倍；建筑业由 0.77 上升到 6.34 Mtoe，增加 7.21 倍。交通运输业和金属及其他矿业分别从 2007 年的 40.38 Mtoe 和 46.22 Mtoe 上升到 278.74 Mtoe 和 297.82 Mtoe，分别增加了 5.90 倍和 5.44 倍。化学工业从 2007 年的 40.81 Mtoe 上升到 2050 年的 214.56 Mtoe，农业从 2007 年的 20.92 Mtoe 上升到 2050 年的 51.94 Mtoe，能源开采与加工业从 2007 年的 401.01 Mtoe 上升到 2050 年的 1143.49 Mtoe。

7. 资源供应业国家

图 3.36 显示了一般均衡情况下资源供应业国家各产业的能源使用量。资源供应业国家能源开采与加工业在模拟期间出现能源使用量的最高值，农业的能源使用量有所下降，其余均呈上升趋势。

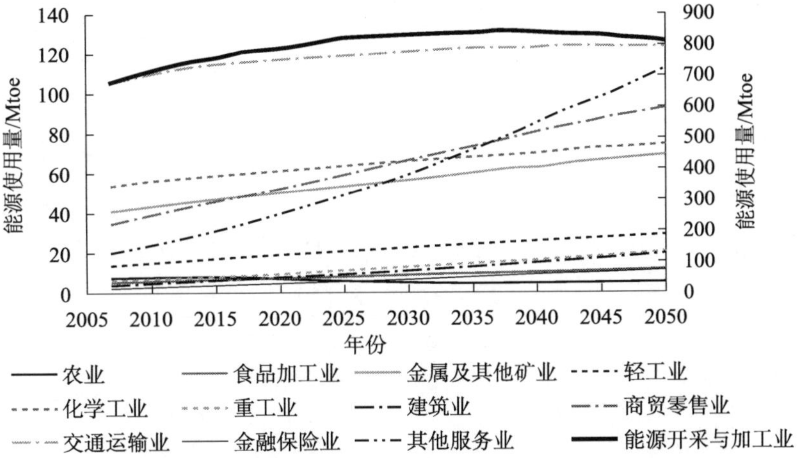

图 3.36　一般均衡情况下 2007 ～ 2050 年资源供应业国家各产业的能源使用量

右侧纵坐标表示能源开采与加工业的能源使用量

资源供应业国家能源开采与加工业从 2007 年开始能源使用量不断升高，到 2037 年达到最高值 847.80 Mtoe，之后开始下降，到 2050 年下降至 814.53 Mtoe。农业的能源使用量在模拟期间有所下降，从 2007 年的 7.69 Mtoe 下降至 2050 年的 5.19 Mtoe。食品加工业 2007 年的能源使用量为 4.97 Mtoe，到 2050 年增加至 11.79 Mtoe。金属及其他矿业由 2007 年的 41.16 Mtoe 上升至 2050 年的 69.40 Mtoe；轻工业由 2007 年的 13.98 Mtoe 上升到 2050 年的 29.25 Mtoe；化学工业由 2007 年的 53.98 Mtoe 上升至 2050 年的 75.01 Mtoe；重工业由 2007 年的 6.08 Mtoe 上升至 2050 年的 20.35 Mtoe；建筑业由 2007 年的 3.96 Mtoe 上升到 2050 年的 5.05 Mtoe；商贸零售业由 2007 年的 35.14 Mtoe 上升至 2050 年的 92.88 Mtoe；交通运输业、金融保险业和其他服务业的能源使用量分别从 2007 年的 106.41 Mtoe、2.50 Mtoe、11.52 Mtoe 到 2050 年的 123.79 Mtoe，11.52 Mtoe 和 113.18 Mtoe。

8. 高收入国家（地区）

图 3.37 显示了一般均衡情况下高收入国家（地区）各产业的能源使用量。从图上可见，能源开采与加工业在模拟期间出现能量使用最高峰，从 2007 年开始升高，至 2035 年达到 2427.58 Mtoe，之后能源使用量下降，到 2050 年为 2326.05 Mtoe。其余产业的能源使用量变化趋势均呈上升趋势。

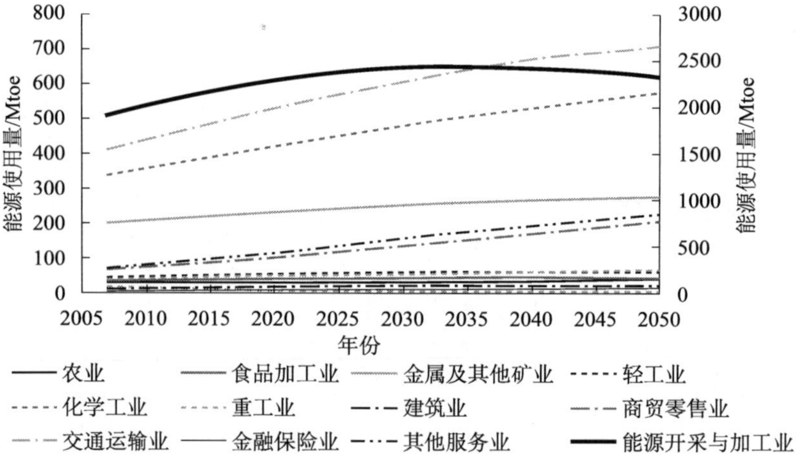

图 3.37 一般均衡情况下 2007 ～ 2050 年高收入国家（地区）各产业的能源使用量
右侧纵坐标表示能源开采与加工业的能源使用量

高收入国家（地区）金属及其他矿业、化学工业、商贸零售业、其他服务业和交通运输业的能源使用量增加幅度较大，到 2050 年都超过 100Mtoe，分别达到 274.94 Mtoe、572.27 Mtoe、204.37 Mtoe、225.98 Mtoe 和 706.25 Mtoe。农业、食品加工业、轻工业、重工业、建筑业及金融保险业的能源使用量较 2007 年也有明显上升，农业从 2007 年的 31.24 Mtoe 上升至 2050 年的 42.51 Mtoe，食品加工业由 34.43 Mtoe 上升到 44.00 Mtoe，轻工业和重工业由 2007 年的 45.37 Mtoe 和 39.52 Mtoe 上升至 2050 年的 61.15 Mtoe 和 67.81 Mtoe。建筑业由 2007 年的 12.32 Mtoe 上升至 2050 年的 22.25 Mtoe，金融保险业由 2007 年的 5.93 Mtoe 上升至 2005 年的 16.36 Mtoe。

9. 中收入发展中国家（地区）和低收入发展中国家（地区）

图 3.38 和图 3.39 分别显示了一般均衡情况下中收入发展中国家（地区）和低收入发展中国家（地区）各产业的能源使用量。中收入发展中国家（地区）和低收入发展中国家（地区）的各产业能源使用量都保持快速增长的趋势。

中收入发展中国家（地区）能源使用量超过 200Mtoe 的产业有能源开采与加工业、金属及其他矿业、化学工业和交通运输业，到 2050 年的能源使用量为 1673.46 Mtoe、353.85 Mtoe、274.91 Mtoe 和 407.77 Mtoe。农业从 2007 年的 16.85 Mtoe 增长至 2050 年的 27.01 Mtoe，食品加工业从 2007 年的 11.38 Mtoe 到 2050 年的 70.90 Mtoe。其他产业也有较大幅度增加。

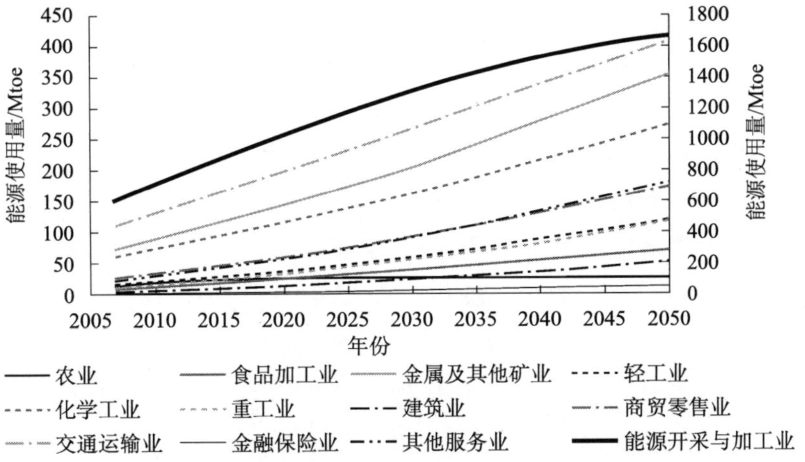

图 3.38　一般均衡情况下 2007~2050 年中收入发展中国家（地区）各产业的能源使用量

右侧纵坐标表示能源开采与加工业的能源使用量

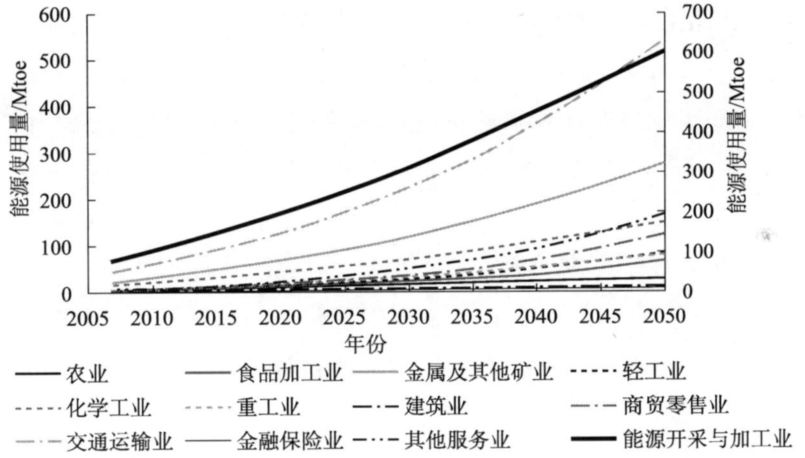

图 3.39　一般均衡情况下 2007~2050 年低收入发展中国家（地区）各产业的能源使用量

右侧纵坐标表示能源开采与加工业的能源使用量

低收入发展中国家（地区）的能源开采与加工业、金属及其他矿业和交通运输业的能源使用量增加幅度较大，均超过 200 Mtoe，到 2050 年其能源使用量分别为 601.54 Mtoe、279.09 Mtoe 和 543.43 Mtoe。其他产业的能源使用量也有所增加。

3.5 小　结

本章对全球一般均衡状态下也就是情景模拟中的基准情景做了模拟，得到了各区域在未来的经济发展状况与气候变化状况的结果。结果发现中国GDP将于2034年超过欧盟、2035年超过美国成为全球GDP最高的国家，并将一直持续到2050年。美国、欧盟、日本等发达国家（地区）虽然GDP会被中国等发展中国家（地区）超越，但是其人均GDP仍然大大高于发展中国家（地区）的水平，到2050年中国的人均GDP在这10个区域中仅能排第七名，落后于美国、欧盟、日本、俄罗斯等区域，以及资源供应业国家。从国际分工格局来看，农业、食品加工业等劳动密集型产业将从发达国家（地区）向劳动成本较低的发展中国家（地区）转移。资本密集型的产业在发达国家（地区）中的比重也相对有所下降，主要是发展中国家（地区）一部分新兴国家（地区）快速发展，特别是这些地区的第三产业的比重上升幅度较明显。能源开采与加工业主要还是资源供应业国家占主导。中国、印度、俄罗斯等“金砖国家”的产业结构中第三产业的增加幅度非常大，第一产业的比例都下降明显，第二产业的比例变化很小。美国、欧盟、日本等发达国家（地区）的产业结构比发展中国家（地区）要稳定，其第三产业的比重有小幅度的增加，但是变化不大。各区域的能源使用量变化和碳排放量变化趋势大致可以分为一直上升、一直下降、先上升后下降的趋势。其中，中国和俄罗斯两国的能源使用量和碳排放量呈现先上升后下降的趋势，美国、日本和欧盟的能源使用量和碳排放量呈现持续下降的趋势，而印度、资源供应业国家、高收入国家（地区）、中收入发展中国家（地区）和低收入发展中国家（地区）呈现持续上升的趋势。中国的碳排放高峰在2031年左右来到，俄罗斯的高峰是在2023年左右。就人均碳排放量来看，发展中国家（地区）的水平明显低于发达国家（地区）及资源类国家（地区）的水平，但是发展中国家（地区）普遍呈上升的趋势，而发达国家（地区）是在下降的。

第4章

作为治理手段的投资结构对各区域经济发展的模拟

在经济全球化条件下，全球治理的一个重要问题是全球投资的调控，随着国家与国家之间的经济联系日益紧密，国家之间产业的分工与合作带来了“全球失衡”问题，这是全球经济危机的根源，为此我们需要关注将投资作为治理手段的政策调控问题。

“全球失衡”问题的最直接表现就是经常账户的盈余（赤字）。根据世界银行提供的经常账户数据，可以发现中国、日本、俄罗斯、德国是属于长期账户盈余的国家。这主要和这些国家的产业结构相关。日本和德国这两个重新崛起的大国在制造业方面具有比较优势（徐建炜和姚洋，2010），而中国也是制造业大国，俄罗斯是非典型资源开发业国家（具有一定的制造业），它们在国际经济中都出口制造业产品、进口金融服务，其表现就是经常项目盈余。而美国、英国等金融业发达的国家，出口金融服务，进口制造业产品，导致了经常账户赤字。印度、巴西等新兴经济体持续面临着服务贸易逆差，同样也是经常账户赤字严重。在这种国际地缘政治经济学格局下，各国正在通过各种手段来参与全球治理。众所周知，资本是三大基本生产要素之一，资本在不同产业中的配置情况会直接影响到产业结构。金融业主导国家早年就积极地通过投资政策来实现自己的全球治理，为此，他们建立了世界银行、亚洲开发银行。近年“金砖国家”发展起来，建立“金砖国家发展基金”，试图通过联合的投资行动来改变自己在国际治理中的被动地位。2015 年，中国发起成立亚投行，把通过投资作为治理手段的全球治理问题突出了出来。亚投行主要是投资基础设施的建设，为经济发展注入持久动力，从而可以保持当地经济持续稳定的发展，扩大投资需求后，可以拉动其经济的复苏。所以投资及其结构实际上是全球治理的手段，值得我们研究。

投资怎么体现全球治理呢？关键的是投资可以改变国际产业分工，而产业分工形成的利益关系，是全球地缘政治经济结构的基础。正如 Jin（2012）提到的，国际分工主要是由国家间的贸易和资本流动造成的，这也是促进经济全球化的两个重要因素。因此，考虑国家之间的贸易和资本流动，评估由此带来的各国产业结构变化是研究经济全球化下全球治理的重要组成部分。Levine（1997）、Beck 等（2001）和 Wachtel（2001）都研究过金融资本与产业发展之间的关系，他们都认为金融资本流动对产业结构有显著影响。Carlin 和 Mayer（2003）研究了研究与开发（R&D）投资对产业结构的影响。这些学者的研究都认为投资结构对产业结构有很大的影响。

4.1　产业结构进化

4.1.1　产业结构进化理论

在进化经济学理论中，产业结构进化是一个关键的概念。产业结构（industrial structure）是指一个经济体中各个产业占经济总体的比重，是在一个经济体内部，各个产业按照某种相互联系而形成的组合。英国经济学家克拉克首先提出按照三次产业对产业进行分类，随后至今，国际上习惯对产业做三次分类，而产业结构也就是指这三次产业的比重。产业结构是经济发展的结果，同时，也是未来经济发展的基础。显然，产业结构是一个国家经济组织的主要特征，也是各经济体组成世界经济体系的主要特征。大量事实表明，产业结构特点决定这一个国家在经济全球化中的利益倾向和合作欲望，由此全球治理必然对产业结构起作用。

产业结构是演化的，或者更准确地说是进化的。进化或演化的英文词是 evolution，尽管人们现在熟悉 evolution 的生物学含义，但 evolution 最初是一个社会学术语[①]，斯宾瑟（Spencer）用它描述事物从简单变得越来越复杂的机制。对它的翻译，最初是严复的《天演论》确定了“演化”的说法，实际上原著为英国著名博物学家赫胥黎所著的*Evolution and Ethics*；严复译述《天演论》是意译，不是纯粹的直译，而是附有严复的按语、导言、自序的。《天演论》实际上是严复用自己的观点对原著加以发展和改造了的译作。“天演”即自然必然进化或天意不可违。后世的学者通常用进化、演化翻译evolution。本书使用“进化”一词，以强调evolution包含基因变异、路径依赖和社会选择的意义，特别是它对应的变化具有不可逆性。产业结构进化（industrial structure evolution）（又可以称为产业结构演化）是指产业结构由不合理向合理化、由低级向高级进化的过程。进化经济学是从创新理论发展起来的，进化经济学的理论揭示经济进化是经济系统创新发展的结果（Nelson and Winter，1982）。在全球发生创新的条件下，产业结构充满了变异、通报、路径依赖、锁定、环境选择和偶然性等进化现象，所以我们认为用进化翻译evolution更为贴切，至少在经济学领域应该是这样的。

4.1.2 产业结构进化理论的发展

产业结构的进化过程就是产业间的相互作用过程，产业结构进化并非随机发生的，其过程是有一定的规律的，学者们对此做了很多的研究。早在17世纪，英国经济学家威廉·配第在其代表作《政治算术》中就对农业、制造业和商业哪个能得到更多的收入做了比较，结果发现制造业比农业、商业比制造业能得到更多的收入。这个发现为以后产业结构进化的研究确立了方向。随后，英国经济学家科林·克拉克在《经济进步的诸条件》中通过对40多个

① Evolution最初由斯宾瑟于1857年提出，他提出把事物从简单变得越来越复杂的机制叫作“evolution”，接着他在《社会学原理》里使用evolution的观念，构造了社会学原理，特别是提出了社会演化的阶段论。1872年，达尔文在修改他的《物种起源》时接受了evolution这一概念，生物学在这一概念引导下，形成了生物的进化理论。这一理论首先被爱德华·泰勒、路易斯·摩尔根引入历史研究，接着为恩格斯在经济历史研究中发扬光大。因为进化包含自然选择，这种选择使得新的复杂的种群具有对环境更强的适应力，所以进化在19世纪末被认为具有进步意义。19世纪末和20世纪初的日本和中国社会存在强烈的变革欲望，evolution theory被翻译为“进化论”在东方流行，这时其保留了当时有些共产主义者把evolution作为进步内容的思想。20世纪60年代，罗斯托发表《经济成长阶段——非共产主义宣言》，使得“进化”回归本意，即阶段性的演化，而不意味着进步，并且具有生物学的路径依赖和突变观念。20世纪70年代，纳尔逊和温特在国际经济学界提出“进化经济学”，从而使得产业进化概念得以形成。

国家不同时期三次产业的劳动投入和总产出进行比较与分析后指出：随着全社会人均国民收入水平的提高，劳动力首先由一次产业向二次产业转移；当人均国民收入水平进一步提高时，劳动力便向三次产业转移（Clark，1940；Kuznets and Murphy，1966；Syrquin and Chenery，1986）。另外，克拉克还提出了经济发展阶段说，他认为经济发展应分为三个阶段，三次产业依次在三个阶段中着重发展。经济发展阶段说准确地揭示了产业结构进化的基本趋势。随后，经济学家开始重视工业化进程。霍夫曼在代表作《工业化的阶段和类型》中提出了工业化阶段理论，并对工业部门产业结构变动做了分析。在这之后，Kuznets（1961）、Chenery（1975）、Hirschman（1958）、Rostow（1960）等进一步从不同的角度对产业结构进化理论做了探究（龚轶，2013）。Chinitz（1961）考虑到产业规模、结构等对美国的企业和区域经济的影响，做了案例分析。Chinitz 的这篇论文在产业结构进化理论研究领域内产生了很大的影响，从此激发了学者对区域产业结构进化研究的兴趣（Drucker，2011）。

产业结构的进化被认为与经济增长收敛是相关的。Abramovitza（1986）利用 Lewis（1954）所建立的二元经济模型首次分析了产业结构变动会推动经济增长收敛的内在机制。他认为，生产要素会从低效产业向高效产业转移，而这种转移会显著提高经济生产率，从而落后经济会比发达经济获得更高的增长率。罗斯托（1988）认为现代经济增长与产业结构进化是相伴发生的，技术在产业中的累计扩散会带来产业结构的变动，进而会增加经济的增长。经济增长与产业结构直接的正向关系被称为“结构红利”假说（Timmer and Szirmai，2000）。“结构红利”假说强调了工业化阶段产业间生产要素的再分配所带来的生产率的提高。McCombie（1991）、Oulton（2001）、Magnani（2003）、Pugno（2006）等研究发现在“后工业化”阶段，产业结构进化与经济增长之间会存在负向关系，他们认为第二产业生产率的增长速度快于第三产业生产率的增长速度，因为这两个产业的工资水平的增长速度基本一致，所以第三产业的单位成本和价格水平的增长速度都要高于第二产业。鉴于第三产业的消费需求弹性很低，即使第二产业和第三产业的生产率增长速度相同，那也会有更多的消费流向第三产业，也就是说，这种情况下，产业结构进化会降低经济增长率（郭佩颖，2013）。这种负向关系被称为“鲍莫尔成本”。

4.1.3 产业结构进化与地缘政治经济

世界各国产业结构的进化问题同样也是影响新地缘政治经济结构的重要因素。产业结构是指产业间的关系结构，是一个经济体内各个产业部门的组成。这是产业间的相互联系、相互需求带来的结果。Chenery 等（1989）研究发现，发展中国家与发达国家在产业结构方面是有明显区别的，产业结构优化也是经济快速发展的直接动力。产业结构变动主要因为两方面：一是技术进步，不同程度的技术进步会引发产业结构朝不同的方向以不同的速度发生变化；二是国家发展的主导产业不同，一国在不同的发展阶段需要不同的主导产业推动经济发展，从而对本国的产业结构产生影响（干春晖、郑若谷和余典范，2011）。产业结构反映了一个社会经济的发展程度，同时也是制约社会经济发展的因素之一；社会经济的发展会带来产业结构的进化，反映产业结构的进化也是社会经济进一步发展的动因（简新华和于波，2001）。龚轶、顾高翔和刘昌新等（2013）研究发现，中国的产业结构是由第一产业向第二、第三产业转化的，而且创新发生不同，可能引起不同的经济风险。Jin（2012）提到，国际分工主要是由国家间的贸易和资本流动造成的，这也是促进经济全球化的两个重要因素，进一步通过技术进步带来进化的动力。因此，考虑技术进步下国家之间的贸易和资本流动，评估由此带来的经济全球化下各国产业结构的变化是研究经济全球化的一个重要方面。

本书的研究基于 2007 年的数据展开，图 4.1 显示了 2007 年世界各主要区域的产业结构状况。

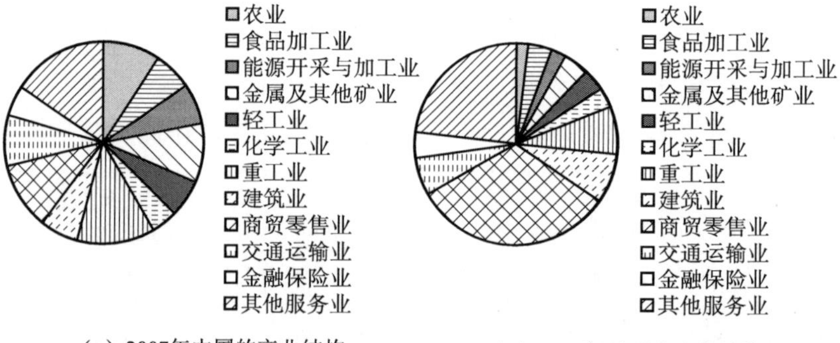

（a）2007年中国的产业结构　　（b）2007年欧盟的产业结构

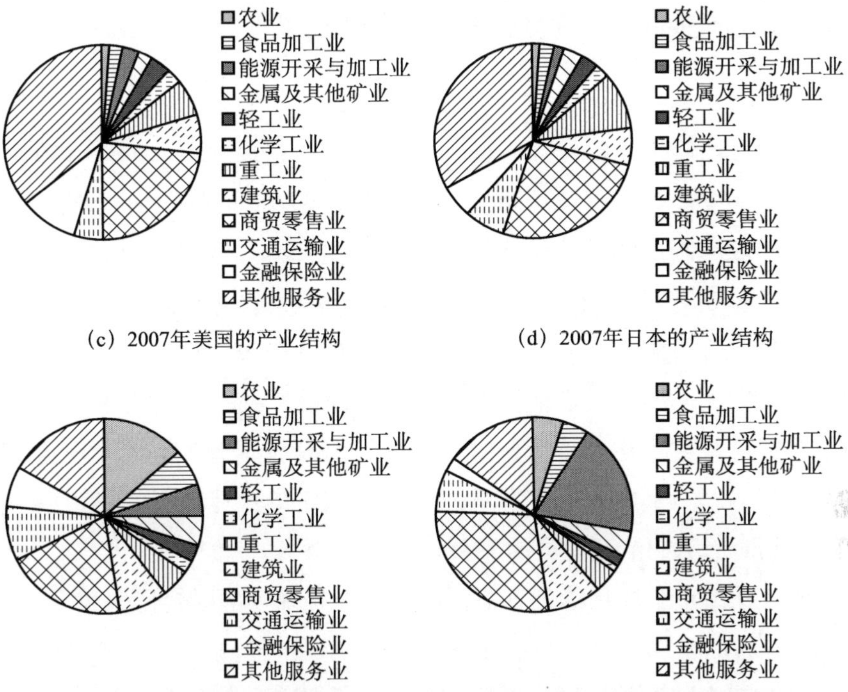

（c）2007年美国的产业结构　（d）2007年日本的产业结构

（e）2007年印度的产业结构　（f）2007年俄罗斯的产业结构

图 4.1　2007 年世界各主要区域的产业结构状况

资料来源：GTAP2007 数据库

可以看到，发达区域，如日本、美国、欧盟等与发展中国家（如中国、印度）在产业结构上的差别非常大，三大产业之间的比例关系存在明显的差距。美国、日本和欧盟中，其他服务业所占 GDP 的比重都在 60% 以上，印度和俄罗斯在 50% 左右，中国则只有 40%。而工业方面，中国和俄罗斯都达到 40% 左右，美国、日本、印度都是 20% 以上，欧盟则是 30% 多。这体现的不仅是国家（地区）间经济发展的差距，也是多国（地区）多部门经济相互作用下国际产业分工与经济全球化对不同国家（地区）的产业发展带来的影响。

由于这种产业结构差异，在经济全球化中，经济相互作用不可避免，也形成了全球产业链，出现“一损俱损，一荣俱荣”现象。在这种情况下，世界的政治地理、经济地理特征也就涌现出地缘政治经济学结构。产业进化，这种结构也在变化。这就意味着技术进步下，产业进化将给全球地缘政治经济结构带来进化，全球治理面对的是进化的世界。

4.1.4 产业投资：产业进化的治理政策

在产业结构的进化中，有其“天演”的性质，但是产业投资往往作为外生因子，改变产业进化路线，因此产业投资往往是进化世界的治理力量。众所周知，第一产业和第二产业是发展第三产业也就是服务业的基础，尤其是属于第二产业的制造业是国民经济的支柱产业，为其他产业的发展提供了物质基础，并且安置了大量劳动力，解决了就业问题。相对于第二产业来说，第三产业包括普通服务业和具有研发产业特色的知识密集型产业，所需要的劳动力数量大大小于第二产业。随着经济的发展，消费者有更多的钱用来消费服务，使得服务业在经济增长中的作用逐渐超越制造业，这种现象在发达国家尤其明显。本书主要研究在不同产业模式下的产业分工变化，以及产业投资作为改变分工的治理力量的关系。

当前，在经济全球化的背景下，国际产业分工在国际合作中越来越明确，在 20 世纪后期，作为全球治理策略，美国、欧盟等发达国家（地区）的制造业大量向发展中国家（地区）投资和进行产业转移，它们只是通过金融手段控制发展中国家（地区）经济，其意外地导致了这些国家（地区）实体经济的“空心化”，而“空心化”所带来的弊端在 2007 年的全球金融危机和 2010 年的欧债危机中更加突出地暴露出来。这种实体经济的“空心化”又被称为“去工业化”，结果导致实体经济增长缺乏动力、就业不足等社会问题，再加上第三产业的过度膨胀，使得金融危机一触即发。基于此，近年来美国、欧盟和日本等发达国家（地区）开始了对产业结构“再工业化”的调整措施，这是它们新的全球治理策略。奥巴马执政后，确定实行“再工业化”的发展方略，2009 年 12 月，美国发布了政策纲要《振兴美国制造业框架》，通过科技改革来推动美国制造业的升级。欧盟委员会在 2010 年制定了《全球化时代的统一产业政策》，2012 年发表了《强大的欧盟工业有利于经济增长和复苏》的政策文件，这些都意味着欧盟开始调整自身的产业结构，将“再工业化”提上日程。20 世纪后期，日本是一个以制造业为主的发达国家，但随着日元的升值，日本能源的供给不足，以及产业化结构的不合理配置，日本制造业大国地位正在没落，这也使得日本的制造业在国际上的竞争力受到影响。2013 年年初，日本政府提出“重振战略制造业”，日本首相安倍晋三希望可以以此来重振日本经济。这种政策正在试图改变它们在全球地缘政治经济结构中的地位。所谓“再工业化”就是通过投资来完成产业进化的治理。

目前，除了发达国家（地区）的各类“再工业化”计划外，中国、印度和俄罗斯等相对不发达的国家（地区）也一直在强调第二产业的重要性。中国作为制造业大国，加快工业技术的革新和高新技术产业的投资是中国第二产业结构优化的重点。印度制造业的发展一直受到基础设施落后、监管环境复杂和技术劳动力短缺等因素的制约，2011 年 10 月，印度发布了第一份国家制造业政策，提出要大力发展制造业，增强印度制造业在全球的竞争力。2008 年 11 月和 2009 年 6 月，俄罗斯相继出台了《2020 年前俄罗斯社会经济长期发展构想》和《2020 年前俄罗斯联邦国家安全战略》，在这两个文件中，俄罗斯政府把产业结构优化的重点放在了第二产业上，俄罗斯政府认为第二产业的重构与升级将为第一和第三产业的发展提供更好的条件，希望可以实现从资源型经济向发展型经济的过渡，改变较单一的经济结构。在国际上，“金砖五国”实际上是一个以制造业为特色的地缘政治经济学的国家准团体。这个团体需要共同面对全球治理。

综上所述，如今第二产业的发展不仅仅是发展中国家产业结构优化的重点也是发达国家产业结构调整的重点，因此，本章将着重评估增强第二产业投资的全球治理政策会给各国或地区的经济发展和全球经济带来什么改变。

本章将设置不同的资本投资分配政策，通过改变各国的产业结构，对各国的产业配置进行调整，结合投资结构调整后的经济增长情况，进而对比分析各国的产业结构调整方向和利弊。我们的投资分配是将上期的投资在原来比例的基础上进行调整的，并没有改变原来的投资总量。除了第 3 章中将一般均衡情况下的结果作为基准情景，本章设定了八种不同的全球治理的投资政策设置投资结构来着重分析中国、美国、日本、印度、俄罗斯重振制造业也就是第二产业后的经济增长及产业结构调整情况，另外为了具体分析中国的产业结构情况，还分别设置了增加中国的第一、第三产业投资后的调控政策。八种调控政策如下：①对中国的第一产业增加投资 10%；②对中国的第二产业增加投资 10%；③对中国的第三产业增加投资 10%；④对美国的第二产业增加投资 10%；⑤对日本的第二产业增加投资 10%；⑥对欧盟的第二产业增加投资 10%；⑦对印度的第二产业增加投资 10%；⑧对俄罗斯的第二产业增加投资 10%。基准情景是第 3 章中在无任何政策干扰下得到的模拟结果。将这八种调控政策下得到的结果与基准情景的结果进行对比。

表 4.1 基于 3Gov 模型模拟给出了无政策干预的基准情景，以及八种调控政策下各个区域和全球平均 GDP 增长率，由于篇幅有限，这里就只分析各个情景下中国、美国、日本、欧盟、印度、俄罗斯和全球整体的情况，我们将在后面的章节里分析并评估它们的治理意义。

表 4.1 基准情景和八种调控政策下主要区域的 GDP 平均增长率 （单位：%）

分类	年份	中国	美国	日本	欧盟	印度	俄罗斯	全球
基准情景	2010～2020	7.5542	1.8522	0.5439	1.6338	6.7927	3.5154	3.3023
	2020～2030	5.3226	1.6134	0.3972	1.4213	5.3684	2.7367	2.9957
	2030～2040	4.1712	1.3946	0.2828	1.2305	4.5351	2.1687	2.7488
	2040～2050	3.3076	1.2127	0.2203	1.0698	3.8519	1.7514	2.4978
	2010～2050	5.0769	1.5179	0.3610	1.3386	5.1313	2.5409	2.8857
政策①	2010～2020	7.5512	1.8524	0.5441	1.6336	6.7918	3.5146	3.3022
	2020～2030	5.3136	1.6149	0.3987	1.4219	5.3727	2.7383	2.9961
	2030～2040	4.1612	1.3964	0.2847	1.2313	4.5420	2.1711	2.7495
	2040～2050	3.2977	1.2144	0.2220	1.0703	3.8591	1.7533	2.4987
	2010～2050	5.0689	1.5193	0.3623	1.3391	5.1357	2.5422	2.8862
政策②	2010～2020	7.6036	1.8468	0.5370	1.6256	6.7828	3.5077	3.3049
	2020～2030	5.3401	1.6146	0.3959	1.4173	5.3642	2.7354	3.0005
	2030～2040	4.1662	1.4020	0.2872	1.2314	4.5393	2.1739	2.7544
	2040～2050	3.2863	1.2238	0.2281	1.0741	3.8648	1.7607	2.5030
	2010～2050	5.0866	1.5215	0.3620	1.3369	5.1322	2.5423	2.8903
政策③	2010～2020	7.6484	1.8278	0.5216	1.6153	6.7662	3.4900	3.2991
	2020～2030	5.4178	1.5790	0.3657	1.3948	5.3295	2.7026	2.9910
	2030～2040	4.2691	1.3526	0.2447	1.1977	4.4859	2.1286	2.7421
	2040～2050	3.4059	1.1681	0.1805	1.0343	3.7973	1.7107	2.4886
	2010～2050	5.1733	1.4816	0.3280	1.3103	5.0889	2.5058	2.8798
政策④	2010～2020	7.5481	1.8734	0.5411	1.6290	6.7881	3.5127	3.3021
	2020～2030	5.3221	1.6209	0.3956	1.4184	5.3668	2.7358	2.9941
	2030～2040	4.1736	1.3935	0.2807	1.2280	4.5343	2.1681	2.7467
	2040～2050	3.3111	1.2075	0.2174	1.0671	3.8512	1.7499	2.4958
	2010～2050	5.0768	1.5235	0.3586	1.3354	5.1294	2.5395	2.8842

续表

分类	年份	中国	美国	日本	欧盟	印度	俄罗斯	全球
政策⑤	2010～2020	7.5522	1.8516	0.5740	1.6323	6.7911	3.5147	3.3021
	2020～2030	5.3224	1.6130	0.4143	1.4204	5.3677	2.7363	2.9951
	2030～2040	4.1719	1.3939	0.2938	1.2298	4.5346	2.1683	2.7482
	2040～2050	3.3085	1.2118	0.2315	1.0692	3.8515	1.7507	2.4972
	2010～2050	5.0768	1.5173	0.3783	1.3377	5.1305	2.5404	2.8852
政策⑥	2010～2020	7.5433	1.8480	0.5380	1.6663	6.7842	3.5103	3.3020
	2020～2030	5.3195	1.6106	0.3933	1.4410	5.3641	2.7342	2.9936
	2030～2040	4.1727	1.3916	0.2793	1.2420	4.5329	2.1672	2.7464
	2040～2050	3.3113	1.2095	0.2168	1.0767	3.8508	1.7502	2.4958
	2010～2050	5.0748	1.5146	0.3568	1.3562	5.1273	2.5383	2.8840
政策⑦	2010～2020	7.5513	1.8512	0.5426	1.6323	6.8435	3.5135	3.3030
	2020～2030	5.3200	1.6132	0.3963	1.4201	5.3977	2.7355	2.9965
	2030～2040	4.1698	1.3949	0.2822	1.2297	4.5486	2.1683	2.7496
	2040～2050	3.3083	1.2132	0.2193	1.0692	3.8547	1.7513	2.4984
	2010～2050	5.0754	1.5178	0.3600	1.3376	5.1552	2.5400	2.8864
政策⑧	2010～2020	7.5529	1.8519	0.5435	1.6331	6.7917	3.5571	3.3024
	2020～2030	5.3223	1.6136	0.3973	1.4211	5.3683	2.7574	2.9958
	2030～2040	4.1714	1.3947	0.2828	1.2305	4.5352	2.1758	2.7488
	2040～2050	3.3080	1.2125	0.2199	1.0698	3.8519	1.7531	2.4976
	2010～2050	5.0767	1.5179	0.3608	1.3384	5.1311	2.5586	2.8857

4.2　对中国的不同投资结构的治理评估

中国是新兴发展中国家，目前尚处于工业化进程中，中国的产业结构也在随之发生变化。本节主要通过改变中国三个产业的投资来改变其产业结构，进而分析中国不同的产业结构进化路径对中国经济及其他国家（地区）经济发展的影响。政策①、政策②和政策③分别表示对中国第一、第二、第三产业增加投资 10%。

4.2.1 政策①：增加中国第一产业的投资

1.GDP

对中国第一产业的投资增加 10% 后 GDP 增长情况的模拟结果在表 4.1 中已列出，政策①对 GDP 增长的影响结果与基准情景相比，明显降低了中国各个阶段的 GDP 平均增长率，2010～2050 年的总体 GDP 平均增长率下降了 0.008 个百分点，而对其他区域，以及全球 GDP 平均增长率基本都带来了促进作用。根据表 4.1 中给出的结果，印度的 GDP 平均增长率涨幅最明显。图 4.2 给出了政策①下，各区域 GDP 模拟值较基准情景的变动率。

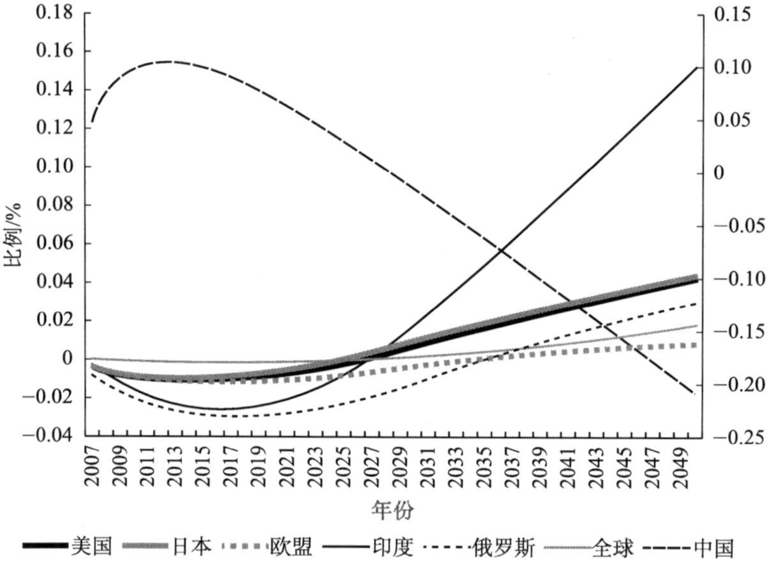

图 4.2 政策①下各区域的 GDP 模拟值较基准情景的变动率

右侧纵坐标表示政策实施区域的 GDP 模拟值较基准情景的变动率

由图 4.2 可以看出，对中国的第一产业增加投资后，中国的 GDP 模拟值相对于基准情景的变化是先由正向增加变为减小，然后再变为负值，而且幅度越来越大，而其他区域的 GDP 的变化与中国的 GDP 的变化基本相反，其中印度 GDP 的变化幅度最大。这说明增加中国第一产业的投资不利于中国的经济增长。

2. 产业结构

增加中国第一产业的投资后不仅会对 GDP 增长情况带来影响，同时也会影响各区域的产业结构，表 4.2 给出了政策①下 2030 年和 2050 年各区域的产业结构与基准情景下的同期情况的变化。

表 4.2　各区域产业结构相对基准情景的变化

（a）政策①下 2030 年各区域产业结构相对基准情景的变化（单位：%）

产业	中国	美国	日本	欧盟	印度	俄罗斯	全球
农业	0.60	0.00	0.00	−0.06	−0.02	0.00	0.20
食品加工业	0.03	0.02	0.02	0.05	0.08	0.03	0.05
能源开采与加工业	0.02	0.02	0.01	0.04	0.02	0.08	−0.03
金属及其他矿业	0.05	0.02	0.03	0.06	0.04	0.03	−0.02
轻工业	0.05	0.04	0.03	0.05	0.04	0.02	−0.02
化学工业	0.27	0.01	−0.01	−0.10	−0.01	0.00	0.00
重工业	0.10	0.06	0.11	−0.13	0.07	0.03	−0.03
建筑业	−0.81	−0.08	−0.10	−0.33	−0.24	−0.27	0.08
商贸零售业	0.07	0.24	0.22	0.65	0.19	0.29	0.13
交通运输业	0.03	0.04	0.06	0.11	0.06	0.05	0.03
金融保险业	0.01	0.06	0.04	−0.10	0.03	0.01	0.03
其他服务业	−0.42	−0.41	−0.41	0.73	−0.27	−0.27	0.42

（b）政策①下 2050 年各区域产业结构相对基准情景的变化（单位：%）

产业	中国	美国	日本	欧盟	印度	俄罗斯	全球
农业	0.71	0.00	0.00	−0.19	−0.02	0.03	0.37
食品加工业	0.07	0.03	0.04	0.08	0.19	0.05	0.08
能源开采与加工业	0.12	0.02	0.01	0.09	0.02	0.14	−0.05
金属及其他矿业	0.14	0.04	0.06	0.11	0.09	0.05	−0.05
轻工业	0.12	0.07	0.06	0.08	0.09	0.03	−0.04
化学工业	0.45	−0.03	−0.03	−0.24	−0.02	−0.01	0.02
重工业	0.35	0.10	0.24	−0.24	0.19	0.05	−0.06
建筑业	−1.71	−0.13	−0.18	−0.51	−0.49	−0.62	0.13
商贸零售业	0.43	0.49	0.39	1.35	0.49	0.75	0.21
交通运输业	0.12	0.08	0.15	0.23	0.15	0.10	0.06
金融保险业	0.05	0.16	0.12	−0.24	0.06	0.02	0.05
其他服务业	−0.86	−0.84	−0.85	1.42	−0.74	−0.59	−0.72

根据表 4.2 可以看出，增加 10% 中国的第一产业的投资后，将会明显促进中国农业的发展，农业的比例将随着时间越来越大，在 2030 年较基准情景上升了 0.60 个百分点，2050 年上升了 0.71 个百分点，同时会抑制中国的第二、第三产业的发展，尤其是建筑业在 2030 年较基准情景下降了 0.81 个百分点，2050 年下降了 1.71 个百分点，以及其他服务业在 2030 年较基准情景下降了 0.42 个百分点，2050 年下降了 0.86 个百分点。

中国大力发展农业，会导致劳动力流向农业，而同样需要大量劳动力的建筑业会受到较大的影响。中国农业的快速发展同时对欧盟、印度、中收入发展中国家（地区）和低收入发展中国家（地区）的农业发展有抑制作用，对俄罗斯的农业发展有小幅度的促进作用，这其中主要是竞争或互补关系导致的，对其他国家的农业影响不大。而中国作为制造业出口大国，抑制第二产业的发展以后，势必会造成中国经济增长的延缓。另外，随着经济的发展，第三产业在中国的比重越来越大，因此第三产业的发展应该成为中国产业结构优化的一个重要部分。由于中国的第二、第三产业受到影响，那么相对的，与中国产业结构类似的发展中国家（地区）包括低收入发展中国家（地区）、中收入发展中国家（地区）和印度的竞争力将会有所提高，因此，在政策①下，由于中国产业结构的不合理变化，中国的产品在世界市场上竞争力下降，使得其他国家的经济增长有所上升，但是幅度不大。由此看来，对于中国来说，政策①并不利于中国的产业结构优化。近期中国主导的亚投行的建立对中国来说无疑既是一个挑战也是一个机会，它不仅可以为中国的基础建设发展带来更多的便利，有利于中国“一带一路”战略的实施，还能够带动中国的多个产业和市场的发展，有利于中国加快产业结构优化和经济的转型升级。同时，亚投行的建立也将带动亚洲其他国家乃至世界整体经济的复苏。

4.2.2 政策②：增加中国第二产业的投资

1.GDP

政策②是：对中国的第二产业增加投资 10%，GDP 增长情况的模拟结果列在表 4.1 中。从表 4.1 中可以看出，政策②加快了各个阶段中国的 GDP 增长速度，同时也加快了全球各个阶段的 GDP 增长速度。政策②对美国的 GDP

增长在 2010～2020 年是有一定抑制作用的，其他阶段都是促进作用，对其他区域的 GDP 增长的抑制作用持续到了 2030 年这个阶段，后期是促进作用。图 4.3 给出了政策②下，各区域 GDP 模拟值较基准情景的变动率。

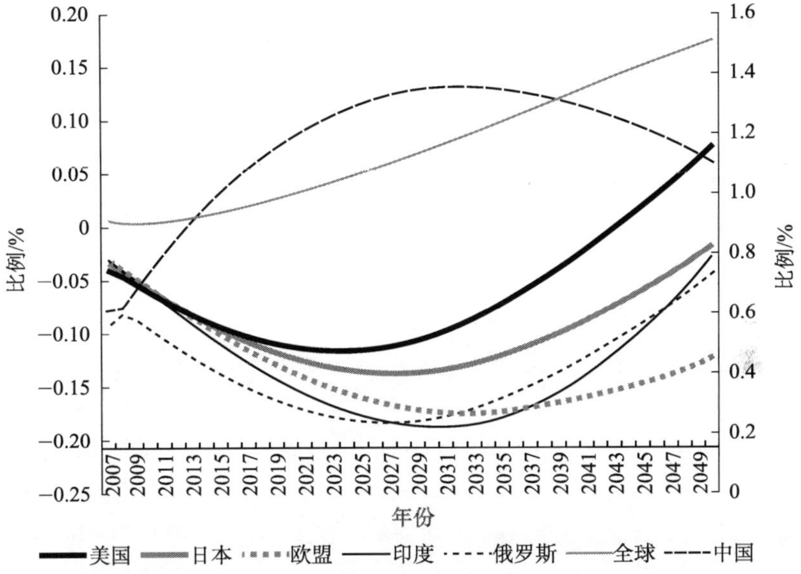

图 4.3　政策②下各区域的 GDP 模拟值较基准情景的变动率
右侧纵坐标表示政策实施区域的 GDP 模拟值较基准情景的变动率

由图 4.3 可以看出，增加中国第二产业的投资对中国 GDP 增长是一直有促进作用的，但是这个促进作用的变化是先增加后减小的，拐点出现在 2035 年左右。目前中国仍是制造业为主的发展中国家，第二产业是中国的支柱产业，因此，在 2035 年之前大力发展第二产业对中国经济的促进作用是越来越明显的。然而，发达经济体的产业结构应该是第三产业占主导的，为了能实现产业结构的优化，中国不仅仅要大力发展第二产业，还要加强第三产业的发展，尤其是随着经济的发展，中国应该越来越重视第三产业的投资，而不单单是局限于第二产业。因此，如果一直增加第二产业的投资会在经济发展的后期因第三产业的投资不足而导致经济增长速度相对于其他国家和地区放缓。在前两个阶段，由于中国第二产业竞争力的提高，影响到了其他国家和地区的 GDP 的增长，但是这种抑制作用是越来越小的。

2.产业结构

另外，模拟得到了增加中国第二产业的投资后，各区域产业结构的变化情况，表 4.3 给出了政策②下 2030 年和 2050 年各区域的产业结构与基准情景下的同期情况的变化。

表 4.3 政策②下各区域产业结构相对基准情景的变化

（a）政策②下 2030 年各区域产业结构相对基准情景的变化（单位：%）

产业	中国	美国	日本	欧盟	印度	俄罗斯	全球
农业	−0.19	0.01	0.01	0.01	0.36	0.17	−0.01
食品加工业	0.26	0.01	0.01	0.08	0.01	0.01	−0.02
能源开采与加工业	0.45	0.00	0.00	−0.06	−0.01	−0.03	0.00
金属及其他矿业	0.38	0.00	−0.01	−0.10	−0.03	−0.01	0.00
轻工业	0.27	0.01	0.01	−0.08	0.00	0.00	−0.01
化学工业	0.45	−0.03	−0.03	−0.13	−0.03	−0.01	0.02
重工业	0.66	−0.01	−0.01	−0.22	−0.04	−0.01	0.01
建筑业	−0.40	−0.12	−0.14	−0.37	−0.36	−0.38	0.11
商贸零售业	−0.36	0.28	0.28	0.56	0.22	0.37	−0.17
交通运输业	−0.15	0.05	0.08	0.09	0.08	0.06	−0.05
金融保险业	−0.09	0.08	0.05	0.09	0.03	0.01	−0.04
其他服务业	−1.28	−0.27	−0.25	0.97	−0.24	−0.19	0.17

（b）政策②下 2050 年各区域产业结构相对基准情景的变化（单位：%）

产业	中国	美国	日本	欧盟	印度	俄罗斯	全球
农业	−0.13	0.01	0.01	0.08	0.41	0.40	0.01
食品加工业	0.40	0.01	0.01	0.12	0.07	0.01	−0.06
能源开采与加工业	1.14	−0.03	−0.01	−0.15	−0.04	−0.19	−0.10
金属及其他矿业	0.68	−0.02	−0.03	−0.22	−0.06	−0.03	−0.08
轻工业	0.47	0.01	0.02	−0.14	0.01	0.01	−0.06
化学工业	0.78	−0.11	−0.11	−0.34	−0.06	−0.02	−0.07
重工业	1.36	−0.07	−0.12	−0.45	−0.15	−0.04	−0.13
建筑业	−0.81	−0.24	−0.31	−0.63	−0.80	−1.06	0.16
商贸零售业	−0.52	0.57	0.50	1.12	0.71	1.01	−0.05
交通运输业	−0.14	0.09	0.19	0.19	0.22	0.14	−0.02
金融保险业	−0.09	0.17	0.14	0.22	0.08	0.02	−0.02
其他服务业	−3.14	−0.40	−0.29	1.93	−0.39	−0.25	0.40

从表 4.3 可以看出，中国增加 10% 的第二产业的投资后，使得中国的第二产业比重在 2030 年较基准情景上升了 2.07 个百分点，2050 年上升了 4.03 个百分点，幅度越来越大，第一产业的比重在 2030 年较基准情景下降了 0.19 个百分点，2050 年下降了 0.13 个百分点，下降幅度有所减小，而第三产业的比重在 2030 年较基准情景下降了 1.88 个百分点，2050 年下降了 3.90 个百分点。中国在制造业方面产能已经处于世界领先水平，再增加投资可能会导致第二产业的产能过剩。虽然政策②可以使中国的 GDP 增长速度加快，但是这样的产业结构调整并不符合产业结构优化的规律，政策②会导致中国第二产业的投资与消费的失衡，从而不利于中国经济结构的转型，因此在政策②下，前期使中国经济增长势头强劲而后期会出现较基准情景相对缓慢的情况。随着中国第二产业比重的增加，其他区域的第二产业比重都有所下降而第三产业比重都整体上升。整体来看，全球第二产业和第三产业的比重都有所下降。

4.2.3　政策③：增加中国第三产业的投资

1.GDP

政策③是：对中国第三产业增加投资 10%。具体 GDP 增长率的模拟结果在表 4.4 的政策③中列出。模拟显示，政策③的采用将使得中国各个阶段的 GDP 增长速度相对于基准情景都有较大幅度的提高，效果比政策②还要明显，而对其他区域，以及全球各个阶段的 GDP 增长速度都有所抑制。图 4.4 给出了政策③下，各区域 GDP 模拟值较基准情景的变动率。

由图 4.4 来看，单是针对中国来说，政策③对经济有越来越强的促进作用，这与政策③促进中国的产业结构越来越优化有关。然而，中国目前仍是制造业大国，而且产品主要以初级产品为主，生产技术等都有待提高，因此中国现阶段第二产业的发展仍然不可忽略，吸取之前金融危机和欧债危机时欧美各国的教训，如果中国只是大力增加第三产业的投资也有可能造成实体经济的“空心化”，造成经济结构的不稳定。

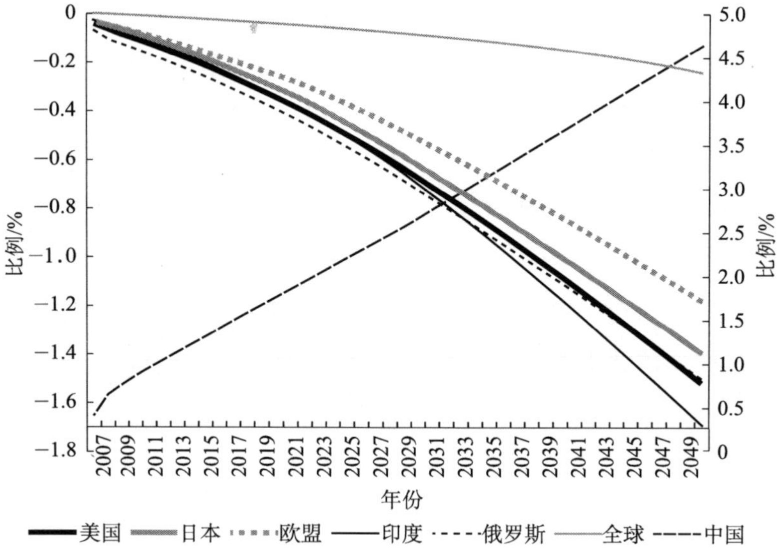

图 4.4 政策③下各区域的 GDP 模拟值较基准情景的变动率

右侧纵坐标表示政策实施区域的 GDP 模拟值较基准情景的变动率

2.产业结构

增加中国的第三产业的投资后，对各区域的产业结构都造成了一定的影响，表 4.4 给出了政策③下 2030 年和 2050 年各区域的产业结构与基准情景下的同期情况的变化。

表 4.4 政策③下各区域产业结构相对基准情景的变化

（a）政策③下 2030 年各区域产业结构相对基准情景的变化 （单位：%）

产业	中国	美国	日本	欧盟	印度	俄罗斯	全球
农业	−0.22	0.01	0.01	0.01	0.35	0.18	0.02
食品加工业	−0.12	0.03	0.04	0.03	0.10	0.05	−0.03
能源开采与加工业	−0.17	0.03	0.01	0.03	0.03	0.14	−0.06
金属及其他矿业	−0.19	0.04	0.05	0.04	0.07	0.05	−0.03
轻工业	−0.14	0.06	0.05	0.03	0.05	0.03	−0.03
化学工业	0.16	0.01	0.01	0.08	0.00	0.00	−0.01
重工业	−0.44	0.12	0.21	0.07	0.11	0.06	−0.06
建筑业	−1.25	−0.02	−0.04	−0.27	−0.20	−0.19	−0.02
商贸零售业	0.84	0.24	0.20	−0.74	0.03	0.12	0.10
交通运输业	0.38	0.02	0.03	−0.15	−0.02	0.00	0.02
金融保险业	0.24	0.04	0.02	−0.11	−0.01	0.00	0.01
其他服务业	0.91	−0.60	−0.60	1.27	−0.49	−0.45	0.04

（b）政策③下 2050 年各区域产业结构相对基准情景的变化　（单位：%）

产业	中国	美国	日本	欧盟	印度	俄罗斯	全球
农业	−0.29	0.02	0.01	0.03	0.46	0.50	0.03
食品加工业	−0.17	0.06	0.08	0.03	0.30	0.09	−0.06
能源开采与加工业	−0.46	0.06	0.02	0.05	0.06	0.33	−0.07
金属及其他矿业	−0.32	0.09	0.14	0.04	0.19	0.11	−0.05
轻工业	−0.20	0.14	0.12	0.02	0.16	0.05	−0.04
化学工业	0.22	0.03	0.02	0.19	0.00	0.00	−0.03
重工业	−0.79	0.28	0.59	0.05	0.43	0.13	−0.03
建筑业	−2.83	0.04	0.01	−0.35	−0.22	−0.23	−0.07
商贸零售业	1.88	0.51	0.35	−1.64	0.10	0.28	0.15
交通运输业	0.58	0.06	0.08	−0.30	−0.01	0.02	0.07
金融保险业	0.39	0.12	0.07	−0.28	0.01	0.01	0.04
其他服务业	1.99	−1.42	−1.48	2.57	−1.47	−1.30	0.05

中国的第三产业增加投资后，使得中国的产业结构中第三产业的比重明显增加，2030 年较基准情景上升了 2.36 个百分点，2050 年上升了 4.85 个百分点，幅度有所增加，相应地，其他区域除欧盟外，第三产业的发展普遍都受到了负面影响。由于其他服务业比重有较明显的上升，欧盟的第三产业比重较基准情景有小幅度的上升，在 2030 年较基准情景上升了 0.27 个百分点，2050 年上升了 0.35 个百分点。在经济结构方面，中国应该吸取金融危机和欧债危机时欧美国家出现的经济结构性衰退的教训。从产业结构来看，美国的技术革命与技术创新缓冲了金融危机对美国的影响，这主要得益于美国在 20 世纪 80 年代开始的经济结构和产业结构的调整，使美国的传统工业和高技术产业都得到了迅速的发展，产品的国际竞争力大大增强，从而形成了富有弹性的经济结构以抵抗信贷危机的影响。中国的第二产业虽然产能很高，但是生产技术仍然急需提高，管理模式也需要改善，而忽略这些直接发展第三产业会降低中国经济抵抗危机的应激能力。

4.3 对发达国家（地区）第二产业投资的治理评估

经历了金融危机和欧债危机的打击，发达国家（地区）越来越意识到第二产业也就是实体经济对其经济整体稳定发展的重要性。本节通过增加美国、日本和欧盟这三个发达国家（地区）第二产业的投资的政策来加大发达国家（地区）发展实体经济的力度，进而分析对各区域经济增长和产业结构所带来的变化。

4.3.1 政策④：增加美国第二产业的投资

1.GDP

政策④是对美国的第二产业增加投资 10%，模拟得到各区域的 GDP 增长情况变化，具体的 GDP 增长率列在表 4.5 的政策④中。从模拟结果可以看出，政策④使得美国 2040 年之前的 3 个阶段的 GDP 增长率有所提高，2040~2050 年阶段的 GDP 增长率较基准情景有小幅度的下降。中国的 GDP 增长率在 2030 年前的两个阶段出现了小幅度的下降，后期有小幅度的上升，总体看来平均 GDP 增长率基本没有变化。除中国外的其他区域的 GDP 增长率都有小幅度的下降。图 4.5 给出了政策④下，各区域 GDP 模拟值较基准情景的变动率。

从图 4.5 可以看出，美国如果增加第二产业的投资，也就是“再工业化”的话，美国的 GDP 相对基准情景增长幅度越来越大，然后从 2038 年左右增长幅度开始减小。这说明，政策④对美国的 GDP 的增长是有促进作用的，但是作用在后期会越来越有限。美国在金融危机中已经发现了实体经济“空心化”所带来的经济结构的不稳定，第三产业比重太大会导致信贷危机，会对经济造成较强的冲击。因此，美国的“再工业化”对美国经济的发展是有好处的，在增加了自己第二产业的竞争力以后，对其他区域的制造业会有抑制作用，从而影响到其他区域的 GDP 增长。

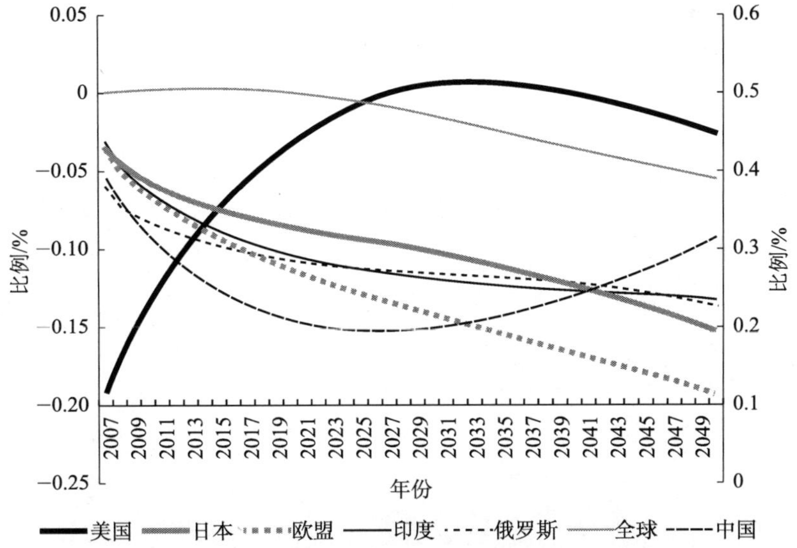

图 4.5　政策④下各区域的 GDP 模拟值较基准情景的变动率

右侧纵坐标表示政策实施区域的 GDP 模拟值较基准情景的变动率

2.产业结构

增加美国的第二产业的投资后对各区域产业结构的变化在表 4.5 中列出。表 4.5 给出了政策④下 2030 年和 2050 年各区域的产业结构与基准情景下的同期情况的变化。

表 4.5　各区域产业结构相对基准情景的变化

（a）政策④下 2030 年各区域产业结构相对基准情景的变化　（单位：%）

产业	中国	美国	日本	欧盟	印度	俄罗斯	全球
农业	0.20	0.00	0.01	0.04	0.20	0.09	−0.01
食品加工业	0.04	0.13	0.01	−0.07	0.04	0.02	0.03
能源开采与加工业	0.02	0.19	0.00	−0.06	0.00	0.01	0.06
金属及其他矿业	0.04	0.15	0.01	−0.08	0.01	0.01	0.04
轻工业	0.03	0.20	0.01	−0.08	0.01	0.00	0.04
化学工业	0.24	0.16	−0.04	−0.13	−0.03	−0.01	−0.02
重工业	0.08	0.34	0.03	−0.19	0.00	0.01	0.06
建筑业	−0.80	0.17	−0.14	−0.37	−0.34	−0.37	−0.03
商贸零售业	0.19	−0.12	0.25	0.58	0.22	0.36	−0.09
交通运输业	0.07	−0.02	0.06	0.11	0.07	0.05	−0.03
金融保险业	0.03	−0.06	0.05	0.09	0.03	0.01	−0.03
其他服务业	−0.14	−1.14	−0.27	0.60	−0.22	−0.19	−0.02

（b）政策④下 2050 年各区域产业结构相对基准情景的变化 （单位：%）

产业	中国	美国	日本	欧盟	印度	俄罗斯	全球
农业	0.22	0.00	0.00	0.12	0.23	0.24	-0.04
食品加工业	0.07	0.21	0.03	-0.10	0.13	0.03	0.05
能源开采与加工业	0.07	0.32	0.00	-0.10	0.00	0.05	0.07
金属及其他矿业	0.10	0.30	0.03	-0.15	0.04	0.02	0.06
轻工业	0.09	0.37	0.04	-0.11	0.04	0.01	0.04
化学工业	0.39	0.36	-0.10	-0.33	-0.06	-0.02	-0.03
重工业	0.25	0.65	0.10	-0.32	0.04	0.02	-0.07
建筑业	-1.73	0.31	-0.23	-0.56	-0.64	-0.85	0.07
商贸零售业	0.60	-0.11	0.44	1.26	0.58	0.84	-0.11
交通运输业	0.15	-0.02	0.16	0.23	0.16	0.11	-0.05
金融保险业	0.07	-0.03	0.15	0.22	0.08	0.02	-0.04
其他服务业	-0.28	-2.36	-0.62	1.66	-0.62	-0.48	0.05

美国第二产业增加 10% 的投资后，其第一产业比重基本没有变化，第二产业，在 2030 年较基准情景上升了 1.34 个百分点，2050 年上升了 2.52 个百分点；第三产业在 2030 年较基准情景下降了 1.34 个百分点，2050 年下降了 2.52 个百分点。其他国家的产业结构同样也受到了影响。中国的第一产业和第三产业比重都是上升的，尤其是第三产业在 2030 年较基准情景上升了 0.14 个百分点，2050 年上升了 0.55 个百分点，这也是中国的 GDP 在后期增长率较基准情景较明显上升的原因。中国的第二产业在 2030 年较基准情景下降了 0.35 个百分点，2050 年下降了 0.77 个百分点，但是比重下降的主要是建筑业，而第二产业中的其他产业的比重都是小幅度上升的。中国与美国的第二产业的结构是不相同的，美国的技术水平普遍高于中国的第二产业，尤其是以信息产业为代表的高技术产业和以汽车产业为代表的传统工业都是很发达的，因此，美国的“再工业化”对中国的产业发展影响不是太大。然而，对于第二产业结构类似的欧盟影响就比较大，欧盟的第二产业在 2030 年较基准情景下降了 0.97 个百分点，2050 年下降了 1.66 个百分点。对于其他区域的第二产业的影响相对较小。

4.3.2　政策⑤：增加日本第二产业的投资

1.GDP

政策⑤是对日本的第二产业增加投资 10%，政策⑤下各区域 GDP 增长率的模拟结果列在表 4.6 的政策⑤中。模拟显示，政策⑤使得日本的每个阶段的 GDP 增长率较基准情景的增加幅度有所提高，对其他区域的 GDP 增长率的影响都相对较小。图 4.6 给出了政策⑤下，各区域 GDP 模拟值较基准情景的变动率。

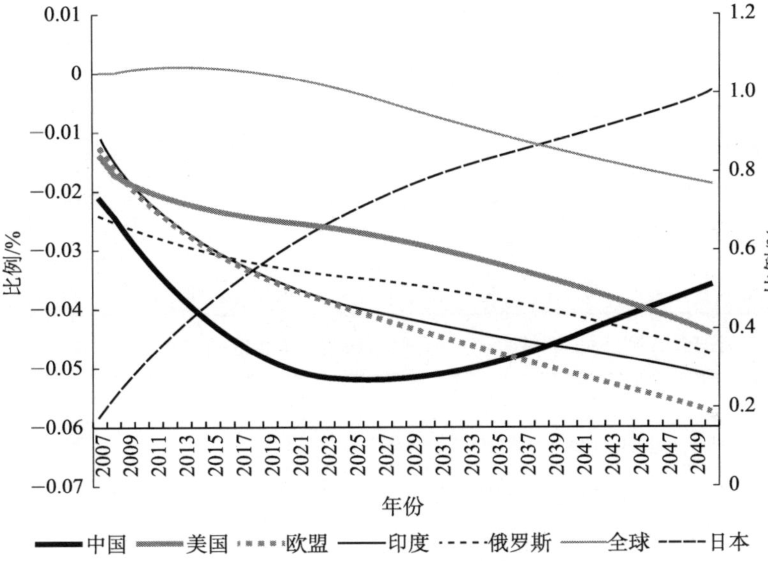

图 4.6　政策⑤下各区域的 GDP 模拟值较基准情景的变动率
右侧纵坐标表示政策实施区域的 GDP 模拟值较基准情景的变动率

从图 4.6 可以看出，日本的 GDP 较基准情景上升幅度是越来越大的，但是上升速率有所下降，而其他区域的 GDP 与基准情景相比变化不大。其中只有中国的 GDP 增长率在 2030 年后出现上涨，其他区域的 GDP 增长率或出现小幅度的下降或基本维持不变。

2.产业结构

表 4.6 给出了对日本的第二产业增加投资后，2030 年和 2050 年各区域的产业结构与基准情景下的同期情况的变化。

表 4.6 政策⑤下各区域产业结构相对基准情景的变化

（a）政策⑤下 2030 年各区域产业结构相对基准情景的变化 （单位：%）

产业	中国	美国	日本	欧盟	印度	俄罗斯	全球
农业	0.19	0.01	0.00	0.03	0.19	0.09	0.05
食品加工业	0.05	0.02	0.16	−0.06	0.06	0.03	0.02
能源开采与加工业	0.04	0.01	0.08	0.05	0.01	0.07	0.04
金属及其他矿业	0.06	0.02	0.22	−0.07	0.03	0.02	0.02
轻工业	0.06	0.03	0.18	0.06	0.03	0.01	0.02
化学工业	0.27	−0.01	0.18	−0.11	−0.01	0.00	0.01
重工业	0.12	0.04	0.67	−0.16	0.03	0.02	−0.02
建筑业	−0.76	−0.09	0.20	−0.34	−0.29	−0.31	0.09
商贸零售业	0.15	0.25	−0.23	0.63	0.17	0.29	−0.13
交通运输业	0.06	0.04	−0.07	0.11	0.06	0.05	0.04
金融保险业	0.02	0.07	−0.07	0.09	0.02	0.01	−0.03
其他服务业	−0.25	−0.38	−1.33	0.73	−0.29	−0.27	0.04

（b）政策⑤下 2050 年各区域产业结构相对基准情景的变化 （单位：%）

产业	中国	美国	日本	欧盟	印度	俄罗斯	全球
农业	0.21	0.01	0.00	0.12	0.23	0.25	0.08
食品加工业	0.08	0.03	0.27	−0.09	0.18	0.05	0.03
能源开采与加工业	0.12	0.02	0.09	0.09	0.02	0.13	0.04
金属及其他矿业	0.14	0.04	0.47	−0.12	0.07	0.04	0.03
轻工业	0.13	0.06	0.35	0.09	0.08	0.03	0.03
化学工业	0.44	−0.04	0.43	−0.26	−0.03	−0.01	0.04
重工业	0.33	0.07	1.50	−0.28	0.11	0.03	−0.04
建筑业	−1.66	−0.14	0.38	−0.53	−0.56	−0.73	0.13
商贸零售业	0.53	0.51	−0.34	1.34	0.49	0.73	−0.13
交通运输业	0.14	0.09	−0.11	0.23	0.15	0.10	−0.04
金融保险业	0.06	0.17	−0.13	0.24	0.06	0.02	−0.03
其他服务业	−0.53	−0.81	−2.92	1.27	−0.79	−0.64	0.10

政策⑤下，日本的第一产业比重基本维持不变，第二产业比重明显增加，

在 2030 年较基准情景上升了 1.70 个百分点，2050 年上升了 3.50 个百分点，第三产业比重出现明显下降，在 2030 年，较基准情景下降了 1.70 个百分点，2050 年下降了 3.50 个百分点。日本是一个制造业很发达的国家，早在日本经济的鼎盛时期，也就是 1985 年前后，日本的制造业产品在国际市场上就有着很强的竞争力，主要的优势产品包括电子产品、家用电器、钟表、相机、机械、造船、汽车等。同为制造业发达国家，日本的制造业同美国、德国的不同主要是，美国和德国主要是生产中间产品，而日本既有中间产品又有最终产品。而中国对日本出口的制造业产品主要是低附加值的产品，因此中国制造业的快速发展也没有改变日本制造业的竞争优势（傅钧文，2006）。然而，近 20 年来，随着劳动力的成本提高、日元大幅度贬值等情况的出现，日本的经济出现了危机，制造业对日本的重要性显得尤为突出。模拟得到，随着日本第二产业的大力发展，日本的 GDP 也提高了增长速度。相应地，其他区域的第二产业也都有产业比重下降的情况出现。

4.3.3　政策⑥：增加欧盟第二产业的投资

1.GDP

政策⑥是对欧盟的第二产业增加投资 10%。政策⑥实施后，各区域的 GDP 增长率列在表 4.7 的政策⑥中，从模拟结果可以看出，政策⑥下，欧盟各个阶段的 GDP 增长率都高于基准情景，中国 2030 年之前的两个阶段 GDP 增长率有所下降，但是之后的两个阶段 GDP 增长率都有所上升，而其他区域的各个阶段 GDP 增长率均较基准情景有所下降。图 4.7 给出了政策⑥下，各区域 GDP 模拟值较基准情景的变动率。

欧盟增加第二产业的投资后，欧盟的 GDP 较基准情景的增长幅度越来越大，其他区域的 GDP 均略小于基准情景下的值。欧盟是一个制造业和金融业均较发达的国家集团，欧债危机中，欧盟也意识到重振制造业的重要性，模拟中也可以看出，重振欧盟的制造业确实可以促进欧盟的经济增长。

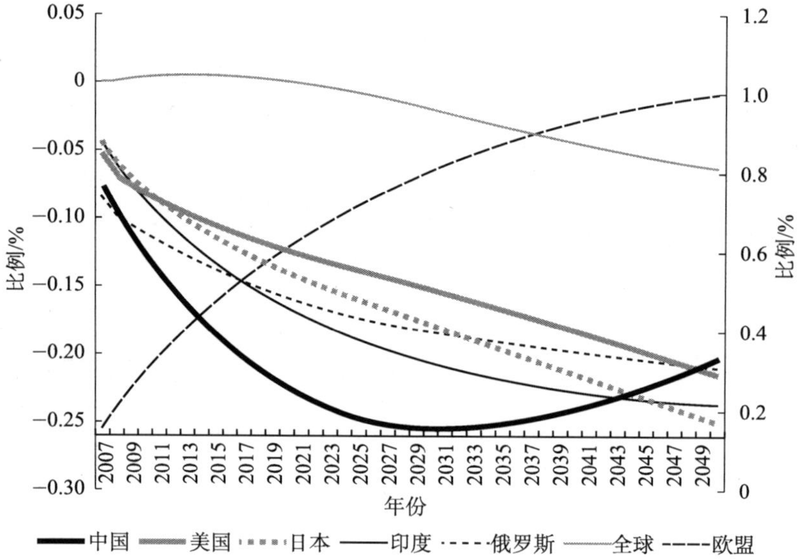

图 4.7 政策⑥下各区域的 GDP 模拟值较基准情景的变动率

右侧纵坐标表示政策实施区域的 GDP 模拟值较基准情景的变动率

2.产业结构

增加欧盟的第二产业的投资后，各区域的产业结构的变化在表 4.7 中列出。表 4.7 给出了政策⑥下 2030 年和 2050 年各区域的产业结构与基准情景下的同期情况的变化。

表 4.7 政策⑥下各区域产业结构相对基准情景的变化

（a）政策⑥下 2030 年各区域产业结构相对基准情景的变化 （单位：%）

产业	中国	美国	日本	欧盟	印度	俄罗斯	全球
农业	0.23	0.01	0.01	−0.09	0.22	0.10	−0.02
食品加工业	0.02	0.01	0.01	0.13	0.01	0.01	0.01
能源开采与加工业	0.02	0.00	0.00	0.15	0.00	0.01	0.03
金属及其他矿业	0.02	0.00	0.00	0.14	0.00	0.00	0.00
轻工业	0.03	0.01	0.01	0.11	0.01	0.00	−0.01
化学工业	0.24	−0.04	−0.04	0.10	−0.03	−0.01	0.03
重工业	0.06	0.01	0.02	0.20	−0.01	0.00	0.00
建筑业	−0.80	−0.12	−0.14	−0.05	−0.34	−0.38	0.10
商贸零售业	0.22	0.31	0.30	−1.32	0.27	0.42	−0.18
交通运输业	0.08	0.05	0.07	−0.23	0.08	0.06	−0.05
金融保险业	0.03	0.07	0.05	−0.19	0.03	0.01	−0.04
其他服务业	−0.15	−0.30	−0.28	1.05	−0.23	−0.21	0.17

（b）政策⑥下 2050 年各区域产业结构相对基准情景的变化（单位：%）

产业	中国	美国	日本	欧盟	印度	俄罗斯	全球
农业	0.24	0.01	0.00	−0.28	0.28	0.27	−0.04
食品加工业	0.06	0.02	0.02	0.24	0.09	0.02	0.03
能源开采与加工业	0.06	0.01	0.00	0.33	0.00	0.03	0.03
金属及其他矿业	0.07	0.01	0.02	0.31	0.01	0.01	−0.01
轻工业	0.09	0.04	0.04	0.23	0.04	0.01	−0.01
化学工业	0.38	0.10	−0.11	0.23	−0.06	−0.02	0.05
重工业	0.23	0.03	0.09	0.41	0.03	0.01	−0.01
建筑业	−1.72	−0.17	−0.23	−0.05	−0.64	−0.87	0.08
商贸零售业	0.68	0.61	0.51	−2.62	0.67	0.95	−0.19
交通运输业	0.17	0.09	0.18	−0.45	0.19	0.12	−0.05
金融保险业	0.07	0.19	0.15	−0.43	0.07	0.02	−0.04
其他服务业	−0.32	−0.72	−0.66	2.06	−0.67	−0.55	0.21

政策⑥下，欧盟的第二产业比重出现明显的上升，在 2030 年较基准情景上升了 0.77 个百分点，2050 年上升了 1.71 个百分点，相反，其第一产业和第三产业的比重都有所下降。第一产业在 2030 年较基准情景下降了 0.09 个百分点，2050 年下降了 0.28 个百分点；第三产业在 2030 年较基准情景下降了 0.68 个百分点，2050 年下降了 1.43 个百分点。欧盟的制造业在国际市场上一直保持着一定的竞争优势，但是也不能忽略欧盟的制造业近年来生产率增长速度低、投资不足、缺乏创新等问题（宾建成，2012）。正是这些问题导致欧盟制造业在国际产业分工合作中的地位越来越低，然而，制造业作为欧盟重振经济的重要突破口，需要欧盟增加对制造业的投资。模拟也发现，欧盟的“再工业化”会重新加快经济的发展。竞争环境下，相应地，其他区域的第二产业中都会出现个别产业比重下降的情况。

4.4　对“金砖国家”第二产业投资的治理评估

“金砖国家”尚都处于发展中国家的水平，第二产业依然应该是其经济快速发展的基础。另外，吸取发达国家（地区）在金融危机中的教训，发展中国家（地区）究竟应该怎样发展第二产业也是应该得到重视的。本节分别增加印度和俄罗斯这两个“金砖国家”的第二产业的投资，分析其对经济发展和产业结构的影响。

4.4.1 政策⑦：增加印度第二产业的投资

1.GDP

政策⑦是对印度的第二产业增加 10% 的投资。政策⑦下，GDP 的增长率在表 4.8 中列出。模拟显示，政策⑦下，除了印度各个阶段的 GDP 增长率都有所上升，全球 GDP 增长率也有所上升，其他区域的 GDP 增长率都略有下降，但是幅度不大。 图 4.8 给出了政策⑦下，各区域 GDP 模拟值较基准情景的变动率。

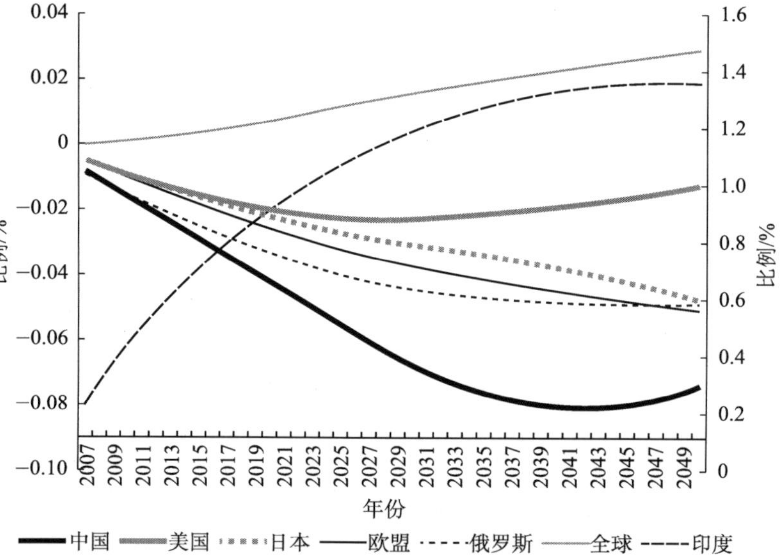

图 4.8 政策⑦下各区域的 GDP 模拟值较基准情景的变动率

右侧纵坐标表示政策实施区域的 GDP 模拟值较基准情景的变动率

印度是以制造业为主的发展中国家。印度人口众多，制造业是解决其就业的主要产业。但是印度的制造业却一直发展缓慢，1995~2004 年，印度的制造业只有平均 7% 的增长率（占晶晶，2013），之后印度政府决定大力发展制造业，增加投资扩大生产规模，印度的制造业开始大规模发展。印度的汽车、钢铁、制药等产业是优势产业，就目前的产量来看，印度的制造业仍然落后于发达国家（地区）及中国等发展中国家（地区），仍然需要增加投资快速发展。就模拟结果来看，增加第二产业的投资，印度的 GDP 增长确实能够加速增长。

2.产业结构

增加印度第二产业的投资后，2030 年和 2050 年各区域的产业结构与基准情景下同期情况的变化在表 4.8 中列出。

表 4.8　政策⑦下各区域产业结构相对基准情景的变化

（a）政策⑦下 2030 年各区域产业结构相对基准情景的变化（单位：%）

产业	中国	美国	日本	欧盟	印度	俄罗斯	全球
农业	0.22	0.01	0.01	0.03	−0.30	0.11	−0.08
食品加工业	0.03	0.01	0.01	0.07	0.52	0.02	0.06
能源开采与加工业	0.03	0.01	0.00	0.05	0.25	0.06	0.05
金属及其他矿业	0.06	0.02	0.02	0.07	0.33	0.02	0.06
轻工业	0.06	0.03	0.03	−0.06	0.21	0.01	0.05
化学工业	0.27	−0.01	−0.01	−0.10	0.10	0.00	0.03
重工业	0.13	0.05	0.08	0.15	0.43	0.02	0.05
建筑业	−0.78	−0.10	−0.12	−0.35	0.27	−0.33	0.02
商贸零售业	0.15	0.26	0.24	0.62	−0.48	0.30	−0.15
交通运输业	0.06	0.04	0.07	0.11	−0.17	0.05	−0.04
金融保险业	0.02	0.07	0.04	0.09	−0.11	0.01	−0.04
其他服务业	−0.26	−0.39	−0.38	0.51	−1.05	−0.27	−0.02

（b）政策⑦下 2050 年各区域产业结构相对基准情景的变化（单位：%）

产业	中国	美国	日本	欧盟	印度	俄罗斯	全球
农业	0.26	0.01	0.01	0.10	−0.40	0.32	−0.10
食品加工业	0.04	0.01	0.01	0.12	1.24	0.02	0.07
能源开采与加工业	0.10	0.02	0.00	0.09	0.37	0.10	0.07
金属及其他矿业	0.11	0.02	0.04	0.14	0.67	0.03	0.06
轻工业	0.11	0.05	0.05	−0.10	0.48	0.02	0.05
化学工业	0.44	−0.04	−0.05	−0.26	0.19	−0.01	0.05
重工业	0.30	0.06	0.15	0.30	1.15	0.03	0.06
建筑业	−1.73	−0.17	−0.23	−0.56	0.56	−0.84	0.04

续表

产业	中国	美国	日本	欧盟	印度	俄罗斯	全球
商贸零售业	0.58	0.55	0.45	1.28	−0.92	0.80	−0.15
交通运输业	0.16	0.09	0.17	0.22	−0.28	0.11	−0.05
金融保险业	0.06	0.18	0.14	0.23	−0.18	0.02	−0.03
其他服务业	−0.45	−0.77	−0.74	0.92	−2.89	−0.60	−0.07

政策⑦使得印度的第二产业比重明显增加，在2030年较基准情景上升了2.11个百分点，2050年上升了4.67个百分点，上升幅度较大，第一产业和第三产业的比重都有所下降。印度人口众多，属于发展中国家，印度的制造业发展空间依然非常大，不论是生产技术还是管理模式都需要改善。增加印度第二产业的投资后，印度的食品加工业和重工业的比重增加幅度较大，随着印度第二产业比重的增加，印度的GDP增长速度也有较明显的提高，有利于印度的经济发展。

4.4.2 政策⑧：增加俄罗斯第二产业的投资

1.GDP

俄罗斯是一个典型的以资源业为主的国家，而俄罗斯的制造业在近几年来一直处于衰退的状态。俄罗斯政府也意识到了制造业对国民经济发展和就业的重要性，但是就俄罗斯政府此前公布的官方数据来看，俄罗斯在2015年1月和2月的制造业产出仍然出现明显的萎缩。而政策⑧恰恰模拟了俄罗斯政府加大制造业发展力度后的情况，具体的GDP增长率在表4.9的政策⑧中列出。图4.9给出了政策⑧下，各区域GDP模拟值较基准情景的变动。

增加了俄罗斯第二产业的投资，也就是俄罗斯政府加大发展第二产业的力度的话，俄罗斯的GDP增长率较基准情景有明显的上升，只是上升的速率是逐渐降低的。而其他区域及全球的GDP增长率基本保持一个稳定的状态。

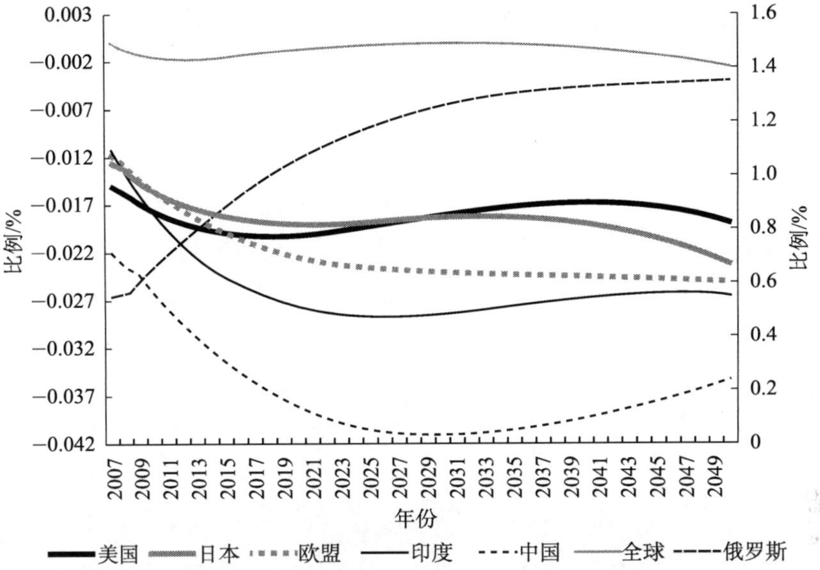

图 4.9　政策⑧下各区域的 GDP 模拟值较基准情景的变动率

右侧纵坐标表示政策实施区域的 GDP 模拟值较基准情景的变动率

2.产业结构

表 4.9 给出了增加俄罗斯第二产业的投资后 2030 年和 2050 年各区域的产业结构与基准情景下同期情况的变化。

表 4.9　各区域产业结构相对基准情景的变化

（a）政策⑧下 2030 年各区域产业结构相对基准情景的变化　（单位：%）

产业	中国	美国	日本	欧盟	印度	俄罗斯	全球
农业	0.19	0.01	0.01	0.03	0.20	−0.13	−0.02
食品加工业	0.05	0.02	0.02	0.06	0.06	0.22	0.02
能源开采与加工业	0.02	0.01	0.00	−0.05	0.00	1.13	0.02
金属及其他矿业	0.07	0.02	0.03	0.07	0.03	0.21	0.03
轻工业	0.06	0.04	0.03	0.06	0.03	0.09	−0.02
化学工业	0.27	−0.01	−0.01	0.10	−0.01	0.03	0.01
重工业	0.16	0.05	0.10	0.14	0.05	0.19	−0.03
建筑业	−0.77	−0.09	−0.11	−0.34	−0.29	0.31	0.09
商贸零售业	0.15	0.25	0.23	0.63	0.17	−0.75	−0.14
交通运输业	0.06	0.04	0.06	0.11	0.05	−0.13	−0.04
金融保险业	0.02	0.06	0.04	0.10	0.02	−0.04	−0.03
其他服务业	−0.27	−0.40	−0.40	0.40	−0.31	−1.14	0.10

（b）政策⑧下 2050 年各区域产业结构相对基准情景的变化 （单位：%）

产业	中国	美国	日本	欧盟	印度	俄罗斯	全球
农业	0.22	0.01	0.00	0.11	0.25	−0.29	−0.04
食品加工业	0.08	0.03	0.04	0.09	0.17	0.35	0.03
能源开采与加工业	0.08	0.01	0.00	−0.10	0.01	2.09	0.04
金属及其他矿业	0.14	0.04	0.06	0.12	0.07	0.40	0.04
轻工业	0.13	0.07	0.06	0.08	0.08	0.15	−0.03
化学工业	0.45	−0.03	−0.04	0.25	−0.03	0.07	0.02
重工业	0.39	0.09	0.22	0.26	0.14	0.34	−0.05
建筑业	−1.69	−0.15	−0.21	−0.54	−0.59	1.03	0.12
商贸零售业	0.55	0.52	0.42	1.33	0.49	−1.14	−0.15
交通运输业	0.14	0.09	0.15	0.23	0.15	−0.17	−0.05
金融保险业	0.06	0.16	0.12	0.24	0.06	−0.05	−0.04
其他服务业	−0.55	−0.83	−0.83	0.64	−0.80	−2.75	0.11

增加俄罗斯第二产业的投资后，俄罗斯的第二产业比重明显增加，在 2030 年较基准情景上升了 2.19 个百分点，2050 年上升了 4.42 个百分点，增幅明显，其中能源开采与加工业的增幅最大。而俄罗斯的第一产业和第三产业的比重都有一定幅度的下降，其中第一产业的比重在 2030 年较基准情景下降了 0.13 个百分点，2050 年下降了 0.29 个百分点；第三产业的比重在 2030 年较基准情景下降了 2.06 个百分点，2050 年下降了 4.12 个百分点。可以看出，政策⑧对俄罗斯第三产业发展的负面影响还是相对较大的。俄罗斯的第二产业结构单一，而制造业近年来衰退情况严重，增加其第二产业的发展后对其他区域的第二产业基本是有一定的促进作用的，只是个别区域个别产业出现小幅度的萎缩。

4.5 小　　结

单单对于中国来说，增加第三产业的投资对中国 GDP 增长率的促进作用最大，但是第二产业仍然是第一产业和第三产业能够健康发展的基础，因此中国仍然需要在注重第二产业发展的基础上，保证第三产业的快速发展。对于其他区域来说，第二产业同样也是经济发展的基础。像美国、欧盟等第三产业发展迅速的发达区域，在第三产业发展到一定程度时，反而会面临实体经济“空心化”的情况，从而在虚拟经济泡沫化后会受到金融危机的冲击，因此，对于发达国家来说，保证第二产业的发展才能使得国家的经济结构更有韧性，从而可以从容地面对金融危机的来临。对于中国、日本和印度等这些以制造业为主的国家来说，在优化产业结构的同时，也要吸取金融危机中的教训，不能忽视第二产业的发展。俄罗斯是一个以资源业为主的国家，其国家的经济绝大部分靠能源开采与加工业的发展，因此其产业结构单一，当欧美国家以能源价格为工具制裁其经济时，俄罗斯就不得不陷入被动的状况，这也是 2014 年全球主要的地缘政治经济博弈的写照，具体将在第 5 章做出分析。如果俄罗斯在注重能源开采与加工业发展的同时，大力发展其制造业，那么其产业结构将更稳定，对其国家的经济发展也有很大的益处。

纵观所有投资结构的调整政策，政策②，也就是增加中国第二产业的投资给全球经济增长带来的正向作用是最大的，也肯定了中国的制造业在世界产业格局中的重要作用。

第5章

人民币汇率作为治理手段对各区域经济的影响

冷战以后，国际上武装战争少了，反而是贸易与金融领域硝烟弥漫。在“乌克兰事件”中，美国就通过贸易制裁、外汇管制甚至打压油价迫使卢布贬值来打压俄罗斯。在一般的国家地缘政治经济学博弈中，汇率就是各国博弈的一个棋子，显然汇率已经成为全球治理的主要政策手段。

汇率是一国货币兑换另一国货币的比率，是以一种货币表示另一种货币的价格。通常汇率的概念分为名义汇率和实际汇率。名义汇率是指两国货币之间的比价，又称为“市场汇率”，可能由市场决定，也可能由官方制定。实际汇率是用两国价格水平对名义汇率进行调整后的汇率，剔除了名义汇率中的通货膨胀等因素，反映了以同种货币表示的两国商品的相对价格水平，反映了本国商品的国际竞争力。本书模型中的汇率是指实际汇率。

汇率是影响国际贸易平衡的一个重要因素，汇率的变动会引起进出口结构的变化，进而也会影响国际产业分工合作，因此，也是地缘政治经济博弈的一个重要工具。汇率变动对贸易量的影响一直是一个有争议的问题。Clark（1973），Hooper 和 Kohlhagen（1978），Dellas 和 Zilberfarb（1993），Arize（2000）等用模型模拟得到汇率风险对贸易量有负的影响。这些研究主要认为汇率变动会增加风险规避型的贸易商的成本，从而导致它们减小贸易量。Bahmani-Oskooee（1985），Rosensweig 和 Koch（1988），Himarios（1989）认为汇率贬值对贸易收支的改善作用有滞后性，而在短期内却会恶化贸易收支，也就是存在着 J 形曲线效应。Rose（1990）研究发现，发展中国家的实际汇率之间并不存在 J 形曲线效应。Giovannini（1988），Peree 和 Steinherr（1989），Asseey 和 Peel（1991），Franke（1991），Sercu 和 Vanhulle（1992）等都认为汇率变化风险可能会刺激风险中性的企业增加出口量。McKenzie（1999），Clark、Tamirisa 和 Wei（2004）都认为汇率变化对贸易量的影响并没有明显的规律。Hall、Hondroyiannis 和 Swamy（2010）发现，开放经济的发达国家的贸易对汇率变动的适应要优于相对封闭的发达国家。另外，很多研究认为汇率变动与产出并没有显著的关系，而 Aghion、Bacchetta 和 Ranciere（2009）研究发现，这个关系是否显著主要取决于一个国家的金融发展水平。

国内也有很多学者对汇率和国际贸易的关系做了研究。王铮、龚铁和王尽然等（1999），王铮和张焕波（2005）使用贸易转嫁模型中的汇率弹性概念，构造了一种国际金融安全性评估指标，分析了人民币的走势和经济安全性。沈国兵（2004）通过计量检验发现，中日贸易收支与人民币汇率之间没有长期的协整关系。王中华（2007），王胜、陈继勇和吴宏（2007）都发现影响中美之间贸易收支的主要因素不是实际汇率的变化。安辉和黄万阳（2009）研究发现中国的经济如果要更好地应对金融危机和复杂的国际环境，应该“扩内需，调结构”，而不是通过对人民币汇率机制进行改革。李富有和孙敏（2013）通过实证分析发现人民币汇率对中日贸易并没有显著影响，而中国经济结构和出口贸易结构的优化对中日贸易收支的作用明显。

汇率主要从两个方面来影响经济增长：一是汇率的升值或贬值会带来经济增长的变化；二是汇率制度不同，经济增长也会有所不同。

Razin 和 Collins（1997），Popov 和 PoHerovich（2002），Hausmann、Pritchett 和 Rodrik（2005），Levy-Yeyati 和 Sturzenegger（2007），Rodrik（2008）等研究发现，低估的汇率会加速经济增长。Razmi、Rapetti 和 Skott（2012）认为汇率与经济增长之间的关系在发展中国家表现得尤为突出。Glüzmann、Levy-Yeyati 和 Sturzenegger（2012）通过探究汇率低估所带来的增长效应，发现发展中国家汇率的低估不会影响贸易部门，但是会导致国内储蓄、投资和就业的增加。Razmi、Rapetti 和 Skott（2012）通过计量模型验证发现，非贸易行业的产出和就业是需求引导的，而投资会同时影响产出和经济增长。Rodrik（1997）认为对于中国台湾和韩国，相对于出口，投资更加能够促进经济增长。之所以出现这样的情况，主要是因为投资可以维持收支平衡，同时带来稳定的汇率政策，因此，汇率成为经济发展的关键因素。近年来，关于人民币汇率的研究也越来越多。李建伟和余明（2003）、张学毅和孙静（2006）等探究了人民币汇率与经济增长的关系，发现人民币汇率与经济增长之间的关系是显著的，而人民币的小幅度升值对经济增长是有利的。卢万青和陈建梁（2007）认为人民币汇率小幅度的变化对我国的经济增长影响较小，而大幅度的波动会对经济增长产生很大的影响。Wang 和 Hu（2013）通过汇率转嫁模型研究了人民币汇率的合理性，发现人民币没有贬值的必要，而小幅度的升值会给中国经济带来更好的发展。汇率问题涉及一个复杂的系统，简单地认为制造业国家货币贬值就能带来增长是错误的，实际上由于制造业国家要进口资源和向国际金融借贷，本币汇率偏低，资源结构价格偏高，向金融资本付出的利率也变大，本国经济有可能受损，特别是当本国资源开发成本越来越大时，依赖本币贬值是自杀式行动，如 1996 年亚洲经济危机产生的影响。

由于汇率不仅决定国际贸易的格局，还影响国际经济增长的情况，所以，汇率是新地缘政治经济博弈中一个很重要的因素。为了研究汇率在新地缘政治经济博弈中的作用机制，我们就需要通过多国博弈的角度来考虑汇率对贸易和经济增长的影响，这就需要构建多国模型来进行探究。

一直以来，人民币汇率是国内外学者研究的热点问题，从过去的政府决定汇率的固定汇率制度到现在的有管理的浮动汇率制度，人民币已经变得越来越市场化，汇率制度也变得越来越透明化。人民币如何发展直接决定了中国在国际市场上的地位，人民币国际化也是人民币接下来发展的目标。中国作为一个出口大国，人民币汇率不仅对中国的经济有很大的影响，同时对其他国家国际贸易的影响也不可忽略。自 2015 年 3 月以来，亚投行成为国际金融市场上的一大热点问题，这也为人民币走向国际化、中国参与全球治理创造了很大的机会。

根据世界银行的数据，总结了 1980 年以来人民币实际有效汇率的变动与中国的进出口之间的关系。图 5.1 给出了 1980~2013 年人民币的实际有效汇率和中国的进出口总额的变化。

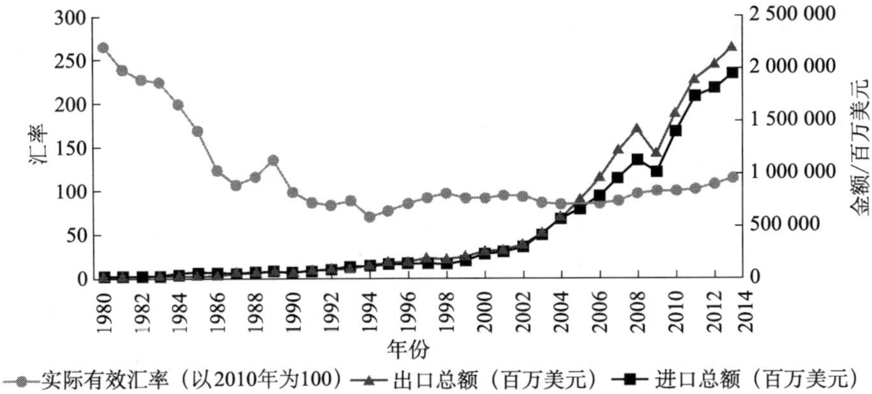

图 5.1　1980~2013 年人民币实际有效汇率与中国的进出口总额

资料来源：世界银行网站（http://data.worldbank.org.cn/），中国海关进出口统计数

如图 5.1 所示，人民币的实际有效汇率在 1980~1994 年一直处于大幅度贬值的状态，虽然中间在 1987 年、1988 年时出现了小幅度的升值，但是总体还是处于贬值的状态。1980~1994 年的贬值幅度达到了 70% 左右。1994~2001 年，人民币有小幅度的升值。1993 年 12 月，国务院正式颁布了《关于进一步改革外汇管理体制的通知》，开始汇率改革。1994 年 1 月 1 日，人民币官方汇率与外汇调剂价格正式并轨，开始实行以市场供求为基础的、单一的、有管理的浮动汇率制。在经历了 2002~2004 年的小幅度升值后，2005~2009 年人民币对美元汇率升值 20% 左右。之后人民币仍然保持稳中有升的状态。

在 1995 年以前，虽然人民币出现了大幅度贬值，但是中国的对外贸易量有所增长，但没有大幅度增长。1995 年以后，中国对外贸易的进口总额和出口总额增速开始变快，这应该与汇率改革后汇率状态较稳定有关。人民币汇率改革后，多重汇率并轨，人民币经常账户逐步放开，促成了中国进出口贸易量的增长（李利，2012）。从 2001 年开始，中国的对外贸易量开始大幅度上涨，出口总额的增长幅度大于进口总额的增长幅度。出口总额由 2001 年的 2660.98 亿美元上涨到 2013 年的 22 093.72 亿美元，增加了大约 7.3 倍。进口总额由 2001 年的 2435.53 亿美元上涨到 2013 年的 19 503.21 亿美元，增加了大约 7.0 倍。中间只有 2009 年，中国的对外贸易量出现了回落，这主要是由 2008 年的全球金融危机造成的。

2005 年 7 月 22 日，中国对人民币汇率制度实施了改革，自此开始，人民币兑美元汇率一改之前的稳定状态，开始随市场波动。自 2005 年 7 月 22 日至 2015 年 8 月 10 日，人民币一直处于单边升值的波动状态，人民币兑美元中间价累计上升了 32.60%。2015 年 8 月 11 日，人民币兑美元中间价较前一日贬值超过 1.8%，当天美元兑人民币中间价为 6.2298，创有史以来最大跌幅，受人民币汇率产生大幅波动影响，日元、欧元、卢布、卢比也相应发生大幅波动，此后，人民币逐步贬值，至 2015 年 12 月 31 日，美元兑人民币中间价为 6.4936，与 2015 年 8 月 10 日中间价相比，上浮 3774 个基点，即美元兑人民币升值达到 4.57%，基于此，本章设定了以下情景，如表 5.1 所示。

表 5.1　情景设置

情景设置	人民币汇率	其他主要汇率
基准情景A	不变	不变
汇率综合变动基准情景B	2007～2015年升值16.83%	变动*
汇率综合变动情景B1	2016年贬值5%	变动*
汇率综合变动情景B2	2016年贬值7%	变动*
汇率综合变动情景B3	2016年贬值14.5%	变动*

*2007 ～ 2015 年，美元兑欧元升值 20.48%；美元兑日元先贬值 36.3%（2007 ～ 2012 年），之后美元兑日元升值 58.58%（2012 ～ 2015 年）；美元兑卢布升值 178.07%；美元兑卢比升值 50.07%；人民币 2016 年贬值 5%，即美元兑人民币中间价为 6.83；人民币贬值 7%，即美元兑人民币中间价突破 7.0；人民币贬值 14.5%，即美元兑人民币中间价突破 7.5(根据中国银行外汇牌价数据整理计算 ,http://www.boc.cn/sourcedb/whpj/.)

如图 5.2 所示，2007～2015 年，人民币一直处于缓慢升值状态，以情景 A 作为基准情景，即不考虑汇率变动进行计算模拟。在全球视角下，只考虑人民币汇率的变动是不全面的，需要同时考虑其他主要货币汇率的变动，尤其是卢比，卢布自 2007 年以来长期大幅贬值，欧元缓慢贬值而日元大幅波动对世界各国的经济发展和产业结构变动会产生综合影响，所以设置情景 B 作为汇率综合变动的基准情景。汇率综合变动基准情景 B 与基准情景 A 对比分析，可以体现出汇率综合变动对世界各主要国家和地区经济发展状况和产业结构变化的冲击。同时设置情景 B1、B2、B3，与汇率综合变动的基准情景 B 对比，可以考察人民币单方面贬值不同幅度时世界主要国家和地区经济发展状况和产业结构的变动情况。本书模型中，时期设定以年为基本单位，所以对汇率变量模拟冲击时，均设定汇率发生变动的起始年份为 2016 年，且与

GDP 有关的数据均依据 2005 年不变价美元计算得到。

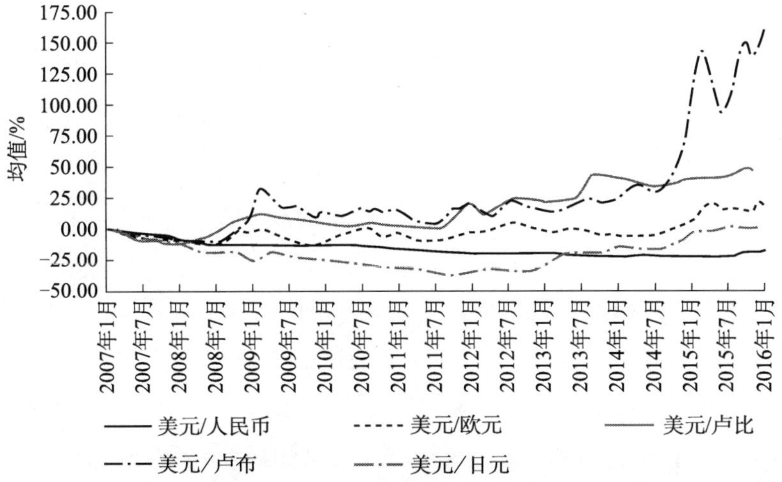

图 5.2　汇率中间价月度均值走势

资料来源：根据中国银行外汇牌价数据整理绘制，http://www.boc.cn/sourcedb/whpj/

5.1　经济增长分析

汇率综合变动基准情景 B 与基准情景 A 的对比分析如表 5.2 所示，人民币在长期升值后转而贬值的同时，其他主要货币也发生相应波动，会加剧人民币长期升值对中国的负面作用，使得中国 GDP 增长率相比基准情景降低超过 0.4 个百分点，而卢比和卢布长期处于贬值且幅度较大，对印度和俄罗斯经济增长有积极作用且最大。主要原因在于中国作为贸易大国，人民币汇率升值，在一定程度上减弱了中国制造产品在国际贸易中的价格竞争能力，在一般均衡模型中，促进了其他国家在国际贸易中份额的提升，有利于拉动自身的经济增长，尤其俄罗斯和印度的 GDP 增长率最为明显，分别会上涨 1.57 个百分点和 0.41 个百分点。

情景 B1 与汇率综合变动基准情景 B 对比分析，即美元兑人民币中间价为 6.83 元，而其他货币汇率保持汇率综合变动基准情景 B 中设定的数值。人民币贬值会促进中国经济的增长，但不会超过 0.1 个百分点，同时，对其他主要区域经济增长有负面作用，但负面影响不大于 0.05 个百分点；分别考察情景 B2、B3 与情景 B 的对比结果显示，即便美元兑人民币中间价突破 7.5 元，人民币贬值对中国经济增长的积极影响从长期看最大不超过 0.3 个百分点，对美国、日本、欧盟经济增长的负面影响从长期看也不大于 0.04 个百分点，对印度、俄罗斯的负面影响不大于 0.2 个百分点，而且对全球经济的发展有负面影响。这主要是由于人民币汇率的变动，直接影响了中国的国际贸易，当人民币汇率发生变动时，其他国家（地区）购买中国出口品的成本将会变动，继而影响与中国有大量贸易往来国家（地区）的进出口成本，进出口是影响 GDP 的重要因素。长期来看，国际贸易的模式会发生变化，反映在 GDP 增长速率就出现上述复杂形势，随着汇率变动影响国际贸易份额的变动，各个国家和地区的产业结构也会相应调整，逐渐适应新的产业结构和贸易格局，逐步缓解短期内的巨大冲击。

表 5.2 世界主要区域 GDP 增长率 （单位：%）

情景	年份	中国	美国	日本	欧盟	印度	俄罗斯	HD	MD	LD	全球
A	2010～2015	8.44	1.91	0.58	1.69	7.33	3.72	3.02	7.03	10.86	3.40
	2015～2020	6.67	1.79	0.51	1.58	6.26	3.31	2.77	5.90	8.78	3.20
	2020～2025	5.67	1.67	0.43	1.47	5.61	2.91	2.54	5.24	7.77	3.06
	2025～2030	4.97	1.55	0.36	1.37	5.13	2.56	2.30	4.75	7.11	2.93
	2010～2030	6.43	1.73	0.47	1.53	6.08	3.13	2.66	5.73	8.62	3.15
B	2010～2015	8.04	1.89	0.47	1.71	7.74	5.29	2.99	7.00	10.82	3.40
	2015～2020	6.46	1.72	0.49	1.63	6.58	4.68	2.69	5.81	8.67	3.19
	2020~2025	5.50	1.63	0.41	1.51	5.89	3.70	2.49	5.19	7.71	3.05
	2025～2030	4.81	1.52	0.35	1.40	5.38	3.33	2.26	4.71	7.06	2.92
	2010～2030	6.20	1.69	0.43	1.56	6.39	4.25	2.61	5.68	8.55	3.14
B1	2010～2015	8.04	1.89	0.47	1.71	7.74	5.29	2.99	7.00	10.82	3.40
	2015～2020	6.54	1.71	0.48	1.62	6.56	4.64	2.68	5.80	8.65	3.19
	2020～2025	5.53	1.63	0.41	1.50	5.88	3.69	2.49	5.18	7.70	3.05
	2025～2030	4.84	1.52	0.34	1.40	5.37	3.32	2.25	4.70	7.05	2.92
	2010～2030	6.23	1.68	0.43	1.56	6.38	4.23	2.60	5.67	8.55	3.14

续表

情景	年份	中国	美国	日本	欧盟	印度	俄罗斯	HD	MD	LD	全球
B2	2010～2015	8.04	1.89	0.47	1.71	7.74	5.29	2.99	7.00	10.82	3.40
	2015～2020	6.57	1.70	0.48	1.62	6.55	4.62	2.68	5.79	8.64	3.19
	2020～2025	5.54	1.63	0.41	1.50	5.87	3.69	2.48	5.18	7.70	3.05
	2025～2030	4.85	1.51	0.34	1.40	5.37	3.31	2.25	4.70	7.05	2.92
	2010～2030	6.24	1.68	0.42	1.56	6.38	4.22	2.60	5.67	8.54	3.14
B3	2010～2015	8.04	1.89	0.47	1.71	7.74	5.29	2.99	7.00	10.82	3.40
	2015～2020	6.68	1.69	0.46	1.61	6.52	4.57	2.66	5.78	8.62	3.19
	2020～2025	5.58	1.62	0.40	1.49	5.86	3.67	2.48	5.17	7.69	3.05
	2025～2030	4.88	1.51	0.33	1.39	5.35	3.30	2.24	4.69	7.03	2.92
	2010～2030	6.29	1.67	0.42	1.55	6.36	4.20	2.59	5.66	8.53	3.14

注：HD 表示高收入国家（地区），MD 表示中收入发展中国家（地区），LD 表示低收入发展中国家（地区）。表中数据为各情景下 GDP 的指数平均增长率

5.2　产业结构分析

考察汇率综合变动基准情景 B，并将情景 B 与情景 A 对比分析，如表 5.3 和表 5.4 所示，中国、美国、日本的各产业比重均呈现出第一、第二产业比重上升，第三产业比重下降的趋势，虽然中国的交通运输业和金融保险业的比重在上升，但上升幅度小于其他服务业和商贸零售业的下降幅度，而美国和日本的其他服务业的下降幅度超过了商贸零售业、交通运输业和金融保险业的上升幅度；欧盟、印度、俄罗斯的产业结构变动趋势正好相反，即第一、第二产业比重有降低的趋势，第三产业比重有上升的趋势，考察具体的行业，第三产业中，其他服务业的上升幅度均超过了商贸零售业、交通运输业和金融保险业的下降幅度。

表 5.3　情景 B 2020 年产业结构与变化 （单位：%）

产业	中国	美国	日本	欧盟	印度	俄罗斯
农业	7.55(0.11)	0.37(0.00)	0.41(0.01)	1.42(−0.01)	9.62(−0.02)	3.63(−0.40)
食品加工业	4.83(0.08)	1.73(0.01)	2.14(0.03)	3.34(−0.02)	6.59(−0.01)	2.97(−0.36)
能源开采与加工业	6.05(0.15)	2.27(0.01)	1.08(0.02)	2.47(−0.01)	3.45(−0.15)	13.13(−1.80)
金属及其他矿业	7.68(0.18)	2.08(0.01)	2.93(0.05)	3.61(−0.02)	4.51(−0.18)	2.85(−0.50)
轻工业	5.37(0.12)	2.95(0.02)	2.60(0.05)	3.37(−0.02)	2.87(−0.10)	1.24(−0.23)
化学工业	3.55(0.11)	2.56(0.01)	2.57(0.04)	3.26(−0.02)	1.74(−0.08)	0.51(−0.10)
重工业	13.48(0.19)	5.23(0.04)	9.29(0.11)	6.99(−0.02)	5.63(−0.17)	2.83(−0.51)
建筑业	8.23(−0.14)	5.19(0.02)	5.60(0.05)	6.47(−0.01)	9.10(0.00)	10.87(0.43)
商贸零售业	12.55(−0.05)	24.45(0.01)	25.16(0.13)	33.65(−0.10)	21.51(−0.02)	29.91(−0.62)
交通运输业	6.89(0.07)	4.78(0.02)	7.26(0.08)	6.07(−0.02)	8.83(−0.13)	5.87(−0.57)
金融保险业	3.93(0.06)	10.08(0.03)	6.49(0.07)	4.77(−0.02)	6.01(−0.12)	1.78(−0.26)
其他服务业	19.89(−0.87)	38.31(−0.18)	34.48(−0.65)	24.57(0.26)	20.14(1.17)	24.41(4.94)

注：括号内数据表示情景 B 相对情景 A 同期数据的变动值

表 5.4　情景 B 2030 年产业结构与变化 （单位：%）

产业	中国	美国	日本	欧盟	印度	俄罗斯
农业	6.01(0.27)	0.28(0.01)	0.24(0.01)	1.50(−0.02)	7.51(−0.44)	2.85(−1.28)
食品加工业	4.09(0.14)	1.56(0.02)	2.00(0.04)	3.06(−0.03)	6.80(−0.07)	2.28(−0.61)
能源开采与加工业	6.19(0.28)	1.99(0.03)	0.80(0.02)	2.41(−0.02)	2.60(−0.21)	10.33(−2.68)
金属及其他矿业	6.96(0.31)	2.04(0.03)	2.97(0.07)	3.56(−0.04)	4.24(−0.38)	2.23(−0.82)
轻工业	4.92(0.21)	2.80(0.03)	2.55(0.06)	3.20(−0.04)	2.90(−0.23)	0.93(−0.38)
化学工业	3.36(0.17)	2.71(0.02)	2.81(0.05)	3.50(−0.05)	1.56(−0.15)	0.42(−0.16)
重工业	13.46(0.41)	4.98(0.07)	9.54(0.18)	6.66(−0.05)	6.07(−0.43)	2.14(−0.86)
建筑业	8.77(−0.22)	4.59(0.04)	5.28(0.07)	5.72(−0.02)	9.17(0.00)	11.40(−0.08)
商贸零售业	14.04(−0.11)	25.45(0.03)	24.43(0.15)	34.30(−0.20)	22.12(−0.10)	30.05(−1.62)
交通运输业	6.42(0.12)	4.88(0.05)	7.77(0.12)	6.26(−0.05)	8.59(−0.29)	5.20(−1.03)
金融保险业	3.70(0.10)	10.88(0.07)	7.49(0.10)	5.31(−0.04)	5.67(−0.24)	1.56(−0.43)
其他服务业	22.06(−1.70)	37.84(−0.39)	34.11(−0.86)	24.52(0.56)	22.76(2.54)	30.63(9.81)

注：括号内数据表示情景 B 相对情景 A 同期数据的变动值

我们直接对比情景 B2 与情景 B，是因为情景 B1、情景 B3 下，世界各个国家和地区的经济发展和产业结构变动趋势与情景 B2 的变动趋势是一致的，只是情景 B2 下，各个国家和地区的经济发展状况和产业结构变动幅度中等，更适合显示出各产业结构及其变动情况。情景 B2 下，即人民币在 2016 年贬值 7%，美元兑人民币汇率中间价突破 7 元，其他主要货币保持汇率综合变动基准情景 B 中的水平。将情景 B2 与情景 B 产业结构相比，如表 5.5 和表 5.6 所示，中国除了其他服务业和建筑业的比重是上升的，其他行业的比重都是下降的，而且其他服务业的上升幅度超过了商贸零售业、交通运输业和金融保险业的下降幅度，从产业结构上表现出第一、第二产业比重下降，第三产业比重上升的趋势；美国、日本、欧盟仍然呈现出第一、第二产业比重上升，第三产业比重降低的趋势，且其他服务业比重的下降幅度超过了商贸零售业、交通运输业和金融保险业比重的上升幅度；印度、俄罗斯也都呈现出第一、第二产业比重上升，第三产业比重下降的趋势，且其他服务业比重的下降幅度超过了商贸零售业、交通运输业和金融保险业比重的上升幅度。

表 5.5 情景 B2 2020 年产业结构与变化 （单位：%）

产业	中国	美国	日本	欧盟	印度	俄罗斯
农业	7.54(−0.02)	0.37(0.00)	0.41(0.00)	1.42(0.00)	9.63(0.01)	3.63(0.00)
食品加工业	4.82(−0.02)	1.73(0.00)	2.14(0.00)	3.34(0.00)	6.59(0.00)	2.97(0.00)
能源开采与加工业	6.02(−0.02)	2.27(0.00)	1.08(0.00)	2.48(0.00)	3.45(0.00)	13.15(0.03)
金属及其他矿业	7.65(−0.03)	2.09(0.00)	2.93(0.00)	3.61(0.00)	4.51(0.00)	2.86(0.01)
轻工业	5.35(−0.02)	2.95(0.00)	2.60(0.00)	3.37(0.00)	2.88(0.00)	1.25(0.00)
化学工业	3.53(−0.02)	2.56(0.00)	2.57(0.00)	3.27(0.00)	1.74(0.00)	0.51(0.00)
重工业	13.45(−0.03)	5.23(0.00)	9.29(0.00)	6.99(0.00)	5.64(0.00)	2.84(0.01)
建筑业	8.25(0.02)	5.19(0.00)	5.60(0.00)	6.47(0.00)	9.10(0.00)	10.86(−0.01)
商贸零售业	12.55(0.00)	24.46(0.01)	25.17(0.01)	33.66(0.00)	21.51(0.00)	29.92(0.01)
交通运输业	6.87(−0.01)	4.79(0.00)	7.26(0.00)	6.07(0.00)	8.83(0.00)	5.87(0.01)
金融保险业	3.92(−0.01)	10.08(0.00)	6.49(0.00)	4.77(0.00)	6.01(0.00)	1.78(0.00)
其他服务业	20.05(0.16)	38.28(−0.03)	34.46(−0.02)	24.56(−0.01)	20.11(−0.03)	24.35(−0.06)

注：括号内数据表示情景 B2 相对情景 B 同期数据的变动值

表 5.6 情景 B2 2030 年产业结构与变化 （单位：%）

产业	中国	美国	日本	欧盟	印度	俄罗斯
农业	5.96(−0.05)	0.28(0.00)	0.24(0.00)	1.50(0.00)	7.53(0.02)	2.86(0.02)
食品加工业	4.06(−0.03)	1.56(0.00)	2.01(0.00)	3.07(0.00)	6.81(0.00)	2.29(0.01)
能源开采与加工业	6.14(−0.05)	1.99(0.00)	0.81(0.00)	2.41(0.00)	2.61(0.01)	10.37(0.05)

续表

产业	中国	美国	日本	欧盟	印度	俄罗斯
金属及其他矿业	6.90(−0.06)	2.04(0.00)	2.98(0.01)	3.57(0.00)	4.25(0.01)	2.24(0.01)
轻工业	4.88(−0.04)	2.81(0.01)	2.55(0.00)	3.20(0.00)	2.91(0.01)	0.94(0.01)
化学工业	3.33(−0.04)	2.72(0.01)	2.82(0.01)	3.50(0.00)	1.57(0.01)	0.42(0.00)
重工业	13.38(−0.09)	4.98(0.01)	9.54(0.00)	6.66(0.00)	6.08(0.01)	2.15(0.01)
建筑业	8.80(0.03)	4.59(0.00)	5.28(0.00)	5.71(−0.01)	9.16(−0.01)	11.38(−0.02)
商贸零售业	14.05(0.01)	25.48(0.03)	24.45(0.03)	34.31(0.00)	22.11(0.00)	30.08(0.02)
交通运输业	6.39(−0.03)	4.89(0.01)	7.78(0.01)	6.26(0.00)	8.60(0.01)	5.21(0.01)
金融保险业	3.68(−0.02)	10.89(0.01)	7.50(0.01)	5.32(0.00)	5.68(0.01)	1.56(0.01)
其他服务业	22.42(0.37)	37.76(−0.08)	34.05(−0.06)	24.49(−0.03)	22.69(−0.07)	30.50(−0.12)

注：括号内数据表示情景 B2 相对情景 B 同期数据的变动值

欧元、卢比、卢布的持续性贬值有利于其第三产业的发展壮大，尤其是其他服务业比重的增加，但是在考虑人民币进一步贬值的情景下，减缓了欧盟、印度和俄罗斯其他服务业比重增加的同时有利于其交通运输业和金融保险业规模的稳定。由于俄罗斯其他服务业比重增长幅度很大，人民币贬值对俄罗斯其他服务业比重微小的负面影响无须被关注；对比分析情景 B2 与情景 B 各个国家和地区的产业结构发现，人民币贬值对美国、日本及欧盟各产业结构变动趋势的影响均未超过 0.1 个百分点，并且有利于美国、日本和欧盟第一、第二产业比重的增加，只是对其他服务业比重的负面影响较大，但也没有超过 0.1 个百分点。因为，人民币贬值有利于出口的同时，也会使得进口产品的成本增加，美国、日本和欧盟在制造业领域的出口品附加值更高，必然促进其相应行业的持续发展，人民币贬值均促使美国、日本和欧盟的化学工业、轻工业和重工业持续稳定发展，且从长期看，这种上升幅度在进一步加大。

综上所述，人民币贬值，可以促进中国经济的增长，但是增长幅度不大，对其他国家有负面影响，也比较小，而随着人民币贬值幅度加大，对中国经济增长促进幅度也加大，但不大于 0.3 个百分点。人民币贬值有利于中国的出口，同时中国制造业进口原材料及高附加值配件，以及引进高新技术的成本上升，降低了中国制造业占 GDP 的比重，同时也促使在制造业领域占据优势的美国、日本、欧盟相应行业的持续稳定发展。

5.3 中国国际贸易分析

为了进一步研究人民币汇率对中国进出口的影响，本章模拟计算了汇率综合变动情景下中国进出口量及其环比增长率，为了突出展示汇率冲击的影响，只选取人民币贬值幅度不大的情景 B2 展开论述，各主要货币汇率变动情况见图 5.2，并截取情景 B2 下汇率冲击年份，即 2016 年相邻年份，2011~2020 年的数据进行分析。

情景 B2 下，以美元计量的各行业进口额环比增长率是趋于下降的，体现出进口依赖性在降低。如表 5.7 所示，进行人民币贬值冲击后，2016 年进口环比增长率大幅增加，各行业除建筑业进口环比增长率增长幅度为 3.77 个百分点外，其他行业中，第三产业各行业进口环比增长率增长幅度均超过 5 个百分点，第一、第二产业各行业进口环比增长率增长幅度均超过 10 个百分点，金属及其他矿业的环比增长幅度超过了 19 个百分点，此后进口环比增长率继续趋于缓慢下降，之所以出现上述情况，主要是由于中国经过产业结构升级，进口资源性原材料及高附加值产品，以及引进高新技术的依赖性在降低，但人民币大幅贬值，推高了进口成本，压缩了各行业利润空间，不利于制造业技术改造升级和其在国民经济中地位的提升。

表 5.7　情景 B2 2011~2020 年进口环比增长率（单位：%）

产业	2011年	2012年	2013年	2014年	2015年	2016年	2017年	2018年	2019年	2020年
农业	6.37	4.71	3.25	1.92	0.68	17.28	4.44	4.11	3.81	3.55
食品加工业	5.77	4.66	3.62	2.63	1.64	15.72	5.02	4.78	4.56	4.35
能源开采与加工业	5.88	4.94	4.03	3.15	2.28	18.74	6.47	6.33	6.20	6.07
金属及其他矿业	4.89	3.67	2.56	1.49	0.47	19.51	5.16	4.96	4.78	4.62
轻工业	6.33	5.06	3.90	2.82	1.77	18.11	5.65	5.39	5.16	4.95
化学工业	5.26	4.22	3.26	2.35	1.45	17.68	5.49	5.32	5.16	5.02
重工业	7.71	6.40	5.23	4.13	3.07	18.61	6.70	6.43	6.18	5.95
建筑业	10.85	9.80	8.89	8.06	7.26	11.03	7.60	7.29	7.00	6.74
商贸零售业	7.86	6.77	5.73	4.70	3.67	19.52	7.59	7.40	7.22	7.05
交通运输业	6.05	5.07	4.13	3.20	2.26	16.18	5.72	5.54	5.37	5.21

续表

产业	2011年	2012年	2013年	2014年	2015年	2016年	2017年	2018年	2019年	2020年
金融保险业	6.14	5.40	4.67	3.95	3.20	13.38	5.75	5.60	5.46	5.34
其他服务业	10.01	9.18	8.41	7.64	6.85	13.25	8.19	7.99	7.79	7.60
总体环比	8.07	6.94	5.95	5.02	4.13	15.02	6.56	6.32	6.09	5.89

出口方面，如表 5.8 所示，以美元计量的各行业出口额环比增长率也是趋于下降的，体现出随着全球经济发展速度降低和国际贸易额增长幅度趋缓，中国的出口增长速度也会逐步降低。情景 B2 下，中国出口环比增长率显示，人民币贬值冲击，使得所有部门的出口额都有大幅增长，但增长幅度与进口增长幅度相比均比较小，除了金属及其他矿业和商贸零售业的增长幅度为 4.15 和 4.16 个百分点，其他行业出口环比增长率增长幅度均不超过 4 个百分点，当人民币汇率保持稳定时，自 2018 年，各行业除金属及其他矿业、轻工业、化学工业、重工业及建筑业的出口保持稳定外，其他各行业的出口增长率是逐步趋于下降的。人民币贬值冲击，使得进口上升幅度大于出口增长幅度，虽然贬值有利于出口，但贬值引起进口成本上升更高。

表 5.8 情景 B2 2011~2020 年出口环比增长率 （单位：%）

产业	2011年	2012年	2013年	2014年	2015年	2016年	2017年	2018年	2019年	2020年
农业	2.92	2.78	2.78	2.66	2.54	6.32	2.45	2.41	2.37	2.34
食品加工业	1.83	1.80	2.09	2.10	2.10	5.05	1.60	1.59	1.58	1.57
能源开采与加工业	2.48	2.45	2.62	2.62	2.62	4.52	2.20	2.18	2.16	2.15
金属及其他矿业	1.71	1.73	2.02	2.07	2.13	6.28	1.59	1.59	1.60	1.61
轻工业	1.34	1.36	1.60	1.65	1.69	4.77	1.19	1.19	1.20	1.21
化学工业	2.43	2.44	2.67	2.71	2.76	5.57	2.21	2.20	2.20	2.20
重工业	1.37	1.31	1.86	1.89	1.92	4.80	1.39	1.39	1.39	1.39
建筑业	1.45	1.40	1.69	1.68	1.65	3.06	1.28	1.28	1.28	1.28
商贸零售业	2.62	2.65	3.25	3.36	3.47	7.64	2.11	2.08	2.06	2.03
交通运输业	2.32	2.29	3.01	3.08	3.14	5.48	2.21	2.20	2.19	2.18
金融保险业	2.81	2.78	2.96	2.96	2.96	3.68	2.67	2.65	2.64	2.63
其他服务业	2.80	2.70	3.02	2.97	2.90	3.36	2.43	2.37	2.33	2.28
总体环比	2.10	2.06	2.43	2.45	2.46	4.62	1.86	1.84	1.83	1.82

5.4　产业地位分析

区位商（location quotient，LQ），又称地方专门化率或专业化指数，是指一个地方特定部门的产值在该地区所占的比重与全国该部门产值在全国总产值所占比重方面的比率。国内外不少学者都运用其对区域产业专业化进行分析（Moineddin、Beyene、Boyle et al.，2003；Guimaraes et al.，2002；王铮等，2007）。通过产业部门在各地区的相对专业化程度分析，可以认识各国（地区）相应产业在国际上的经济地位和产业利益倾向。

考察汇率综合变动基准情景 B，人民币汇率自 2007 年持续缓慢升值后，2015 年一年，人民币已经贬值 5.77%，同时其他主要货币汇率也发生波动，与基准情景 A 中不做汇率冲击时各个国家和地区的区位商相比，如表 5.9、表 5.10 所示，中国、美国、日本各行业区位商变化趋势与各产业结构比例变动趋势保持一致，即第一、第二产业区位商小幅上升，第三产业仅其他服务业区位商小幅降低。欧盟、印度和俄罗斯第一、第二产业区位商小幅降低，第三产业区位商小幅上升。而俄罗斯的其他服务业区位商上升较快，并逐渐超过了中国。从区位商数据也可发现，美国和日本在商贸零售业、金融保险业和其他服务业具有绝对优势，欧盟的商贸零售业和化学工业区位商位居全球前列，印度则在农业和食品加工业领域长期保持优势地位，俄罗斯凭借其资源禀赋，能源开采及加工业区位商位居全球前列。

表 5.9　情景 B 2020 年区位商与变动

产业	中国	美国	日本	欧盟	印度	俄罗斯
农业	2.36(0.04)	0.12(0.00)	0.13(0.00)	0.44(0.00)	3.01(−0.06)	1.14(−0.12)
食品加工业	1.34(0.02)	0.48(0.00)	0.59(0.01)	0.93(0.00)	1.82(0.00)	0.82(−0.10)
能源开采与加工业	1.04(0.03)	0.39(0.00)	0.19(0.00)	0.43(0.00)	0.59(−0.02)	2.26(−0.31)
金属及其他矿业	1.95(0.05)	0.53(0.00)	0.74(0.01)	0.91(0.00)	1.14(−0.05)	0.72(−0.13)
轻工业	1.55(0.04)	0.85(0.01)	0.75(0.02)	0.97(0.00)	0.83(−0.03)	0.36(−0.07)
化学工业	1.33(0.04)	0.96(0.00)	0.96(0.02)	1.22(−0.01)	0.65(−0.03)	0.19(−0.04)
重工业	1.93(0.03)	0.75(0.01)	1.33(0.02)	1.00(0.00)	0.81(−0.02)	0.41(−0.07)

续表

产业	中国	美国	日本	欧盟	印度	俄罗斯
建筑业	1.23(−0.02)	0.77(0.00)	0.84(0.00)	0.97(0.00)	1.36(0.00)	1.62(0.06)
商贸零售业	0.52(0.00)	1.01(0.00)	1.04(0.00)	1.39(−0.01)	0.89(0.00)	1.24(−0.03)
交通运输业	1.09(0.01)	0.76(0.00)	1.15(0.01)	0.96(0.00)	1.40(−0.02)	0.93(−0.09)
金融保险业	0.67(0.01)	1.72(0.01)	1.11(0.01)	0.81(0.00)	1.03(−0.02)	0.30(−0.04)
其他服务业	0.73(−0.03)	1.40(−0.01)	1.26(−0.02)	0.90(0.01)	0.74(0.04)	0.89(0.18)

注：括号内数据表示情景 B 相对情景 A 同期数据的变动值

表 5.10　情景 B 2030 年区位商与变动

产业	中国	美国	日本	欧盟	印度	俄罗斯
农业	1.92(0.09)	0.09(0.00)	0.08(0.00)	0.48(−0.01)	2.39(−0.14)	0.91(−0.41)
食品加工业	1.13(0.04)	0.43(0.00)	0.55(0.01)	0.85(−0.01)	1.88(−0.02)	0.63(−0.17)
能源开采与加工业	1.07(0.05)	0.34(0.00)	0.14(0.00)	0.41(0.00)	0.45(−0.04)	1.78(−0.46)
金属及其他矿业	1.77(0.08)	0.52(0.01)	0.76(0.02)	0.91(−0.01)	1.08(−0.09)	0.57(−0.21)
轻工业	1.43(0.06)	0.81(0.01)	0.74(0.02)	0.93(−0.01)	0.84(−0.06)	0.27(−0.11)
化学工业	1.26(0.07)	1.02(0.01)	1.06(0.02)	1.31(−0.02)	0.59(−0.06)	0.16(−0.06)
重工业	1.94(0.06)	0.72(0.01)	1.37(0.03)	0.96(0.00)	0.87(−0.06)	0.31(−0.12)
建筑业	1.31(−0.03)	0.69(0.01)	0.79(0.01)	0.86(0.00)	1.37(0.00)	1.71(0.01)
商贸零售业	0.58(0.00)	1.05(0.00)	1.01(0.01)	1.42(−0.01)	0.92(0.00)	1.24(−0.07)
交通运输业	1.02(0.02)	0.78(0.01)	1.24(0.02)	1.00(−0.01)	1.37(−0.05)	0.83(−0.16)
金融保险业	0.63(0.02)	1.86(0.01)	1.28(0.02)	0.91(−0.01)	0.97(−0.04)	0.27(−0.07)
其他服务业	0.80(−0.06)	1.38(−0.02)	1.24(−0.03)	0.89(0.02)	0.83(0.09)	1.11(0.36)

注：括号内数据表示情景 B 相对情景 A 同期数据的变动值

对比分析同一情景 B 下，2020 年与 2030 年的区位商，如表 5.11 所示，除欧盟的农业区位商上升以外，其他各个国家和地区的农业区位商都有下降趋势，中国和印度的农业区位商下降幅度较大，而在食品加工领域，中国和俄罗斯的区位商下降幅度最大，但印度食品加工业区位商有上升趋势；能源开采与加工业领域，俄罗斯区位商大幅下降，但俄罗斯的能源开采与加工业区位商依然大于 1；中国与俄罗斯的金属及其他矿业、轻工业区位商下降幅度都较大，但中国的初始比重与区位商就较大，即便大幅下降后仍居全球前列，而俄罗斯这两个行业的规模和发展进一步减缓；在化学工业领域，美国、日本和欧盟的竞争能力进一步加强；而且日本进一步强化了重工业、交通运输业和金融保险业的发展，但中国的化学工业、交通运输业和金融保险业的区位商都是下降的；美国、日本、欧盟的金融保险业区位商均大幅上升，远高于其他国家和地区，中国、印度和俄罗斯的金融保险业区位商都有下降的趋势；其他服务业领域，中国、印度和俄罗斯的区位商有较大幅度上升，与其产业比重的大幅上升紧密联系，而美国、日本和欧盟的其他服务业的区位商是趋于下降的。

表 5.11　情景 B 2020~2030 年区位商对比

产业	中国	美国	日本	欧盟	印度	俄罗斯
农业	1.92(−0.45)	0.09(−0.03)	0.08(−0.05)	0.48(0.03)	2.39(−0.62)	0.91(−0.23)
食品加工业	1.13(−0.21)	0.43(−0.05)	0.55(−0.04)	0.85(−0.08)	1.88(0.06)	0.63(−0.19)
能源开采与加工业	1.07(0.02)	0.34(−0.05)	0.14(−0.05)	0.41(−0.01)	0.45(−0.15)	1.78(−0.49)
金属及其他矿业	1.77(−0.18)	0.52(−0.01)	0.76(0.01)	0.91−(0.01)	1.08(−0.06)	0.57(−0.16)
轻工业	1.43(−0.12)	0.81(−0.04)	0.74(−0.01)	0.93(−0.05)	0.84(0.01)	0.27(−0.09)
化学工业	1.26(−0.07)	1.02(0.06)	1.06(0.09)	1.31(0.09)	0.59(−0.06)	0.16(−0.04)
重工业	1.94(0.00)	0.72(−0.03)	1.37(0.04)	0.96(−0.04)	0.87(0.07)	0.31(−0.10)
建筑业	1.31(0.09)	0.69(−0.09)	0.79(−0.04)	0.86(−0.11)	1.37(0.02)	1.71(0.09)
商贸零售业	0.58(0.06)	1.05(0.04)	1.01(−0.03)	1.42(0.03)	0.92(0.03)	1.24(0.01)
交通运输业	1.02(−0.07)	0.78(0.02)	1.24(0.08)	1.00(0.03)	1.37(−0.03)	0.83(−0.10)
金融保险业	0.63(−0.04)	1.86(0.14)	1.28(0.17)	0.91(0.09)	0.97(−0.06)	0.27(−0.04)
其他服务业	0.80(0.07)	1.38(−0.03)	1.24(−0.02)	0.89(−0.01)	0.83(0.09)	1.11(0.22)

注：括号内数据表示情景 B2030 年区位商相比 2020 年区位商的变动值

情景 B2 下，人民币继续贬值，使得美元兑人民币中间价突破 7 元，而其他主要货币汇率保持情景 B 下的水平不变，与情景 B 对比分析，如表 5.12、表 5.13 所示，人民币大幅贬值时，第一，产业结构调整使得农业占比下降，区位商相应降低，欧盟农业比例的提高和欧元汇率的调整也会进一步挤占中国农产品市场，中国农业区位商是下降的，而其他国家和地区的农业区位商保持稳定或有微小增长；第二，人民币大幅贬值，使得第二产业所需原材料进口成本增加，不利于中国第二产业规模扩大和竞争优势的加强，第二产业涉及行业区位商都是下降的；第三，美国、日本、欧盟金融保险业优势的强化进一步抑制了中国金融保险业的发展，中国第三产业的增强主要体现为其他服务业的发展，而且美国、日本、欧盟的第一、第二产业相关行业区位商保持稳定，反映出其产业规模及在全球的地位没有发生根本变化。

表 5.12　情景 B2 2020 年区位商与变动

产业	中国	美国	日本	欧盟	印度	俄罗斯
农业	2.36(−0.01)	0.12(0.00)	0.13(0.00)	0.44(0.00)	3.01(0.00)	1.14(0.00)
食品加工业	1.33(0.00)	0.48(0.00)	0.59(0.00)	0.93(0.00)	1.82(0.00)	0.82(0.00)
能源开采与加工业	1.04(0.00)	0.39(0.00)	0.19(0.00)	0.43(0.00)	0.59(0.00)	2.27(0.00)
金属及其他矿业	1.94(−0.01)	0.53(0.00)	0.74(0.00)	0.91(0.00)	1.14(0.00)	0.72(0.00)
轻工业	1.55(−0.01)	0.85(0.00)	0.75(0.00)	0.97(0.00)	0.83(0.00)	0.36(0.00)
化学工业	1.32(−0.01)	0.96(0.00)	0.96(0.00)	1.22(0.00)	0.65(0.00)	0.19(0.00)
重工业	1.93(−0.01)	0.75(0.00)	1.33(0.00)	1.00(0.00)	0.81(0.00)	0.41(0.00)
建筑业	1.23(0.00)	0.77(0.00)	0.84(0.00)	0.97(0.00)	1.36(0.00)	1.62(0.00)
商贸零售业	0.52(0.00)	1.01(0.00)	1.04(0.00)	1.39(0.00)	0.89(0.00)	1.24(0.00)
交通运输业	1.09(0.00)	0.76(0.00)	1.15(0.00)	0.96(0.00)	1.40(0.00)	0.93(0.00)
金融保险业	0.67(0.00)	1.72(0.00)	1.11(0.00)	0.81(0.00)	1.03(0.00)	0.30(0.00)
其他服务业	0.73(0.01)	1.40(0.00)	1.26(0.00)	0.90(0.00)	0.74(0.00)	0.89(0.00)

注：括号内数据表示情景 B2 相对情景 B 同期数据的变动值

表 5.13　情景 B2 2030 年区位商与变动

产业	中国	美国	日本	欧盟	印度	俄罗斯
农业	1.90(−0.02)	0.09(0.00)	0.08(0.00)	0.48(0.00)	2.40(0.01)	0.91(0.00)
食品加工业	1.12(−0.01)	0.43(0.00)	0.56(0.00)	0.85(0.00)	1.88(0.00)	0.63(0.00)
能源开采与加工业	1.06(−0.01)	0.34(0.00)	0.14(0.00)	0.42(0.00)	0.45(0.00)	1.79(0.01)
金属及其他矿业	1.75(−0.02)	0.52(0.00)	0.76(0.00)	0.91(0.00)	1.08(0.00)	0.57(0.00)
轻工业	1.42(−0.01)	0.82(0.00)	0.74(0.00)	0.93(0.00)	0.84(0.00)	0.27(0.00)
化学工业	1.25(−0.01)	1.02(0.00)	1.06(0.00)	1.32(0.00)	0.59(0.00)	0.16(0.00)
重工业	1.93(−0.01)	0.72(0.00)	1.37(0.00)	0.96(0.00)	0.88(0.00)	0.31(0.00)
建筑业	1.32(0.00)	0.69(0.00)	0.79(0.00)	0.86(0.00)	1.37(0.00)	1.71(0.00)
商贸零售业	0.58(0.00)	1.05(0.00)	1.01(0.00)	1.42(0.00)	0.92(0.00)	1.24(0.00)
交通运输业	1.02(0.00)	0.78(0.00)	1.24(0.00)	1.00(0.00)	1.37(0.00)	0.83(0.00)
金融保险业	0.63(0.00)	1.86(0.00)	1.28(0.00)	0.91(0.00)	0.97(0.00)	0.27(0.00)
其他服务业	0.82(0.01)	1.37(0.00)	1.24(0.00)	0.89(0.00)	0.83(0.00)	1.11(0.00)

注：括号内数据表示情景 B2 相对情景 B 同期数据的变动值

对比分析同一情景 B2 下，2030 年区位商与 2020 年区位商，如表 5.14 所示，可以发现，人民币大幅贬值，从长期看，中国农业区位商下降幅度较大，下降 0.46，而欧盟的农业区位商是上升的，增大 0.04；中国第二产业中，除了建筑业区位商增大 0.09，能源开采业区位商增大 0.02 以外，其他行业区位商均是下降的，而且金属及其他矿业、轻工业和化学工业分别下降 0.18、0.13 和 0.08，而美国、日本、欧盟的化学工业区位商都是上升的，金属及其他矿业、轻工业区位商虽有下降，但下降不超过 0.05；考察第三产业，中国的金融保险业区位商长期小于 1，而且继续下降 0.04，而美国、日本和欧盟的金融保险业都有大幅上升，分别上升 0.14、0.17 和 0.09，对于提高人民币在国际资本市场的地位和增强中国参与全球经济治理的能力是不利的。

表 5.14　情景 B2 2020~2030 年区位商对比

产业	中国	美国	日本	欧盟	印度	俄罗斯
农业	1.90(−0.46)	0.09(−0.03)	0.08(−0.05)	0.48(0.04)	2.40(−0.61)	0.91(−0.22)
食品加工业	1.12(−0.21)	0.43(−0.05)	0.56(−0.04)	0.85(−0.08)	1.88(0.06)	0.63(−0.19)
能源开采与加工业	1.06(0.02)	0.34(−0.05)	0.14(−0.05)	0.42(−0.01)	0.45(−0.15)	1.79(−0.48)
金属及其他矿业	1.75(−0.18)	0.52(−0.01)	0.76(0.02)	0.91(−0.01)	1.08(−0.06)	0.57(−0.15)
轻工业	1.42(−0.13)	0.82(−0.04)	0.74(−0.01)	0.93(−0.04)	0.84(0.01)	0.27(−0.09)
化学工业	1.25(−0.08)	1.02(0.06)	1.06(0.09)	1.32(0.09)	0.59(−0.06)	0.16(−0.04)
重工业	1.93(0.00)	0.72(−0.03)	1.37(0.04)	0.96(−0.04)	0.88(0.07)	0.31(−0.10)
建筑业	1.32(0.09)	0.69(−0.09)	0.79(−0.04)	0.86(−0.11)	1.37(0.02)	1.71(0.09)
商贸零售业	0.58(0.06)	1.05(0.04)	1.01(−0.03)	1.42(0.03)	0.92(0.03)	1.24(0.01)
交通运输业	1.02(−0.07)	0.78(0.02)	1.24(0.08)	1.00(0.03)	1.37(−0.03)	0.83(−0.10)
金融保险业	0.63(−0.04)	1.86(0.14)	1.28(0.17)	0.91(0.09)	0.97(−0.06)	0.27(−0.04)
其他服务业	0.82(0.08)	1.37(−0.03)	1.24(−0.02)	0.89(−0.01)	0.83(0.09)	1.11(0.22)

注：括号内数据表示情景 B22030 年区位商相比 2020 年区位商的变动值

5.5　小　　结

单从进出口方面来看，人民币的升值会导致中国的 GDP 增长速率放缓，反之则有利于中国的 GDP 增长。这主要是由于人民币的升值会增加人民币的购买力，进而有利于中国的进口而不利于出口，这时，会不利于中国国内生产的产品的销售，而利于其他国家生产的产品的出口，进而对 GDP 的增长有所影响。同理，当人民币贬值时，有利于中国的出口而不利于进口，中国又是一个出口大国，这样就会对中国的经济发展起到一定的促进作用。从累计效用也可以看出，人民币的升值会使得中国的累计效用有所下降，不利于经济的发展。

其实，人民币汇率有着更加复杂的机制和影响。随着中国经济的不断强大，人民币的地位也变得不可忽视。美国外交关系委员会地理经济学研究中心主任马拉比（Sebastian Mallaby）和美国财政部驻中国前特使威汀顿（Olin Wethington）在《元的未来》中认为，人民币最终有可能成为世界第二大储备货币。亚投行的成立，将为遍布全球的基础项目建设提供融资，而人民币将在其中充当第一主角。人民币能否实现国际化，汇率是最重要的工具，汇率决定了人民币的国际购买力。增加人民币汇率形成的灵活性和市场化程度，将有利于提高人民币在国际市场购买力的合理性，提高中国在国际金融治理中的信誉，进而也可以保证中国经济开放发展后金融业的稳定性。

中国同时作为世界位居前列的出口国和进口国，进口品主要集中于资源性原材料、高附加值零配件和高新技术，出口品附加值相比发达国家较低，从 2007 年至 2015 年 8 月，人民币逐步缓慢升值，但并未改变中国处于贸易顺差的地位，虽然不利于出口，但对于需要进口原材料和零配件的产业部门发展有利，也有利于技术升级和产业结构升级，以及贸易结构和国际贸易地位的调整，并有利于刺激企业朝技术密集型发展，增加高附加值产品研发，提高技术创新能力。

自 2015 年 8 月至今，人民币已贬值超过 4%，考察不同情景下人民币贬值不同幅度对世界主要国家和地区经济发展的影响，模拟发现，人民币贬值有利于中国出口的增长和 GDP 的发展，虽然对其他经济体的发展有负面影响，但由于其他主要货币的汇率也发生相应波动，这种负面影响很小，人民币贬值对中国 GDP 的积极影响不大于 0.1 个百分点，对其他主要国家和地区经济发展的负面影响不大于 0.04 个百分点，说明中国作为贸易大国，人民币的贬值有利于降低其他国家的进口成本，且其他主要货币汇率发生相应波动，较大幅度冲击着人民币贬值造成的影响。区位商与产业结构的变化紧密相关，反映了经济体自身产业结构的变化趋势，也体现了经济体产业结构的变化在全球背景下对自身发展规模和竞争能力的影响。人民币贬值使得中国的第一、第二产业的比例和规模有所降低，区位商也相应减小，第三产业的比重进一步提高，区位商有增大趋势，但考察具体的行业，如食品加工业、制造业、金融保险业区位商都有下降的趋势，只有建筑业和其他服务业的区位商是上升的，虽然较有利于劳动力向该行业转移，但是人民币贬值不利于中国需要进口资源性原材料的加工业和高附加值零配件制造业的发展，以及引进高新技术促进产业结构升级和刺激创新，其区位商在全球有降低趋势，人民币的贬值和其他主要货币汇率的波动也不利于中国金融保险业规模的扩大和竞争能力的提升。

经过长期发展，中国依赖出口拉动经济增长的方式已经改变，不能为了追求出口的增长和GDP的增长速度而单方面大幅贬值，忽视长期以来人民币缓慢升值对中国产业结构升级和技术创新带来的贡献，同时，为了推进人民币在国际金融市场的地位和增强中国参与全球治理的能力，也需要维持人民币汇率的稳定。

第6章

国际能源价格变动及碳减排治理对各区域经济的影响评估

国际制造业因素、金融因素都是影响地缘政治经济结构的主要政策因子，资源作为经济活动的必要因素，在国际地缘政治经济中的作用如何？本章将以能源为例来探讨资源的作用，

乌克兰危机是2014年全球最大的地缘政治变数，西方国家对乌克兰的拉拢与俄罗斯对克里米亚的执着共同导致了这次危机。在这种情况下，俄罗斯虽然军事实力强大，但是经济结构却过于单一，俄罗斯绝大部分出口、GDP和财政收入都依靠能源，因此，油价成为美国制裁俄罗斯最有效的手段。2014年，国际油价出现了大幅度的下跌，究其原因，主要是一场美俄之间的没有硝烟的“石油战争”。一直以来，资源是地缘政治和地缘经济斗争中一个非常重要的因素，诺贝尔和平奖获得者、美国前国务卿亨利·基辛格曾说过：如果你控制了石油，你就控制了所有国家；如果你控制了粮食，你就控制了所有的人；如果你控制了货币，你就控制了整个世界。因此，在资源有限、能源短缺的现状面前，针对能源的地缘政治和地缘经济博弈变得尤为重要。本章将针对能源价格变动对各国经济的影响展开模拟，分析各国面对能源的地缘政治和地缘经济的博弈。

6.1　能源价格下降的政策模拟

6.1.1　能源价格下降的情景设定

2014 年，国际原油价格一路下跌，原油期货价格一度由 100 美元 / 桶以上，下跌至 60 美元 / 桶，下降幅度达到 40% 以上。俄罗斯的财政预算是按照原油价格保持在 95 美元 / 桶时制定的。根据俄罗斯联邦储蓄银行的计算，当原油价格降至 90 美元 / 桶，俄罗斯财政收入将会减少 1.2%；当原油价格跌至 80 美元 / 桶，俄罗斯政府将不得不削减开支。因此原油价格下降，受到影响最大的当属依赖油气出口的俄罗斯和 OPEC（石油输出国组织）国家，而原油进口国家将会相对受益。基于此，本章设定了不同的能源价格下跌的情景，模拟各个国家的经济发展情况。本章的产业分配中单独分出了能源开发与加工行业，情景设定就是改变这个产业的价格，本书的能源包括石油、煤炭和天然气。通过模拟发现，在能源价格下降 50% 的时候有些国家的 GDP 增长情况会与下降不足 40% 的时候出现较明显的区别，因此，结合 2014 年油价变动的实际情况，除基准情景外，本章设定了另外四个情景（这四个情景能源价格的变化的模拟区间为 2014～2050 年）：

基准情景：没有任何政策干扰（即第 3 章得到的模拟结果）。

情景 B1：国际能源价格下降 30%。

情景 B2：国际能源价格下降 40%。

情景 B3：国际能源价格下降 50%。

情景 B4：国际能源价格下降 60%。

6.1.2　不同能源价格情景下各区域的 GDP 增长模拟

基准情景和四种不同的能源价格情景下，各区域和全球 GDP 的平均增长率在表 6.1 中显示。由于能源价格与资源供应业国家的经济发展息息相关，所以，这里同时也列出主要由 OPEC 国家组成的资源供应业国家的 GDP 的增长情况。

表 6.1　不同的能源价格情景下各区域和全球的 GDP 平均增长率（单位：%）

情景	年份	中国	美国	日本	欧盟	印度	俄罗斯	资源供应业国家	全球
基准情景	2010～2020	7.5542	1.8522	0.5439	1.6338	6.7927	3.5154	4.5492	3.3023
	2020～2030	5.3226	1.6134	0.3972	1.4213	5.3684	2.7367	3.9739	2.9957
	2030～2040	4.1712	1.3946	0.2828	1.2305	4.5351	2.1687	3.5802	2.7488
	2040～2050	3.3076	1.2127	0.2203	1.0698	3.8519	1.7514	3.2479	2.4978
	2010～2050	5.4647	1.5669	0.3864	1.3723	5.4051	2.6193	3.9298	2.9358
B1	2010～2020	7.5545	1.8523	0.5440	1.6338	6.7929	3.5120	4.5519	3.3022
	2020～2030	5.3231	1.6137	0.3975	1.4212	5.3687	2.7337	3.9766	2.9956
	2030～2040	4.1720	1.3950	0.2832	1.2305	4.5354	2.1659	3.5832	2.7487
	2040～2050	3.3089	1.2133	0.2209	1.0698	3.8525	1.7487	3.2515	2.4976
	2010～2050	5.4655	1.5675	0.3869	1.3724	5.4056	2.6181	3.9313	2.9357
B2	2010～2020	7.5531	1.8523	0.5435	1.6332	6.7921	3.5177	4.5538	3.3022
	2020～2030	5.3222	1.6134	0.3971	1.4210	5.3680	2.7374	3.9782	2.9954
	2030～2040	4.1714	1.3948	0.2829	1.2303	4.5350	2.1688	3.5850	2.7484
	2040～2050	3.3085	1.2132	0.2207	1.0696	3.8523	1.7502	3.2535	2.4973
	2010～2050	5.4662	1.5667	0.3874	1.3725	5.4058	2.6180	3.9331	2.9357
B3	2010～2020	7.5549	1.8526	0.5442	1.6338	6.7932	3.5109	4.5424	3.3012
	2020～2030	5.3238	1.6141	0.3978	1.4214	5.3690	2.7331	3.9693	2.9947
	2030～2040	4.1730	1.3956	0.2838	1.2307	4.5359	2.1655	3.5779	2.7478
	2040～2050	3.3103	1.2140	0.2216	1.0699	3.8532	1.7484	3.2479	2.4967
	2010～2050	5.4665	1.5680	0.3873	1.3725	5.4061	2.6186	3.9111	2.9341
B4	2010～2020	7.5586	1.8430	0.5471	1.6354	6.7959	3.5141	4.5454	3.2999
	2020～2030	5.3236	1.6086	0.3986	1.4222	5.3697	2.7336	3.9703	2.9937
	2030～2040	4.1722	1.3906	0.2838	1.2314	4.5362	2.1662	3.5784	2.7470
	2040～2050	3.3089	1.2096	0.2210	1.0706	3.8532	1.7494	3.2476	2.4962
	2010～2050	5.4667	1.5660	0.3872	1.3720	5.4052	2.5970	3.9354	2.9343

从模拟结果可以看出，随着能源价格下降的幅度增加，作为能源进口国的中国、美国、日本、欧盟和印度的 GDP 增长率相对于基准情景都有一定幅度的提高。这里的能源包括煤炭、石油和天然气，能源价格下降除了会对

能源依赖度高的国家的经济发展有影响，还会影响其他国家能源产业的生产、销售和贸易，进而影响经济整体的发展。

中国的 2010～2050 年的平均 GDP 增长率随着能源价格下降幅度的增加，基本保持一个上升的状况。根据情景 B2 可以发现，中国各个阶段的 GDP 平均增长率比较情景 B1 均出现下降的情况，但是 GDP 平均增长率仍然高于基准情景。而在情景 B4 时，可以看到中国 2010～2020 年的平均 GDP 增长率出现了较明显的上升，但是 2030～2040 年和 2040～2050 年的平均 GDP 增长率均有所下降。中国的矿产资源相对于中国的广阔领土来看是匮乏的，尤其是石油资源，中国能源消费中比重最大的仍是煤炭，大概占了 75%，石油大概占了 21%。2014 年以来，随着国际原油期货价格的大幅度下降，中石油、中石化等中国的能源企业都表示出对石油生产成本过高面临的压力。而当能源成体价格大幅度下降时，影响的不仅是石油的生产和销售，还有煤炭的生产和销售，虽然中国进口能源的成本下降，但是仍然不能忽略能源价格下降对国内产业发展的不利影响。

对比情景 B1、B2、B3 下不同的能源价格下降幅度模拟结果和基准情景发现，美国的 GDP 平均增长率随着能源价格下降幅度的增加是有所上升的，但是情景 B4 相对于之前的情景，美国各阶段的 GDP 平均增长率均出现了较明显的下降。美国有丰富的矿产资源，包括石油、煤炭、天然气和各种金属矿产，同时美国也是重要的矿产生产国和消费国，除了使用自己国家的能源外，美国也需要大量进口能源。因此，在能源价格有一定幅度的下降时，美国的能源进口成本降低，利于国内经济发展，而当价格下降幅度较大时，美国自身的能源生产将受到较大的影响，影响美国的经济使其经济增长率低于基准情景。类似地，欧盟和印度经济也会因为能源价格的大幅度下降而产生波动，对 GDP 增长率略有负面影响。

日本是能源非常匮乏的国家，其能源供给多靠进口，因此，随着能源价格的下降，其进口成本越来越低。从模拟结果来看，其 GDP 平均增长率随着能源价格的下降，基本保持上升的趋势。

石油和天然气对俄罗斯的经济非常重要，能源产业是俄罗斯其他任何产业都代替不了的支柱产业。同时，能源作为地缘政治博弈的重要手段，无疑成为俄罗斯在国际地缘政治经济竞争中的主要工具。然而，丰富的油气资源却又是一把双刃剑，在为俄罗斯带来巨大的财富的同时，也会使俄罗斯因为对油气的过度依赖而受制于人。对比基准情景和四个能源价格情景发现，能源价格下降后，作为能源出口国的俄罗斯的GDP增长率会受到负面影响，这主要是由于随着能源价格的下降，俄罗斯生产石油的利润越来越低，虽然价格下降，其出口量会有所增加，但是这并没有抵消利润降低所带来的损失，从而导致俄罗斯的经济增长速度受到负面影响，随着能源价格下降幅度的增加，俄罗斯的GDP平均增长率下降幅度也越来越大。

另外一个主要的能源出口地区是资源供应业国家。前面已经做过说明，这里的资源供应业国家主要是指OPEC国家，也就是说资源供应业国家主要是指石油出口国。然而，对比情景B1、B2与基准情景的模拟结果发现，能源价格的下降并没有使得资源供应业国家的GDP增长速度放缓，反而有所增加。这说明当能源价格下降达到40%时，还不足以使得资源供应业国家的石油出口的总利润减小，对比俄罗斯的情况也反映出，资源供应业国家生产石油的成本要低于俄罗斯，其能源价格一定程度的下降就导致了出口的增加，保证其在降低利润的情况下依然可以得到更高的利润。这就形成了一些金融业发达国家利用自己对油价的操作打压俄罗斯。

计算还表明，当能源价格下降50%或更低时，也就是在情景B3和B4下，资源供应业国家的经济增长情况与前两个情景出现了明显的区别，资源供应业国家的GDP增长率出现了明显下降。这说明，此时的能源价格已经突破了资源供应业国家的能源生产成本，低于生产成本的能源价格将会使得资源供应业国家的能源产业出现亏损，而作为支柱产业的亏损自然会导致整体GDP平均增长率的下降。换言之，能源价格下降50%是资源供应业主导国家（地区）可以承担的最大下降幅度，也是金融业发达国家可以操纵油价的允许范围。

模拟发现，GDP平均增长率在2020年后相对能源价格下降30%时出现下降，在能源价格下降40%和能源价格下降50%时，全球总体GDP增长率开始出现较明显的下降。因此，对于全球的经济增长来看，能源价格越低，对整体经济的影响是负面的，这是全球治理应该注意的，不能让地缘政治需要破坏了全球经济。

6.1.3　不同能源价格情景下各区域产业结构的变化

随着能源价格的改变，能源消费结构也会改变，进而对产业结构产生影响。本节对不同能源价格情景各区域产业结构的改变做出对比，分析能源价格对各区域产业结构影响的规律和趋势，每个情景分别以模拟期的中间时间 2030 年和模拟期的最后时间 2050 年的产业结构相对于基准情景的变化为例，其中由于全球整体的产业结构变化比例很小，所以保留了四位小数，其他都是保留两位小数。

1. 情景B1下各区域产业结构变化

如上所设置的情景，情景 B1 是能源价格下降 30%，具体的模拟结果在表 6.2 中列出。表 6.2 给出了情景 B1 下 2030 年和 2050 年主要区域及全球的产业结构相对基准情景的变化。

表 6.2　各区域产业结构相对基准情景的变化

（a）　情景 B1 下 2030 年各区域产业结构相对基准情景的变化　（单位：%）

产业	中国	美国	日本	欧盟	印度	俄罗斯	资源供应业国家	全球
农业	−0.18	−0.01	−0.01	−0.04	−0.24	−0.21	−0.11	0.0050
食品加工业	0.00	−0.04	−0.03	−0.01	0.00	−0.08	−0.12	0.0041
能源开采与加工业	1.16	0.35	0.16	0.49	0.59	2.76	3.42	0.0236
金属及其他矿业	−0.26	−0.12	−0.15	−0.14	−0.17	−0.22	−0.32	−0.0004
轻工业	−0.43	−0.31	−0.25	−0.29	−0.27	−0.16	−0.35	0.0013
化学工业	−0.08	−0.13	−0.10	−0.09	−0.04	−0.04	−0.18	−0.0006
重工业	−1.24	−0.57	−0.97	−0.62	−0.59	−0.35	−0.58	0.0005
建筑业	−0.85	−0.54	−0.56	−0.56	−0.88	−1.25	−1.13	−0.0112
商贸零售业	−0.57	−1.66	−1.34	−1.47	−0.88	−1.69	−1.63	0.0228
交通运输业	0.17	0.01	0.10	0.16	0.25	−0.08	−0.11	−0.0031
金融保险业	0.22	0.35	0.32	0.30	0.35	0.08	0.01	0.0008
其他服务业	1.07	0.68	0.85	0.66	0.88	1.25	1.11	−0.0043

（b） 情景 B1 下 2050 年各区域产业结构相对基准情景的变化 （单位：%）

产业	中国	美国	日本	欧盟	印度	俄罗斯	资源供应业国家	全球
农业	−0.78	−0.06	−0.03	−0.53	−1.22	−1.41	−0.31	0.0110
食品加工业	−0.02	−0.05	−0.04	−0.01	0.08	−0.04	−0.14	0.0209
能源开采与加工业	1.97	0.41	0.13	0.72	0.63	3.46	4.81	0.0043
金属及其他矿业	−0.52	−0.26	−0.34	−0.34	−0.35	−0.31	−0.58	0.0029
轻工业	−0.55	−0.47	−0.40	−0.44	−0.44	−0.18	−0.53	0.0060
化学工业	−0.13	−0.24	−0.20	−0.17	−0.04	−0.05	−0.29	0.0008
重工业	−2.07	−0.96	−1.93	−1.09	−1.27	−0.47	−0.96	0.0019
建筑业	−1.63	−0.82	−0.96	−0.84	−1.44	−2.39	−2.02	−0.0044
商贸零售业	−0.74	−2.10	−1.32	−1.43	−0.57	−1.27	−1.88	0.0458
交通运输业	0.17	−0.04	0.10	0.21	0.43	0.00	−0.19	0.0089
金融保险业	0.35	0.77	0.78	0.67	0.68	0.18	0.07	0.0028
其他服务业	1.95	0.83	1.19	1.05	1.51	1.46	1.21	−0.0101

能源价格下降 30% 后，从模拟结果来看，各区域和全球整体的能源开采与加工业的产业比重相比基准情景都有不同程度的增加，而且随着时间变化增加幅度也变大，其中变化幅度较大的是俄罗斯和资源供应业国家这两个能源出口方。根据第 3 章基准情景下所得到的各区域各产业的能源使用量，能源开采与加工业是所有行业中最高的，而且高出其他行业数倍，因此，当能源价格下降时，能源开采与加工业的成本将会大幅度下降，能源开采与加工业的产业比重将会发生明显的变化。除了俄罗斯和资源供应业国家，其他国家和地区的第三产业比重都有所增加。从全球产业结构来看，情景 B1 下各产业比重较基准情景变化幅度都很小，对比 2030 年和 2050 年的结果来看，2050 年的各产业比重相对基准情景的变化比 2030 年的要大，到了 2050 年，全球的产业除了建筑业和其他服务业，其他产业比重相对基准情景都是略有增加的。

2. 情景B2下各区域产业结构变化

情景 B2 是能源价格下降 40%。具体的模拟结果在表 6.3 中列出。表 6.3 给出了情景 B2 下 2030 年和 2050 年主要区域及全球的产业结构相对基准情景的变化。

表 6.3　各区域产业结构相对基准情景的变化

（a）情景 B2 下 2030 年各区域产业结构相对基准情景的变化（单位：%）

产业	中国	美国	日本	欧盟	印度	俄罗斯	资源供应业国家	全球
农业	−0.19	−0.01	−0.01	−0.04	−0.24	−0.20	−0.10	0.0049
食品加工业	−0.01	−0.04	−0.03	−0.01	0.00	−0.07	−0.12	0.0062
能源开采与加工业	1.16	0.36	0.16	0.49	0.59	2.50	3.45	0.0175
金属及其他矿业	−0.26	−0.12	−0.15	−0.14	−0.17	−0.21	−0.32	0.0000
轻工业	−0.43	−0.31	−0.25	−0.29	−0.27	−0.16	−0.35	0.0018
化学工业	−0.08	−0.13	−0.11	−0.09	−0.04	−0.04	−0.18	−0.0009
重工业	−1.23	−0.58	−0.97	−0.62	−0.58	−0.35	−0.57	0.0016
建筑业	−0.83	−0.55	−0.56	−0.55	−0.87	−1.19	−1.26	−0.0223
商贸零售业	−0.60	−1.46	−1.39	−1.52	−0.92	−1.66	−1.65	0.0843
交通运输业	0.17	0.01	0.09	0.16	0.25	−0.07	−0.11	−0.0028
金融保险业	0.22	0.34	0.32	0.30	0.35	0.08	0.01	−0.0044
其他服务业	1.10	0.50	0.90	1.30	0.91	1.37	1.21	−0.0859

（b）情景 B2 下 2050 年各区域产业结构相对基准情景的变化（单位：%）

产业	中国	美国	日本	欧盟	印度	俄罗斯	资源供应业国家	全球
农业	−0.79	−0.06	−0.03	−0.53	−1.22	−1.41	−0.31	0.0153
食品加工业	−0.02	−0.05	−0.04	−0.01	0.08	−0.04	−0.14	0.0296
能源开采与加工业	1.98	0.42	0.13	0.73	0.63	3.21	4.83	0.0162
金属及其他矿业	−0.52	−0.26	−0.34	−0.34	−0.35	−0.31	−0.58	0.0033
轻工业	−0.55	−0.47	−0.40	−0.44	−0.44	−0.18	−0.53	0.0083
化学工业	−0.13	−0.24	−0.20	−0.17	−0.04	−0.05	−0.29	0.0010
重工业	−2.07	−0.97	−1.93	−1.09	−1.27	−0.46	−0.96	0.0030
建筑业	−1.60	−0.82	−0.95	−0.84	−1.41	−2.32	−2.18	−0.0114
商贸零售业	−0.80	−1.85	−1.36	−1.48	−0.64	−1.27	−1.91	0.0266
交通运输业	0.16	−0.04	0.10	0.21	0.43	0.01	−0.19	0.0104
金融保险业	0.34	0.77	0.78	0.67	0.68	0.18	0.07	0.0024
其他服务业	1.31	0. 85	1.25	1.51	1.57	1.63	1.38	−0.1046

随着能源价格下降幅度增加，除俄罗斯和资源供应业国家以外的其他国家的能源开采与加工业的产业比重都比情景B1增加的幅度有所增加，同

时，其第三产业的比重增加幅度也有所增加，各产业变化趋势基本与情景B1一致。

3. 情景B3下各区域产业结构变化

情景B3是能源价格下降50%。具体的模拟结果在表6.4中列出。表6.4给出了情景B3下2030年和2050年主要区域及全球的产业结构较基准情景的变化。

表 6.4 2030 年各区域产业结构相对基准情景的变化

（a）情景 B3 下 2030 年各区域产业结构相对基准情景的变化 （单位：%）

产业	中国	美国	日本	欧盟	印度	俄罗斯	资源供应业国家	全球
农业	−0.19	−0.01	−0.01	−0.04	−0.25	−0.22	−0.10	0.0120
食品加工业	−0.01	−0.04	−0.03	−0.01	0.00	−0.08	−0.12	0.0109
能源开采与加工业	1.17	0.36	0.16	0.49	0.59	2.42	3.45	−0.0047
金属及其他矿业	−0.26	−0.13	−0.15	−0.14	−0.17	−0.22	−0.32	0.0025
轻工业	−0.44	−0.31	−0.25	−0.29	−0.27	−0.16	−0.35	0.0049
化学工业	−0.08	−0.13	−0.10	−0.09	−0.04	−0.04	−0.18	0.0007
重工业	−1.24	−0.57	−0.97	−0.63	−0.59	−0.36	−0.56	0.0065
建筑业	−0.84	−0.54	−0.56	−0.55	−0.87	−1.25	−1.27	−0.0227
商贸零售业	−0.57	−1.66	−1.35	−1.47	−0.88	−1.72	−1.61	0.0439
交通运输业	0.17	0.01	0.09	0.16	0.24	−0.08	−0.11	0.0034
金融保险业	0.22	0.35	0.31	0.30	0.35	0.08	0.01	0.0045
其他服务业	1.07	0.69	0.86	1.27	0.89	1.24	1.15	−0.0619

（b） 情景 B3 下 2050 年各区域产业结构相对基准情景的变化 （单位：%）

产业	中国	美国	日本	欧盟	印度	俄罗斯	资源供应业国家	全球
农业	−0.79	−0.06	−0.03	−0.54	−1.23	−1.43	−0.30	0.0217
食品加工业	−0.02	−0.05	−0.04	−0.01	0.07	−0.05	−0.14	0.0403
能源开采与加工业	1.99	0.42	0.13	0.73	0.63	3.23	4.82	−0.0211
金属及其他矿业	−0.53	−0.26	−0.34	−0.34	−0.35	−0.31	−0.57	0.0068
轻工业	−0.56	−0.47	−0.40	−0.44	−0.44	−0.18	−0.52	0.0131
化学工业	−0.13	−0.24	−0.20	−0.17	−0.04	−0.05	−0.28	0.0021
重工业	−2.08	−0.97	−1.93	−1.09	−1.28	−0.47	−0.95	0.0076
建筑业	−1.61	−0.81	−0.95	−0.84	−1.41	−2.37	−2.18	−0.0084

续表

产业	中国	美国	日本	欧盟	印度	俄罗斯	资源供应业国家	全球
商贸零售业	−0.75	−2.12	−1.33	−1.44	−0.58	−1.31	−1.86	0.0914
交通运输业	0.16	−0.04	0.10	0.21	0.42	−0.01	−0.18	0.0200
金融保险业	0.34	0.76	0.78	0.67	0.67	0.18	0.07	0.0063
其他服务业	1.38	0.86	1.23	1.39	1.55	1.46	1.36	−0.1799

当能源价格下降幅度达到50%时，可以看出各国的产业结构变化幅度比前两个情景都有所增加，但是趋势仍保持一致。而俄罗斯和资源供应业国家的能源开采与加工业比重相对于基准情景的增加幅度较前两个情景有所下降。这再次说明“50%的敏感性”。

4. 情景B4下各区域产业结构变化

情景B4是能源价格下降60%。具体的模拟结果在表6.5中列出。表6.5给出了情景B4下2030年和2050年主要区域及全球的产业结构与基准情景下的同期情况的变化。

表 6.5　2030 年各区域产业结构相对基准情景的变化

(a)情景 B4 下 2030 年各区域产业结构相对基准情景的变化　(单位：%)

产业	中国	美国	日本	欧盟	印度	俄罗斯	资源供应业国家	全球
农业	−0.19	−0.02	−0.01	−0.04	−0.24	−0.21	−0.09	0.0115
食品加工业	0.00	−0.05	−0.03	0.00	0.01	−0.08	−0.12	0.0070
能源开采与加工业	1.17	0.35	0.16	0.50	0.59	2.41	3.44	−0.0080
金属及其他矿业	−0.26	−0.14	−0.15	−0.13	−0.16	−0.22	−0.31	0.0009
轻工业	−0.43	−0.33	−0.25	−0.28	−0.27	−0.16	−0.34	0.0026
化学工业	−0.08	−0.14	−0.10	−0.09	−0.04	−0.04	−0.18	−0.0019
重工业	−1.23	−0.61	−0.96	−0.61	−0.57	−0.35	−0.56	0.0003
建筑业	−0.83	−0.59	−0.55	−0.53	−0.85	−1.22	−1.27	−0.0276
商贸零售业	−0.67	−1.03	−1.47	−1.63	−1.03	−1.94	−1.70	0.2209
交通运输业	0.17	−0.02	0.10	0.17	0.25	−0.08	−0.10	−0.0041
金融保险业	0.21	0.35	0.31	0.30	0.34	0.08	0.01	0.0120
其他服务业	1.13	1.23	0.95	1.35	0.95	1.30	1.22	−0.2135

（b）情景 B4 下 2050 年各区域产业结构相对基准情景的变化（单位：%）

产业	中国	美国	日本	欧盟	印度	俄罗斯	资源供应业国家	全球
农业	−0.79	−0.07	−0.03	−0.53	−1.22	−1.40	−0.30	0.0193
食品加工业	−0.02	−0.06	−0.04	−0.01	0.09	−0.04	−0.14	0.0311
能源开采与加工业	1.99	0.41	0.13	0.73	0.63	3.41	4.81	−0.0279
金属及其他矿业	−0.52	−0.27	−0.34	−0.34	−0.35	−0.31	−0.57	0.0083
轻工业	−0.55	−0.49	−0.40	−0.44	−0.44	−0.18	−0.51	0.0133
化学工业	−0.13	−0.26	−0.20	−0.17	−0.04	−0.04	−0.28	0.0021
重工业	−2.07	−1.01	−1.93	−1.08	−1.26	−0.46	−0.94	0.0147
建筑业	−1.60	−0.85	−0.95	−0.83	−1.39	−2.33	−2.18	0.0001
商贸零售业	−0.89	−1.30	−1.43	−1.59	−0.77	−1.58	−1.95	−0.0200
交通运输业	0.16	−0.06	0.10	0.22	0.43	0.00	−0.18	0.0165
金融保险业	0.34	0.78	0.77	0.67	0.67	0.18	0.07	0.0057
其他服务业	1.38	1.48	1.30	1.46	1.65	1.55	1.38	−0.0633

能源价格下降 60% 后，各区域产业结构继续按照前面三个情景的变化趋势改变，不过变化幅度与情景 B3 和基准情景之间的变化比较接近，说明随着能源价格下降幅度的增加，对产业结构造成的影响的增加程度会越来越小，也就是说能源价格下降对产业结构造成的影响的变化是一个类似指数形式的改变。俄罗斯和资源供应业国家的能源开采与加工业比重的增加幅度较情景 B3 有所下降。

总体来看，能源价格下降能够明显地增加能源开采与加工业的比重，而且对于除了俄罗斯和资源供应业国家的其他区域来说，能源价格下降幅度越大，能源开采与加工业比重的增加幅度也越大。俄罗斯和资源供应业国家属于主要能源出口方，而能源价格的下降会造成它们能源出口的利润下降，进而也会造成能源开采与加工业的不景气。除了对能源开采与加工业的影响，能源价格的下降，会使第一产业和其他大部分第二产业的比重都低于基准情景时，而第三产业比重都略有提高。

6.1.4 不同能源价格情景下各区域碳排放的变化

能源的问题不仅是一个市场问题，而且是一个资源问题，事实上，随着能源价格的变化，各国的碳排放量也随之发生变化，进而影响资源开发，也影响了环境。这个变化主要是由自己国家生产能源的成本变化及进出口能源的利润变化造成的，因此，各个区域的情况也不尽相同。表 6.6 显示了各个区域在情景 B1（能源价格下降 30%）、B2（能源价格下降 40%）、B3（能源价格下降 50%）和 B4（能源价格下降 60%）下相对基准情景的碳排放量在 2030 年和 2050 年的相对变化百分比。

表 6.6　2030 年和 2050 年各区域相对基准情景的碳排放量的变化（单位：%）

情景	年份	中国	美国	日本	欧盟	印度	俄罗斯	资源供应业国家	高收入国家（地区）	中收入发展中国家（地区）	低收入发展中国家（地区）
B1	2030	−0.07	−0.02	0.03	−0.05	−0.07	−0.19	0.02	−0.06	−0.07	0.03
	2050	−0.05	0.00	0.02	−0.03	−0.07	−0.29	0.04	−0.07	−0.07	0.07
B2	2030	−0.01	−0.03	0.03	−0.02	−0.04	−0.33	0.15	−0.03	−0.03	0.08
	2050	−0.02	−0.04	0.03	−0.03	−0.07	−0.56	0.18	−0.05	−0.06	0.13
B3	2030	0.00	0.00	−0.01	−0.01	−0.02	−0.69	−0.62	−0.02	−0.01	0.11
	2050	0.00	0.00	−0.03	0.00	−0.02	−0.73	−0.73	0.00	0.00	0.19
B4	2030	−0.03	−0.05	0.00	0.03	−0.01	−0.54	−0.68	0.01	−0.03	0.09
	2050	−0.01	−0.20	−0.01	0.03	−0.02	−0.74	−0.78	0.04	−0.02	0.16

在情景 B1 下，也就是当能源价格下降 30% 时，中国的碳排放量与其他情景相比有较明显减少，2050 年相比 2030 年的减少量略有下降。这主要是能源价格小幅度下降，造成中国生产能源的成本降低，从而能源生产规模受到影响，而到 2050 年，由于各个产业使用能源的成本下降，使用量也会略有上升，从而使得碳排放量较基准情景来看下降幅度减小。另外，由于能源价格的下降，各个产业使用能源的结构也会有所优化，产业部门会选择较多地使用成本高、效率高但碳排放强度小的石油等能源来代替成本低、效率低且碳排放强度大的煤炭。这也是碳排放量下降的原因之一。对比情景 B2 和情景 B3，随着能源价格下降幅度增加，碳排放减少的比重也有所下降，这主要是由进口能源的成本大大降低所导致的，中国的能源供给大部分还是靠进口，因此，进口价格下降，中国的能源使用增加，随之而来，碳排放量也有所回升。情景 B4 下，能源价格下降幅度最大，中国的碳排放量又出现小幅度的

下降。

美国虽然矿产资源丰富，但能源消耗很大，所以需要大量进口能源。因此能源价格的变化，对于美国来说是很重要的。对比这些情景来看，美国的碳排放量相对基准情景变化都较小，这也是国内能源生产与国外能源进口两方面作用的结果。

日本能源匮乏，其能源供给基本靠进口，因此，可以看出，随着能源价格的下降，其碳排放量相对基准情景来看是有所上升的，只有个别情景出现下降。

欧盟和印度的碳排放量随着能源价格下降都是越来越高的，这主要是能源使用成本的下降导致的。

俄罗斯的碳排放量随着能源价格的下降是减少的。这主要是由于俄罗斯是能源出口国家，随着能源出口利润的下降，其国内经济受到较大的影响，发生产业衰退，从而减少了它的能源生产和使用。与俄罗斯不同的是，资源供应业国家在情景 B2 的后期才开始出现碳排放量的减少。能源价格的小幅度上升不仅没有影响资源供应业国家的能源使用，反而还有所促进，这与能源生产成本有关。

高收入国家（地区）和中收入发展中国家（地区）从整体趋势来看，碳排放量随着能源价格的下降都是呈现较基准情景上升的趋势的，低收入发展中国家（地区）的碳排放量也是上升的。因为它们从能源价格中得到好处，得以发展。油价始终是个压力，低收入发展中国家（地区）多是能源匮乏且需要能源进口的国家，其经济发展水平相对较低，能源使用主要受能源进口成本的影响。

根据油价的这种作用，在全球治理中可以通过控制油价来驱动碳排放量的变化。

6.2 中美两国碳减排情景下各国GDP增长情况模拟

通过油价控制来驱动碳减排，那么我们需要回答，这种治理政策带来的碳减排会给全球经济带来什么影响呢？这是需要模拟回答的问题。

众所周知，中国和美国是全球两个最大的温室气体排放国家，这两个国家的排放量占全球总排放的 40% 以上。2014 年 11 月 12 日，中美两国发表了《中美气候变化联合声明》，共同做出了减排承诺，并且表示中美将会在技术创新方面加强合作。声明中，虽然中国没有明确设定具体减排目标，但是中国首次正式提出温室气体排放峰值将于 2030 年左右到来，美国将其温室气体减排目标做了提高，提出到 2025 年在 2005 年基础上下降 26%~28%。这份声明的提出，意味着持续多年的国际气候谈判出现了重大的转折。近年来，虽然中国和美国在地缘政治经济博弈中的关系日益紧张，但是两国仍然努力在国际温室气体减排中寻求合作，这无疑是具有重大意义的，也是历史性的。

对于《中美气候变化联合声明》，很多人提出了质疑，中国正处于快速发展的阶段，大幅度的碳减排将会影响其经济发展，而对于发达国家美国，大量减排又会有什么样的经济影响。本节将对中美碳减排进行政策的情景模拟。结合中美两国的减排目标及世界各国对中美两国减排所施加的压力，本节除基准情景外，再设定 3 个情景。

情景 C1：中国二氧化碳排放量到 2050 年比 2007 年减排 80%。

情景 C2：美国二氧化碳排放量到 2050 年比 2007 年减排 90%。

情景 C3：中国和美国共同减排，其中中国二氧化碳排放量到 2050 年比 2007 年减排 80%，美国二氧化碳排放量到 2050 年比 2007 年减排 90%。

通过对比这 3 个情景与基准情景的结果，分析中美减排对自身，以及其他国家和地区的经济发展所带来的影响。

一直以来，温室气体排放量增加是伴随各个国家经济快速发展的重要问题。一个国家的经济得以快速发展，必须有坚实的工业基础，这也是温室气体排放量增加的主要原因。随着全球气候保护这一主题的兴起，各个国家都意识到温室气体大量排放给人类的生存环境带来的破坏，各类温室气体减排措施也纷纷出现：大力发展清洁能源、提高碳捕获技术、加强技术创新、提倡低碳生活等。而这些措施的实施无疑会限制经济的发展，模拟结果，如表 6.7 所示，显示了不同减排情景下，各区域 GDP 的平均增长率。

表 6.7 不同的碳减排情景下各区域和全球的 GDP 平均增长率 （单位：%）

情景	年份	中国	美国	日本	欧盟	印度	俄罗斯	资源供应业国家	全球
基准	2010～2020	7.5542	1.8522	0.5439	1.6338	6.7927	3.5154	4.5492	3.3023
	2020～2030	5.3226	1.6134	0.3972	1.4213	5.3684	2.7367	3.9739	2.9957
	2030～2040	4.1712	1.3946	0.2828	1.2305	4.5351	2.1687	3.5802	2.7488
	2040～2050	3.3076	1.2127	0.2203	1.0698	3.8519	1.7514	3.2479	2.4978
	2010～2050	5.4647	1.5669	0.3864	1.3723	5.4051	2.6193	3.9298	2.9358
C1	2010～2020	7.3475	1.8534	0.5415	1.6297	6.7996	3.5236	4.5578	3.2385
	2020～2030	5.1573	1.6174	0.3975	1.4186	5.3757	2.7428	3.9858	2.9376
	2030～2040	4.0330	1.4016	0.2852	1.2303	4.5441	2.1750	3.5968	2.7003
	2040～2050	3.1912	1.2217	0.2236	1.0717	3.8626	1.7567	3.2691	2.4625
	2010～2050	4.9207	1.5232	0.3619	1.3374	5.1398	2.5474	3.8513	2.8343
C2	2010～2020	7.5681	1.7102	0.5298	1.6447	6.8089	3.5283	4.5661	3.3046
	2020～2030	5.3280	1.4935	0.3849	1.4265	5.3741	2.7409	3.9824	3.0023
	2030～2040	4.1719	1.2940	0.2674	1.2322	4.5352	2.1685	3.5841	2.7580
	2040～2050	3.3039	1.1289	0.2041	1.0697	3.8490	1.7480	3.2480	2.5076
	2010～2050	5.4686	1.4477	0.3874	1.3767	5.4109	2.6322	3.9468	2.9428
C3	2010～2020	7.3622	1.7117	0.5309	1.6410	6.8168	3.5355	4.5711	3.2404
	2020～2030	5.1629	1.4972	0.3882	1.4240	5.3820	2.7472	3.9909	2.9438
	2030～2040	4.0333	1.3001	0.2721	1.2320	4.5442	2.1752	3.5966	2.7092
	2040～2050	3.1864	1.1361	0.2090	1.0713	3.8588	1.7538	3.2640	2.4723
	2010～2050	5.3011	1.4521	0.3905	1.3752	5.4197	2.6384	3.9570	2.8899

首先，根据中国单独减排和美国单独减排的模拟结果来看，也就是情景 C1 和情景 C2，各国的 GDP 平均增长率变化趋势非常不同。当中国大量减排时，首先使得中国的 GDP 平均增长率较基准情景在各个阶段都大幅度下降，由于中国的龙头作用，其他区域的 GDP 平均增长率也都有所下降，虽然下降幅度没有那么大。全球 GDP 平均增长率在中国单独大幅度减排时也出现了明显的下降。更进一步，中国是一个以制造业为主的国家，而且每年的出口量非常大，二氧化碳减排主要影响的是第二产业的发展，当中国的第二产业发展受限时，会改变国际产业分工合作的格局；中国碳减排对其他区域的影响也在一定程度上肯定了中国的第二产业在世界的地位，全球碳减排治理应该

注意这个问题。

情景 C2 的模拟结果与情景 C1 非常不同。当假设美国大量减排二氧化碳时，美国的情况类似于情景 C1 中的中国，也是 GDP 的平均增长率大大低于基准情景。但是其他区域和全球 GDP 平均增长率则是都较基准情景略有小幅度上升。美国作为发达的资本主义国家，其产业结构中第三产业占了很大的比重，一部分实体经济已经转移到相对落后的发展中国家（地区），但是，大量减少美国温室气体的排放仍然会使得美国的 GDP 增长率较基准情景有明显的下降。与情景 C1 不同的是，中国的大量减排会抑制其他区域乃至全球经济的发展，而美国的大量减排主要影响的是自身经济的发展，对其他区域的影响基本是正向的。

情景 C3 下，中国和美国共同大量减排，对于中国和美国来讲，GDP 的平均增长率基本是在情景 C1 和情景 C2 之间的，其他区域的 GDP 平均增长率都是高于基准情景的。其中只有欧盟的 GDP 平均增长率高于情景 C1 低于情景 C2，其他都是达到了最高。而全球 GDP 增长率却明显受到了负面影响，低于基准情景的水平，这说明中国和美国这两个全球最大经济体的经济实力在世界上的影响力还是很大的；过度依靠中美大量减排二氧化碳，全球经济风险太大。

究竟是否要“以牺牲环境为代价发展经济”这一议题一直以来是各个国家（地区）希望可以避免的，但是就目前发展的情况来看，经济的快速发展确实伴随着环境污染的加剧，这也是将来气候保护所需要解决的问题。

6.3　小　　结

能源作为一种必不可少的资源，其价格已经成为地缘政治经济博弈的重要工具，尤其对于俄罗斯、资源供应业国家等这类经济对能源依赖性非常大的经济体来说，能源价格的变化尤其能够对其经济和国内社会的稳定产生很大的影响。国际能源价格与各区域的经济发展也息息相关，总体看来，能源价格的下降并不利于全球经济的发展，当然，一定程度的下降对于能源进口国（地区）来说还是利好的。就产业结构变化来看，能源价格下降会增加各国能源开采与加工业的比重，同时第三产业的比重也会有所增加，而其他产业比重都较基准情景有所下降。

温室气体减排这一主题已经成为当今世界各国（地区）应对气候变化的重要措施之一。一直以来，经济的发展总是以环境为代价，同时，大量温室气体的减排又会影响经济发展与人类的生活，然而，通过模拟发现，大量的温室气体的减排会对经济发展造成不利影响，这也是很多发展中国家（地区）拒绝承诺减排目标的原因。中国大量减排对世界经济发展负面影响太大，需要考虑；而相对来说，美国大量减排，对世界危害性较小，但是也不可小视。

应对气候变化确实是接下来全球治理的重点，究竟能否与经济发展形成双赢局面，还需要制定更加合理的减排政策。

第7章

全球治理及中国在全球治理中的责任

全球治理是指全球国家对政治、经济、环境等重大问题协商后所进行的共同管理。全球治理理论是为了顺应世界多极化而提出的。地缘政治经济实际是一种基于地理结构的政治和经济关系。冷战结束以后，国家（地区）之间的竞争由对领土空间的扩张转向以政治博弈和经济较量为主的地缘政治经济博弈。现代社会的权利结构呈现的是一种多极结构，但同时国家和地区之间又相互依赖并相互联系着，面对这种经济理论多极化、政治力量多极化及军事力量多极化的多极世界，实现全球治理也变得更加复杂，但也并非不可能。

7.1 全球经济治理

2008 年金融危机和 2010 年欧债危机的爆发使得很多国家（地区）的经济受到了严重的冲击。为了能够快速地从经济衰退中恢复过来，主要国家（地区）都纷纷出台政策措施并展开合作事项。其中最受瞩目的当属金融危机后的多次二十国集团（G20）峰会。也是在金融危机后 2009 年 9 月的匹兹堡峰会上，G20 正式取代了 G7 及 G8，成为治理全球经济的最重要的国际会议，并且得到了世界银行和国际货币基金组织的认可（曲博，2010）。单单从成员看，G20 不仅包括 G7 的西方七大发达工业国家，还包括金砖五国、安理会常任理事国、全球人口最多的国家、国土面积最大的国家、军事实力最强的国家等，这个组合无论从经济、政治、军事还是地缘角度来说，都已经包含了全球最重要的国家。这说明了金融危机后，全球经济的格局在发生变化，全球经济已经不是过去的发达工业国家可以主导的了，新兴的发展中国家在国际经济中的发言权越来越大，这主要是因为中国、俄罗斯、印度、巴西和南非等新兴发展中国家经济的快速发展，这也就直接决定了这些国家在全球经济治理中的地位。面对这种情况，中国应该怎样参与全球经济治理呢？"知彼知己，百战不殆"，为此我们需要先了解中国的经济发展现状。

7.1.1 中国的治理责任

GDP 是衡量一个国家或地区总体经济状况的重要指标，可以反映一个国家的国力与财富。根据本书第 3 章对一般均衡状态下 2007～2050 年各国 GDP 的增长情况的模拟发现，在 2007 年中国的 GDP 落后于欧盟、美国和日本，2008 年，中国的 GDP 超过日本。基于 3Gov 模型，模拟发现，中国 2034 年超过欧盟，2035 年超过美国，成为世界第一大经济体 。到 2050 年，中国的 GDP 将达到 363 423 亿美元，占当期全球总 GDP 的 20.55%，与初始值 2007 年占全球总 GDP 的 7.23% 相比，增长了 13.32%。另外，中国还保持了高于模拟中其他国家和地区的 GDP 平均增长率。这些都说明，从整体的经济实力来看，中国正在成为全球的经济强国，中国应该更多地考虑如何将经济实力转变为对全球经济的影响。然而，模拟还发现，尽管中国作为第一经济大国的发展势头不可阻挡，但是由于人口众多，中国人均 GDP 排在第七位，这就决定了中国不可能拿出大量投资来参与国际事务，发挥更大的治理作用。

中国的另一个特点是中国已经成为一个制造业大国。制造业大国地位，也就决定了中国可以和应该采取的基本措施。当前的事实是，2001 年，中国加入世界贸易组织（WTO），这为中国经济和对外贸易创造了很大的机会。中国是一个以制造业为优势产业的国家，中国制造的产品在世界各处可见。随着经济的发展、产业结构的不断优化，中国的第三产业也是在快速发展的，但是第二产业仍然是保证产业结构健康发展的基础。在经历了 2008 年的金融危机和 2010 年的欧债危机后，发达国家也开始重视第二产业的发展，在第 4 章中，我们模拟了各国增加第二产业的投资后各国经济发展的情况。从第 4 章的结果来看，对全球经济发展促进作用最大的就是中国加大第二产业的发展力度的政策。虽然对于中国自身来说，增加第三产业的投资能够更快地促进 GDP 增长，但是在全球治理中，中国作为负责任的大国，考虑到未来国际利益，中国发展第二产业对世界的贡献最大。

在这种情况下，我们首先关心国际贸易平衡问题。当今世界，国际贸易的发展一直是严重失衡的，特别是以制造业为主的国家在国际贸易中长期面临对外贸易顺差问题。美国在 1874~1970 年中有 93 年保持了贸易顺差；德国在第二次世界大战后，贸易顺差持续了 60 多年；日本从 1981 年以来一直保持贸易顺差；韩国除了在 1997 年，贸易顺差问题持续了 40 年。中国拥有资源丰富和成本低廉的优势，所以中国从 1980 年左右开始就一直保持贸易顺差。图 7.1 显示了本书模拟的基准情景下 2007~2050 年各国经常账户余额占 GDP 的比重。

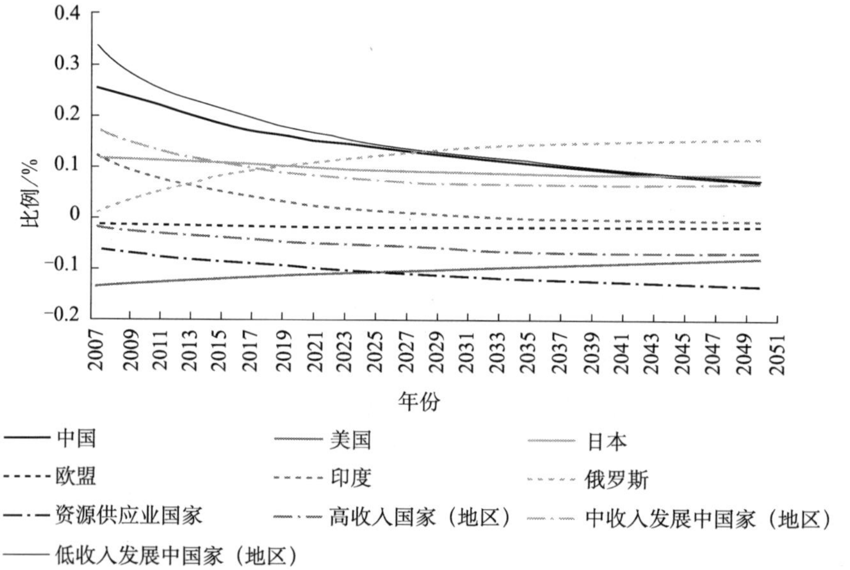

图 7.1　基准情景下 2007~2050 年各区域经常账户余额占 GDP 的比重

从图 7.1 中可以看出，通过模拟，中国 2007～2050 年经常账户仍然一直处于顺差的状况，但是其经常账户余额占 GDP 的比重是逐年降低的。另外一直保持经常账户顺差的区域有日本、俄罗斯、低收入发展中国家（地区）和中收入发展中国家（地区），其中只有俄罗斯的经常账户占 GDP 的比重是属于上升状态的。印度的经常账户在 2007～2034 年都处于顺差状态，从 2035 年起，其经常账户余额变为负值，并且占 GDP 比重的绝对值越来越大。美国、欧盟、资源供应业国家和高收入国家（地区）在 2007～2050 年都处于经常账户逆差的状态，其中欧盟的经常账户余额占 GDP 的比重比较平稳，而且绝对值一直处于较低的水平。资源供应业国家、高收入国家（地区）占 GDP 比重的绝对值越来越大，美国占 GDP 比重的绝对值越来越小。

根据 WTO 的统计，在 2008 年，中国是世界第二大商品出口国，仅次于德国，同时中国是第三大商品进口国，仅次于美国和德国。2009 年，中国超过德国成为世界上最大的商品出口国和第二大商品进口国，仅次于美国。中国已经成为名副其实的贸易大国了，随着经济水平的快速提高，中国的产业在国际上的竞争力也日益增强，加入 WTO 后，中国在世界贸易中的地位也日益凸显。中国已经通过 WTO 的仲裁和解决争端的机制，解决了多起与其他组织成员之间的贸易纠纷，借此也提高了中国在国际经济贸易中的公信力和影响力。2008 年金融危机后，全球贸易保护主义抬头，这增加了全球贸易治理的难度。这需要 WTO 和其成员方的维护，作为经济大国和贸易大国，中国是全球治理的重要参与者、建设者和贡献者。中国坚持认为，发展是全球治理的核心问题，这个观点也得到了各发展中国家（地区）的积极支持。于津平（2012）指出，在世界经济格局和贸易格局急剧变化的形势下，充分尊重新兴经济体的利益、提升新兴经济体在国际组织中的话语权是任何一个全球贸易治理机构必须重视的问题。贸易大国之间的相互包容是保证全球治理有效性的必要条件。同时考虑发达国家的存在性，中国通过适当的产业结构调整，有助于解决这些国家的债务问题。2015 年，中国已经通过购买产品等手段，改变了自己是美国第一债权国的地位，这样既可以降低中国经济的风险，又可以提高美国经济的稳定性。

7.1.2　亚投行与全球金融治理

亚洲基础设施投资银行，简称亚投行，是中国发起建立的一个政府间性质的亚洲区域多边开发机构，重点支持基础设施建设，其总部将设在北京。2013年10月2日，习近平主席提出筹建倡议，2014年10月24日，中国、印度、新加坡等21个首批意向创始成员方共同决定成立亚洲基础设施投资银行。随后，英国、法国、意大利、德国等西方国家以创始成员身份加入亚投行；韩国等亚洲国家，俄罗斯、巴西等重要新兴经济体也申请成为亚投行的创始成员。而美国、日本等国拒绝加入亚投行，并且认为亚投行的建立是对原有金融体系的挑战，应该受到冷落。

亚投行是发展中国家在全球经济治理中继“金砖国家开发银行”后的另一项重大努力，这是全球治理的一种创新活动，它也说明了在全球经济治理中，中国等发展中国家为了适应新的时代需求已经愿意承担越来越多的责任，面对全球金融风险愿意做出更大的贡献。经历了金融危机后，很多发达国家的发展受到影响，而发展中国家仍然处于迅速发展的状态，它们对基础设施和公共产品的需求非常大，单靠自身的力量已经难以满足发展需求。然而，发达国家也实力有限，亚投行的建立正是为发展中国家提供基础设施建设的投资，再加上欧洲等多个发达国家的加入，发展中国家可以与发达国家合作投资。基础设施建设不仅仅需要资金，人力、原材料和资源等都是不可或缺的，很多国家也正是看到了这个机遇，因此，在中国的倡导下，亚投行的创始意向国家多达57个，其中37个是亚洲国家，20个是非亚洲国家。虽然，亚投行的主要服务宗旨是为亚洲国家的基础设施建设提供资金的投资，而面对这庞大的需求仅仅靠亚洲国家是满足不了的，因此有20个非亚洲国家（包括多个欧洲发达国家）都愿意加入，在为亚洲国家做出投资的同时，也可以带动本国经济的发展。

随着发展中国家经济的快速发展，全球经济治理已经不是发达国家可以全部承担的了。基础设施的建设能为经济注入持久的活力，促进经济更好地发展，中国主导的亚投行的成立不仅可以为中国“一带一路”战略的实施提供便利，开拓中国的投资市场，还会带来亚洲其他国家乃至全球经济的复苏。由此可见，亚投行的成立不仅可以带动发展中国家的发展，也确实会为全球经济治理做出很大的贡献。

自从布雷顿森林体系崩溃后，美国成为全球金融秩序的实际建立者，多次利用美元的影响力和铸币权实现自身的经济目标，因此，面对中国等新兴国家在金融业的崛起，美国感受到了对其金融霸主地位的威胁。日本经济的发展虽然一直受制于美国，但是也是现存金融体系的受益者，作为 G7 成员和亚洲开发银行的主导国，日本也不希望中国发起的亚投行会影响现有秩序。过去的全球金融治理的核心是 G7，由欧美等发达国家主导，发展中国家缺乏话语权，利益分配严重不均，随着发展中国家经济实力的不断增强，原有的治理结构已不能承担全球金融治理的重担，提出新的治理结构迫在眉睫。中国、印度等“金砖五国”作为新兴经济体都属于金融业的后起之秀，身为发展中国家，它们在国际金融界的话语权与投票权都非常有限，因此，它们希望通过改革来提高自己的权力，虽然在某些方面已取得一定的进展，比如 G20 峰会对 G7 或 G8 的替代，但是仍无实质性的改变。而这次中国对亚投行的发起无疑是对现有金融秩序的一大改革，在得到多个欧洲发达国家的支持后，亚投行成为促进全球新的金融治理结构形成的催化剂。亚投行不是中国的银行，也不仅仅是要为中国“一带一路”计划服务的银行，亚投行是对现有多边国际开发金融机构的有益补充。虽然在将来，亚投行不可避免会与世行、欧洲复兴开发银行、亚行等在许多方面有竞争，但在基础设施建设、国际贸易、能源、交通等领域更多的是合作。

根据第 3 章模拟的一般均衡情况下的各产业的国际分工合作格局来看，发展中国家的第三产业的比重是越来越大的，表 7.1 显示了各区域 2007 年和 2050 年商贸零售业、交通运输业、金融保险业和其他服务业 GDP 占同期全球各产业总 GDP 的比重。

表 7.1　各区域 2007 年和 2050 年第三产业占同期全球本产业的比重（单位：%）

产业	年份	中国	美国	日本	欧盟	印度	俄罗斯	资源供应业国家	高收入国家（地区）	中收入发展中国家（地区）	低收入发展中国家（地区）
商贸零售业	2007	3.05	24.65	8.25	35.86	2.02	2.76	4.12	15.40	3.04	0.85
	2050	13.90	16.56	2.47	20.38	6.16	2.98	5.71	15.27	7.75	8.82
交通运输业	2007	8.81	19.92	8.24	25.28	3.50	2.60	3.96	21.65	4.56	1.47
	2050	17.79	12.11	3.72	15.33	9.31	2.16	5.20	14.18	10.78	9.42
金融保险业	2007	5.67	40.79	7.04	18.97	2.74	0.94	3.93	16.16	3.17	0.60
	2050	11.60	31.94	4.40	15.92	6.38	0.77	6.20	12.90	7.14	2.75
其他服务业	2007	4.13	35.50	9.98	24.18	1.55	1.40	4.54	14.60	3.37	0.75
	2050	19.73	19.73	3.28	11.58	5.22	1.89	9.36	12.71	9.05	7.45

根据模拟结果，到 2050 年中国的第三产业中各个产业占全球总体同产业 GDP 的比重相比 2007 年会有很大幅度的提升，交通运输业的比重在 2050 年时已经超过了欧盟，其他服务业的比重甚至到2050年达到与美国相同的水平，并且超过欧盟。印度的第三产业各产业的比重也都有一定幅度的提升，另外，中收入发展中国家（地区）和低收入发展中国家（地区）的第三产业各产业的比重也都有明显的提升，资源供应业国家的比重有小幅度的提升。相反，作为发达资本主义国家的美国、日本、欧盟等第三产业的比重在 2050 年较 2007 年都有不同幅度的下降。

中国、印度等发展中国家虽然在金融行业方面都属于后来者，但是却不能忽略它们的发展潜力。中国作为经济大国和贸易大国，其第三产业也将会有快速的发展，到 2050 年，其第三产业在国际分工格局的重要性将超过很多发达资本主义国家（地区），因此，提高中国等新兴国家（地区）在全球金融治理中的话语权才是保证金融利益公平分配的有效办法。

7.2 全球气候变化治理

气候变化是除经济以外的另一个非常重要的全球治理的挑战了。气候变化不单单是一个环境问题，其根本是发展问题，气候变化会影响到社会经济的发展。联合国针对全球气候变化治理提出框架已经有 40 余年了，全球气候变化的治理也取得了一定的效果。

应对气候变化有两项最重要的公约——1992 年的《联合国气候变化框架公约》（UNFCCC）和 1997 年的《京都议定书》（*Kyoto Protocol*）。《联合国气候变化框架公约》是世界上第一个全面控制温室气体排放、应对全球气候变暖的国际公约，它的目标是控制全球气候变化给人类经济和社会发展所带来的不利影响。《京都议定书》的通过使得国际社会对全球气候变化治理的重视程度达到了一个新的高峰，它也是对《联合国气候变化框架公约》的一个重要补充（Chasek、Downie and Brown, 2013）。在 2007 年的巴厘岛会议上，探讨了 2012 年后气候谈判的进程，并确认了“双轨”谈判进程，启动了一个旨在通过长期合作，全面、有效和持续地履行《联合国气候变化框架公约》的综合性进程（石晨霞，2014）。2009 年哥本哈根会议最终达成一个不具法律约束力的《哥本哈根协议》。虽然会议的成果令人失望并使气候变化治理陷入低谷，但此次会议将国际社会对气候问题的认知和关注推向了前所未有的高度，从此以后，气候变化治理机制逐步完善，气候谈判进入实质性阶段。《京都议定书》的实施效果并不理想，只有日本、欧盟等少数成员方履行了其中的承诺，而中国、美国等温室气体排放大国的减排效果并没有很好。这使得全球二氧化碳的排放量自20世纪80年代以来增加了50%，并在接下来的数十年中继续增加（托戴维维克、查尔斯肯尼尔和坦维拉哈德兰拉玛纳，2012）。

7.2.1　二氧化碳排放现状的模拟

从本书基准情景模拟得到的一般均衡情况下的各区域能源使用量和二氧化碳排放量来看，中国的能源使用量高峰将在 2031 年到来，而碳排放高峰将在 2030 年到来，中国的这两个峰值同时也是各个区域中最高的。随后，中国的能源使用量和碳排放量都保持下降的趋势。到 2050 年，中国的能源使用量相比最高值下降了 26.11%，中国的碳排放量比最高值下降了 43.78%。就能源使用量来看，中国由 2007 年的第四位变到 2050 年的第二位；就碳排放量来看，中国由 2007 年的第二位逐步上升，目前被认为是全球第一位，到 2050 年还可能维持在这个位置，除非出现重大能源技术革命。发达国家和地区，如美国、日本、欧盟等，在 2007～2050 年的能源使用量和碳排放量都是一直下降的。关于能源使用量，相比于 2007 年，美国到 2050 年下降了 73.22%，日本到2050年下降了82.84%，欧盟到2050年下降了53.29%。关于碳排放量，相比于 2007 年，美国到 2050 年下降了 74%，日本到 2050 年下降了 83%，欧盟到 2050 年下降了 56%。俄罗斯的能源使用量和碳排放变化趋势类似中国，是一个先上升后下降的趋势，高峰在 2023 年左右达到，而其他区域的能源使用量和碳排放在 2007~2050 年都是维持一个上升的状态，其中印度、中收入发展中国家（地区）和低收入发展中国家（地区）的上升幅度较大，而资源供应业国家、高收入国家（地区）的上升幅度较小。从人均碳排放量来看，由于中国的人口数居世界第一，从而其人均碳排放量也相对拉低，在 2007 年人均碳排量最高的国家是美国，其次依次是俄罗斯、日本、欧盟、高收入国家（地区）、资源供应业国家、中国、中收入发展中国家（地区）、印度、低收入发展中国家（地区）。就变化趋势来看，各区域的人均碳排放量变化趋势与碳排放量变化趋势是基本一致的。中国的人均碳排放量在 2032 年达到高峰值3.33吨，随后一直下降，俄罗斯也将在2031年出现最高峰值。美国、日本、欧盟和资源供应业国家的人均碳排放量一直呈现下降趋势，其他国家和地区均保持不同程度的上升趋势。到2050年，人均碳排放量的排名依次是俄罗斯、高收入国家（地区）、中国、中收入发展中国家（地区）、欧盟、资源供应业国家、美国、印度、日本和低收入发展中国家（地区）。

累计碳排放量和人均累计碳排放量每个区域都是上升的，所以这里用表 7.2 列出各个区域在 2050 年的累计碳排放量和人均累计碳排放量。

表 7.2　各区域 2050 年的累计碳排放量（GtC）和人均累计碳排放量　（单位：吨）

项目	中国	美国	日本	欧盟	印度	俄罗斯	资源供应业国家	高收入国家（地区）	中收入发展中国家（地区）	低收入发展中国家（地区）
累计碳排放量	126.46	41.00	8.32	48.81	39.39	29.70	25.80	87.96	56.00	23.47
人均累计碳排放量	129.37	188.10	105.01	147.10	42.26	310.73	90.91	163.26	78.42	20.26

到 2050 年，中国的累计碳排放量占全球总量的 25.97%，比其 2007 年的比重 18.64% 高了 7.33 个百分点，是各国中占比最大的。印度的累计碳排放量占全球总量的比重从 2007 年的 3.99% 上升到了 8.09%，上升幅度也很大。发达资本主义国家（地区），如美国、日本和欧盟累计碳排放量比重是一直下降的，它们的占比 2050 年与 2007 年相比分别下降了 10.98 个、2.89 个、7.45 个百分点。而由于中国人口众多，从人均累计碳排放量来看，在这 10 个区域中只排第 5 位，落后于俄罗斯、高收入国家（地区）、美国和欧盟。

7.2.2　应对气候变化的治理

在面对气候变化和经济发展时，如何协调两者之间的关系是全球治理的一个重要挑战。在全球气候变化治理的过程中，温室气体减排等政策在发达国家（地区）与发展中国家（地区）之间有着巨大的不平等，如何公平地协调这之间的关系是目前气候变化谈判和学者研究的焦点。另外，面对经济发展对气候变化的影响，很多国家也处于两难的状态，尤其是金融危机过后，很多国家还没有完全从危机中恢复过来，这个时候大量减排温室气体可能并不会取得双赢局面。

应对气候变化、减少温室气体排放的一个重点是能源使用效率治理。能源使用效率治理对不同国家来讲是公平的，也是可持续的（Dernbach，2007）。能源效率治理过程需要注意的是能源的可持续发展，每个国家都要保证其能源供应是持续的、可靠的、能够满足其经济发展需求的，而有效的能源治理也是可以保证这点的（IPCC，2007）。由于国家之间的能源战略有所不同，在能源使用效率方面，联合国对其成员会有不同的要求（Gupta and Ivanova，2009）。很多国家都把新能源和低碳经济作为减缓气候变化的优选途径（于宏源，2009）。张焕波、王铮和郑一萍等（2008）研究发现，增加碳汇和新能源的开发与使用要比单纯控制碳排放量更有市场效率。

经过多次国际气候谈判，很多国家做出了温室气体减排承诺。根据《哥本哈根协定》，美国承诺到 2020 年其碳排放量相对 2005 年减排 17%，欧盟承诺到 2020 年其碳排放量相对 1990 年的水平减排 20%～30%，日本承诺到 2020 年相对 1990 年的水平减排 25%，中国承诺到 2020 年相对 2005 年减排 40%～45%。然而，即便是做出了承诺，很多国家依然面临着减排温室气体与发展经济的两难选择。按照现在的技术水平，是很难做到既减排温室气体又不影响经济发展的，因此，尤其是发展中国家对温室气体减排的公平性提出了质疑。中国和美国是世界上两大温室气体排放国家，同时也面临着很大的减排压力，然而减排对经济的影响也是不能忽略的。

从第 4 章的结果可以看出，中国和美国的制造业对其他区域乃至全球经济来看都有非常重要的意义，而中美两国的大量减排势必影响到中美两国制造业的发展，从这方面来看，应该适当降低对中美两国减排责任的要求。

根据本书第 6 章的模拟，中国或美国减排二氧化碳确实会影响本国经济的发展，甚至会影响到其他区域乃至全球的经济增长水平。当中国在 2007～2050 年减排 80%，其他国家不减排时，中国 2010～2050 年的平均 GDP 增长率相对于基准情景下降了 0.54 个百分点，同时美国 2010～2050 年的平均 GDP 增长率也比基准情景下降了，但是幅度相对较小，是 0.03 个百分点。除此之外，其他区域的 GDP 平均增长率也都比基准情景有所下降。当美国减排 90%，其他国家不减排时，主要是美国的 GDP 平均增长率出现了明显的下降，相比基准情景，其 2010~2050 年的 GDP 平均增长率比基准情景下降了 0.075 个百分点，而其他区域的 GDP 平均增长率都略有小幅度的上升。当中国和美国共同大幅度减排时，中国和美国的 GDP 平均增长率都比基准情景有明显的下降，而其他区域的变化很小，全球 GDP 平均增长率比基准情景下降了 0.046 个百分点。

总体看来，就目前的技术水平，温室气体的减排确实会对经济发展有一定的负面作用，而金融危机的爆发使得欧美等发达国家将减排的压力更多地指向发展中国家，应对气候变化这一国际问题也成为大国承担责任的重要表现时刻，不论是发达资本主义国家还是像中国这样的新兴发展中国家，表明坚定的立场、制定有效的政策才能为自己在国际环境中树立良好的形象，在全球治理中获得更多的主动权。《中美气候变化联合声明》的提出，也表明了中美两个温室气体排放大国把应对气候变化、全球治理作为两国之间战略互信的基石。

7.3 小　　结

新兴市场和发展中国家的崛起已经成为不可阻挡的历史潮流，在全球政治、经济发展中发挥越来越重要的作用，为了维持全球治理中的平衡，增加新兴国家在全球经济、政治中的话语权与决定权也已是水到渠成的事情了。全球经济治理重心的转移意味着主导世界经济发展的力量的重构（洪邮生，方晴，2012），发达国家应该在经济治理方面更多地放权给发展中国家。全球气候变化治理在给发展中国家施压的同时也要给予它们更多的权利与更高的地位。中国作为一个经济大国与温室气体排放大国，应该在将来的全球治理中承担更多的责任，同时也应该得到相应的权益。不论是在全球经济治理或者是在全球气候变化治理中，想要取得一个好的治理效果，就要打破原有的西方发达资本主义国家主导的地缘政治经济结构，增加新兴国家的治理权利，就像我们已经看到的 G20 对 G7 或者 G8 峰会的可能替代一样，有效的全球治理需要更多针对全球性的具有枢纽网络结构特点的地缘政治经济学组织。

第8章

总结与讨论

本书的研究工作是在课题组之前的研究内容与经验总结的基础上完成的。前期相关的研究内容及论文涉及《知识溢出下增长收敛的复杂性》（王铮、葛昭攀和廖悲雨，2007），《普通地理学》（王铮、夏海斌和吴静，2010），《新地缘政治经济框架的建模与模拟》（熊文，2011），《面向地缘政治经济分析的全球多区域 CGE 建模》（丛晓男，2012），《新兴集成评估模型的构建与全球减排合作方案研究》（刘昌新，2013）和《全球经济互动与产业进化条件下的气候变化经济学集成评估模型及减排战略——CINCIA 的研发与应用》（顾高翔，2014）。基于这些前期的研究工作，本书的主要工作包括两个方面：一是在原有的一般均衡模型上拓展了国际贸易的模块，将价格体系中的进口价格与国内价格区别开来，并且增加了汇率作为贸易壁垒，用以分析汇率变化对各国经济的影响。将原有模型应用到地缘政治经济博弈中，考虑了投资结构、汇率、产业结构、能源价格和减排政策在地缘政治经济博弈中对各国经济所造成的影响；二是从全球治理的角度出发，结合本书的模拟结果分析了全球经济治理和全球气候变化治理的现状和未来发展，并提出相关的政策建议。

8.1 总　　结

本书在所建立的有贸易壁垒的一般均衡模型的基础上，将全球国家和地区重新划分为 10 个区域，分别是中国、美国、日本、欧盟、俄罗斯、资源供应业国家、高收入国家（地区）、中收入发展中国家（地区）和低收入发展中国家（地区），并做了多种模拟和预测，时间区间是 2007～2050 年。由于已经可以得到 2007～2013 年的真实数据，所以本书将 2007～2013 年的模拟数据与真实数据做了对比和检验，主要包括 Z 检验和 F 检验。检验结果表明，本书模型所模拟得到的结果与真实数据的相关系数都达到 0.99 以上，也就是说本书一般均衡下的模拟结果比较理想，能够反映真实的经济发展情况。

本书第 3 章首先对一般均衡情景也就是情景模拟中的基准情景做了模拟，得到了各区域在 GDP、产业结构、国际分工格局、碳排放和能源使用等方面的结果。

（1）中国的 GDP 将于 2034 年超过欧盟、2035 年超过美国成为全球 GDP 最高的国家，并将这个优势一直持续到 2050 年。就 2007～2050 年 GDP 的平均增长率来看，中国是最高的。中国的 GDP 在 2050 年占全球的比重能够达到 20.55%，比初始 2007 年的 7.23% 增长了 13.32%。美国、欧盟、日本等发达国家（地区）GDP 虽然会被中国等发展中国家（地区）超越，但是其人均 GDP 仍然大大高于发展中国家（地区）的水平，到 2050 年中国的人均 GDP 在这 10 个区域中仅能排到第七名，落后于美国、欧盟、日本、俄罗斯、高收入国家（地区），以及资源供应业国家。

（2）从国际分工格局来看，像农业、食品加工业等劳动密集型产业将从发达国家（地区）向劳动成本较低的发展中国家（地区）转移。资本密集型的产业在发达国家（地区）中的比重也相对有所下降，主要是发展中国家（地区）一部分新兴国家（地区）快速发展，特别是第三产业的比重上升幅度较明显。能源开采与加工业主要还是资源供应业国家占有主导地位。

（3）中国、印度、俄罗斯等“金砖国家”的产业结构中，第三产业的增加幅度非常大，第一产业的比重都下降明显，第二产业的比重变化很小。美国、欧盟、日本等发达国家（地区）的产业结构比发展中国家（地区）要稳定，其第三产业的比重有小幅度的增加，但是变化不大。

（4）各国的能源使用量和碳排放量的变化趋势大致可以分为一直上升、一直下降、先上升后下降的趋势。其中，中国和俄罗斯两国的能源使用量和碳排放量呈现先上升后下降的趋势，美国、日本和欧盟的能源使用量和碳排放量呈现持续下降的趋势，而印度、资源供应业国家、高收入国家（地区）、中收入发展中国家（地区）和低收入发展中国家（地区）呈现持续上升的趋势。中国的碳排放高峰大概在 2031 年来到，俄罗斯的高峰是在 2023 年左右来到。就人均碳排放来看，发展中国家（地区）的水平明显低于发达国家（地区）及资源类国家（地区）的水平，但是发展中国家（地区）普遍是上升的趋势，而发达国家（地区）是在下降的。

第 4 章主要设置了不同的投资政策，以不同的投资政策得到产业结构的变化，进而分析不同产业结构对各区域经济的影响。该章对中国的三次产业进行了分析，对其他区域着重进行了制造业对本国经济的影响的研究。

（1）中国增加第三产业的投资对其 GDP 增长的促进作用最大，其次是第二产业，增加第一产业的投资反而会对 GDP 的增长有抑制作用。但是，鉴于金融危机的经验与教训，中国在产业结构优化的过程中同时要注重实体经济也就是第二产业的发展，第二产业是第一产业和第三产业健康发展的基础。就全球经济发展来看，增加中国第二产业的投资带来的促进作用最大，这样说明了中国的制造业在世界产业格局的重要作用。

（2）美国、欧盟等发达国家（地区）受金融危机的影响严重，其中一个重要原因就是其实体经济“空心化”。在增加其第二产业的投资后，对其经济发展有促进作用。

（3）中国、日本、印度等以制造业为主的国家，要在继续增强其制造业的优势的同时，优化其产业结构。

（4）俄罗斯作为资源业为主的国家，产业结构单一，其经济发展很容易受到能源开采与加工业的牵制。俄罗斯应该加强其他制造业的发展，形成一个更稳定的产业结构。

第 5 章主要分析了人民币汇率的变化对经济的影响。结果发现，人民币的升值会导致中国的 GDP 增长放缓，反之则有利于中国的 GDP 增长。这主要是由于人民币的升值会增加人民币的购买力，进而有利于中国的进口而不利于出口，这时，会不利于中国国内生产的产品的销售，而利于其他区域生产的产品的出口，进而对 GDP 的增长有所影响。同理，当人民币贬值时，有利于中国的出口而不利于进口，中国又是一个出口大国，这样就会对本国的经济发展起到一定的促进作用。从累计效用也可以看出，人民币的升值会使得中国的累计效用有所下降，不利于经济的发展。

经过长期发展，中国依赖出口拉动经济增长的方式已经改变，不能为了追求出口的增长和 GDP 的增长而单方面大幅贬值，忽视长期以来人民币缓慢升值对中国产业结构升级和技术创新带来的贡献，同时，为了推进人民币在国际金融市场的地位和增强中国参与全球治理的能力，也需要维持人民币汇率的稳定。

2014 年，能源价格成为地缘政治经济博弈的重要工具，第 6 章模拟了能源价格下降所带来的经济影响，并对碳减排进行了政策模拟。

（1）对于俄罗斯、资源供应业国家等经济对能源依赖性非常大的国家（地区）来说，能源价格的变化尤其能够对其经济和国内社会的稳定产生很大的影响。国际能源价格与各国的经济发展也息息相关，总体看来，能源价格的下降并不利于全球经济的发展，当然，一定程度的下降对于能源进口国（地区）来说还是利好的。

（2）就产业结构变化来看，能源价格下降会提高各区域能源开采与加工业的比重，同时第三产业的比重也会有所提高，而其他产业比重都较基准情景有所下降。

（3）中国大量碳减排对中国经济的负面影响最大，同时其他区域的 GDP 平均增长率也都有一定幅度的下降，全球经济的发展也受到了较明显的影响。

（4）美国大量碳减排与中国减排的情况不同，只对美国的经济造成了严重的负面影响，但是对其他区域的经济发展都带来了小幅度的促进作用，全球经济的增长也有所改善。

（5）中美共同减排主要不利于中国、美国与全球经济的增长，其他区域的 GDP 平均增长率比基准情景略有小幅度增加。

第 7 章从全球治理的角度，分别结合之前的模拟结果讨论了全球经济治理和全球气候变化治理中中国的位置及未来的发展方向。中国作为新兴发展中国家的代表，已经成长为一个经济大国，在全球经济治理中的影响力也是不容忽视的。作为人口最多、领土面积世界第三的国家，中国同时也是全球温室气体排放量最多的国家，面对经济发展与温室气体减排两难的局面，应该承担起重要的减排责任。在全球气候变化治理面前，并不是排放越多，责任就越大，这是一个需要全球共同合作才能实现的目标。总体来看，在全球治理中，发展中国家（地区）的话语权与决定权在逐渐增加，这也是全球治理所需要重视的。

8.2 讨　　论

本书将国际贸易模块增加到了一般均衡模型中，并结合地缘政治经济结构与全球治理理论做了情景模拟与政策模拟。但是在模型扩展方面仍有不足之处，还需要进一步的改进。另外，应对气候变化方面的讨论也不够深入，还需完善。

模型中的经济模拟方面，缺乏资源的控制条件，目前的模拟都是在资源不会匮乏的假设条件下进行的。实际情况中，并不是所有生产都可以无限扩大的，毕竟人力资本、生产资源等都是有限的，当达到任意一个条件的上限后，生产扩张也将受到影响。下一步，应该考虑增加限制资源的条件，使得模拟更为符合实际情况。

气候变化的研究方面，本书还不够深入，这方面的工作是非常有意义的，也是接下来模型扩展的重点。

全球治理是全球化后一个非常重要的议题，不论是经济方面还是应对气候变化方面都应该受到重视。本书在全球治理方面的探讨尚且浅显，如何更好地结合地缘政治经济博弈与全球治理将是非常有意义的研究。

参考文献

安辉，黄万阳．2009．人民币汇率水平和波动对国际贸易的影响——基于中美和中日贸易的实证研究．金融研究，10：83～93

宾建成．2012．欧盟重振制造业及启示．国际贸易，11：43～47

薄燕，高翔．2014．原则与规则：全球气候变化治理机制的变迁．世界经济与政治，2：48～65

陈才．2001．地缘关系与世界经济地理学科建设．世界地理研究，10 (3)：1～7

陈少华．2009．国家间博弈中的地缘政治与地缘经济．武汉理工大学学报(社会科学版)，22(3)：36～40

陈志敏．2013．多极世界的治理模式．世界经济与政治，10：4～23

程永林．2005．中国古代地缘战略思想：历史嬗变与现实借鉴．兰州学刊，6：39～41

丛晓男．2012．面向地缘政治经济分析的全球多区域 CGE 建模、开发与应用．中国科学院科技政策与管理科学研究所博士学位论文

冯珊．1989．我国经济系统的可计算一般均衡模型 C-CGE．系统工程理论与实践，9(4)：32～39

傅钧文．2006．日本制造业国际竞争力的保持及其新的解释．世界经济研究，3：27～33

葛瑞明．2000．地缘政治研究中的几个争议问题．解放军外国语学院学报，2：116～120

龚铁．2013．技术创新与产业结构演化：基于自主体模拟的研究．中国科学院科技政策与管理科学研究所博士学位论文

龚铁，顾高翔，刘昌新，等．2013. 技术创新推动下的中国产业结构进化．科学学研究，31(8)：1252～1259

顾高翔．2014．全球经济互动与产业进化条件下的气候变化经济学集成评估模型及减排战略——CINCIA 的研发与应用．中国科学院科技政策与管理科学研究所博士学位论文

郭佩颖．2013．产业结构变动与经济增长的收敛性．吉林大学博士学位论文

韩银安．2005．地缘经济与地缘政治刍议．国际关系学院学报，2：9～13

洪邮生，方晴．2012．全球经济治理力量重心的转移 G20 与大国的战略．现代国际关系，3：38～46

胡敏，王铮，2015．基于 GDP 溢出理论的国际地缘政治经济分析．技术经济，

34(1)：125～131

胡宗义，蔡文彬．2007．能源税征收对能源强度影响的CGE研究．湖南大学学报(社会科学版)，21(5)：91～95

科恩．2014．地缘政治学——国际关系的地理学．上海：上海社会科学院出版社

肯尼思·华尔兹．2008．国际政治理论．上海：上海人民出版社

黎鹏．2006．地缘经济区的合作开发及其实践策略调整——以中国—东盟合作开发地缘经济区的实证分析为例．经济地理，(02)：186～191

李翀．2009．各国应对美国金融危机的政策比较和我国的政策选择．学术研究，4：73～78

李敦瑞．2009．地缘经济学的理论流派与发展趋向．中南财经政法大学学报，1：26～29

李富有，孙敏．2013．人民币实际汇率变动对中日贸易影响的实证分析(2000～2011)．现代日本经济，2：59～65

李华锋．2006．论西方地缘政治思想演变的进程和特点．南华大学学报(社会科学版)，05：5～9

李建伟，余明．2003．人民币有效汇率的波动及其对中国经济增长的影响．世界经济．26(11)：21～34

李利．2012．人民币汇率与区域产业结构关系实证研究，经济地理，32(3)：36～39

利果．2008．基于CGE的上海市宏观经济政策模拟系统开发及其应用．华东师范大学硕士学位论文

林利民．2010．世界地缘政治新变局与中国的战略选择．现代国际关系，4：1～9

刘昌新．2013．新型集成评估模型的构建与全球减排合作方案研究．中国科学院科技政策与管理科学研究所博士学位论文

刘雪莲．2002．地缘政治学．长春：吉林大学出版社

卢万青，陈建梁．2007．人民币汇率变动对我国经济增长影响的实证研究．金融研究，2：26～36

陆大道，杜德斌．2013．关于加强地缘政治地缘经济研究的思考．地理学报，68(6)：723～727

罗斯托．1988．从起飞进入持续增长的经济学．成都：四川人民出版社

麦金德H．1962．历史发展的地理枢纽(中译本)．北京：商务印书馆

奈瑞·伍茨，曲博．2008．全球经济治理：强化多边制度．外交评论，6：82～95

裴长洪．2010．后危机时代经济全球化趋势及其新特点、新态势．国际经济评论，4：27～45

曲博．2010．金融危机背景下的中国与全球经济治理．外交评论，27(6)：57～65

曲凤杰．2010．后危机时代人民币国际化：定位、挑战和对策．新金融，3：15～20

沈国兵．2004．中日贸易与人民币汇率：实证分析．国际经济探索，20(5)：11～16

石晨霞．2014．联合国在全球气候变化治理中面临的困境及其应对．国际展望，3：

126～143

孙翊，朱艳鑫，王铮．2010. 金融危机下国家大规模投资政策模拟．地理研究，29(5)：789～800

王春满，梅丽，王立军．2009. 各国应对全球金融危机的救助政策比较．经济理论与经济管理，7：26～30

王恩涌．1996. 地缘政治学为什么又重新兴起．中学地理教学参考，12：38

王胜，陈继勇，吴宏．2007. 中美贸易顺差与人民币汇率关系的实证分析．国际贸易问题，5：34～40

王铮，葛昭攀，廖悲雨．2007. 知识溢出下增长收敛的复杂性．财经研究，33(10)：131～143

王铮，龚轶，王尽然，等.1999. 从贸易转价理论看人民币汇率问题. 管理科学学报，3：85～91

王铮，乐群，吴静．2015. 理论地理学．北京：科学出版社

王铮，刘扬，傅泽田．1999. 粮食生产受价格影响的模拟分析．经济科学，3：14～23

王铮，夏海斌，吴静．2010. 普通地理学．北京：科学出版社

王铮，张焕波．2005. 汇率变动与经济危机：人民币汇率问题分析．经济科学，5：72～79

王中华．2007. 贸易收支与实际汇率——中美、中日比较研究．经济科学，3：88～96

吴静，王铮，吴兵．2005. 石油价格上涨对中国经济的冲击——可计算一般均衡模型分析．中国农业大学学报（社会科学版），2：69～75

吴映梅．1995. 论地缘政治思想的演变．云南师范大学学报（对外汉语教学与研究版），(1)：11～15

熊文，王铮．2012. 新地缘政治经济框架下的经济危机可能性模拟．世界地理研究，4：1～22

熊文．2010. 新地缘政治经济框架的建模与模拟．华东师范大学博士学位论文

徐冠华．2014. 走向创新型国家：徐冠华论自主创新战略．北京：科学出版社

徐建炜，姚洋．2010. 国际分工新形态、金融市场发展与全球失衡．世界经济．(3)：3～30

于宏源．2009. 整合气候和经济危机的全球治理：气候谈判新发展研究．世界经济研究，7：10～15

于津平．2012. 国际贸易新格局与全球贸易治理．南开学报（哲学社会科学版），57(1)：70～76

翟凡，李善同，王直．1996. 关税减让、国内税替代及其收入分配效应．经济研究，12：41～50

张焕波，王铮，郑一萍，等．2008. 不同气候保护政策的模拟对比研究．中国人口资源与环境，18(3)：24～30

张学毅，孙静．2006. 汇率波动与经济增长的关系——基于实际有效汇率的分析．中南

财经政法大学学报，6：63～66

张耀光 . 1996. 中国的海疆与我国海洋地缘政治战略 . 人文地理，2：47～50

郑先武 . 2010. 大国协调与国际安全治理 . 世界经济与政治，5：49～65

周骁男，陈才 . 2007. 论地缘政治与地缘经济的研究范式. 东北师大学报（哲学社会科学版），2：76～80

朱潜挺 . 2012. 含碳交易环节的气候保护集成评估模型研究 . 中国科学院科技政策与管理科学研究所博士学位论文

Abramovitz M. 1986. Catching up, forging ahead, and falling behind. The Journal of Economic History, 46(02): 385～406

Aghion P, Bacchetta P, Ranciere R, et al. 2009. Exchange rate volatility and productivity growth: The role of financial development. Journal of Monetary Economics, 56(4): 494～513

Aginam O. 2005. Global Health Governance: International Law and Public Health in a Dividedworld. Toronto: University of Toronto Press

Agnew J A, Mitchell K, Toal G. 2008.A Companion to Political Geography.Hoboken: John Wiley & Sons

Alaev E B. 1983. Social and Economic Geography: Conceptual and Terminological Dictionary. Moscow: Mysl.

Altman R C. 2009. The great crash, 2008: A geopolitical setback for the West. Foreign Affairs，1:2～14

Andersson K. 1987. Taxation of Capital in Sweden——A General Equilibrium Model.Lund: University of Lund

Arize A C. 1998. The effects of exchange-rate volatility on US imports: An empirical investigation. International Economic Journal, 12(3): 31～40

Arrighi G, Silver B J, Ahmad I. 1999. Chaos and Governance in the Modern World System. Minneapolis：University of Minnesota Press

Arrow K J, Debreu G. 1954. Existence of an equilibrium for a competitive economy. Econometrica: Journal of the Econometric Society, 22(3): 265～290

Arrow K J. 1962. The economic implications of learning by doing. The Review of Economic Studies，29(3): 155～173

Asseery A, Peel D A. 1991. The effects of exchange rate volatility on exports: Some new estimates. Economics Letters, 37(2): 173～177

Azisel J. 2000. Stimulation economy——Wide models to capture the transition from financial crisis to social crisis. Asian Economic Journal，14(4): 357～387

Babiker M H M, Viguier L L, Reilly J M, et al. 2001. The welfare costs of hybrid carbon policies in the European Union. MIT Joint Program on the Science and Policy of Global Change. Report NO.74

Bahmani-Oskooee M. 1985. Devaluations and the J-Curve: Some evidence from LDCs：

Errata. Review of Economic and Statistics, 67(3): 500～504

Beck T, Clarke G, Groff A, et al. 2001. New tools in comparative political economy: The database of political institutions. The World Bank Economic Review, 15(1): 165～176

Bettcher D, Lee K. 2002. Globalisation and public health.Journal of Epidemiology and Community Health，56(1): 8～17

Bexell B, Tallberg J, Uhlin A. 2010. Democracy in global governance: The promises and pitfalls of transnational actors. Global Governance, 1(16): 81～101

Black J. 2007. Constructing and contesting legitimacy and accountability in polycentric regulatory regimes. Regulation and Governance, 2(2):137～164

Bovenberg A L. 1984. Capital accumulation and capital immobility: Q-theory in a dynamic general equilibrium framework. National Tax Association-Tax Institute of America，1:104～111

Carlin W, Mayer C. 2003. Finance, investment, and growth. Journal of Financial Economics，69(1): 191～226

Chasek P S, Downie D L, Brown J. 2013. Global Environmental Politics. Boulder: Westview Press

Chenery H B, Syrquin M, Elkington H. 1975. Patterns of Development, 1950-1970. London: Oxford University Press

Chenery H B, Syrquin M. 1986. Typical patterns of transformation. Industrialization and Growth，37～83

Chenery H B. 1975. The structuralist approach to development policy.American Economic Review, 65(2):310～316

Chinitz B. 1961. Contrasts in agglomeration: New York and Pittsburgh. American Economic Review, 51(2): 279～289

Clark C. 1967.The Conditions of Economic Progress.New York: St. Martin's Press

Clark J M. 1940.Toward a concept of workable competition. The American Economic Review: 241～256

Clark P, Tamirisa N, Wei S J, et al. 2004. Exchange rate volatility and trade flows-some new evidence. Washington D C: International Monetary Fund

Clark P B. 1973.Uncertainty, exchange rate risk, and the level of international trade. Economic Inquiry, 3(11): 302～313

Cohen S B. 1991. Global geopolitical change in the post-cold war era. Annals of the Association of American Geographers, 81(4): 551-580

Dannenberg A. 2014. Dangerous climate change and collective action：Comment on "Climate change governance, cooperation and self-organization" by Jorge M. Pacheco, Vítor V. Vasconcelos, and Francisco C. Santos.Physics of Life Reviews,43（2）：221～224

Dellas H, Zilberfarb B Z. 1993. Real exchange rate volatility and international trade: A reexamination of the theory. Southern Economic Journal, 59(4): 641～647

Demko G J. 1994. Reordering the World: Geopolitical Perspectives on the Twenty-First Century.Boulder: Westview Press

Dernbach J C. 2007. Energy Efficiency and Conservation as Ethical Responsibilities: Suggestions for IPCC Working Group III. Harrisburg:Widener University

Dessus S O, Connor D. 2003. Climate policy without tears: CGE-based ancillary benefits estimates for Chile. Environmental and Resource Economics, 25(3): 287～317

Drucker J. 2011. Regional Industrial Structure Concentration in the United States:Trends and Implications. Economic Geography, 87(87): 421～452

Dufournaud C M, Harrington J J，Rogers P P. 1988. Leontief environ mental repercussions and the economic structure revisited: A general equilibrium formulation. Geographical Analysis, 20(4): 318～327

Fink M, Cramer A. 2008. Towards implementation of the World Commission on Dams recommendations. Springer Berlin Heidelberg, 44(6):33～53

Franke G. 1991. Exchange rate volatility and international trading strategy. Journal of International Money and Finance, 66(10): 292～305

Geller H, Schaeffer R, Szklo A, et al. 2004.Policies for advancing energy efficiency and renewable energy use in Brazil. Energy Policy, 32(12): 1437～1450

Giovannini A. 1988. Exchange rates and traded goods prices. Journal of international economyics,24(1-2)：45～68

Glüzmann P A, Levy-Yeyati E, Sturzenegger F. 2012. Exchange rate undervaluation and economic growth: Díaz Alejandro (1965) revisited. Economics Letters, 117(3): 666～672

Gupta J, Ivanova A. 2009. Global energy efficiency governance in the context of climate politics. Energy Efficiency, 2(4): 339～352

Hall S, Hondroyiannis G, Swamy P, et al. 2010. Exchange-rate volatility and export performance: Do emerging market economies resemble industrial countries or other developing countries? Economic Modelling, 27(6): 1514～1521

Harberger A C. 1962. The incidence of the corporation income tax. The Journal of Political Economy, 70(3): 215～240

Hausmann R, Pritchett L, Rodrik D. 2005. Growth accelerations. Journal of Economic Growth, 10(4): 303～329

Hirschman A O. 1958. The strategy of economic development. New Haven: Yale University Press

Hoffmann M, Ba A. 2005. Realist Global Gov-ernance: Revisiting and Beyond World Orders and Rule Systems. London: Rout-ledge

Hooper P, Kohlhagen S W. 1978.The effect of exchange rate uncertainty on the prices and volume of international trade. Journal of International, 8 (4): 483～511

Jin K. 2012. Industrial structure and capital flows. American Economic Review, 102(5):

2111～2146

Johansen L. 1960. A Multi-Sectoral Study of Economic Growth. Amsterdam: North-Holland Press

Kjellén R. 1916. Staten Somlifsform. Stockholm: Gebers

Kuznets S. 1957. Quantitative aspects of the economic growth of nations: Ⅱ . Industrial Distribution of national product and labor force.Economic Development and Cultural Change, 5(4): 1～111

Kuznets S S, Murphy J T. 1966. Modern Economic Growth: Rate, Structure, and Spread. New Haven: Yale University Press

Lachininskii S S. 2013. Experience on the typology of geoeconomicrisks. Geography and Natural Resources, 34(2): 111～117

Lashof D A, Ahuja D R. 1990. Relative contributions of greenhouse gas emissions to global warming. Nature, 344(6266): 529～531

Levine M，Ürge-Vorsatz D, Blok K, et al. 2007. Residential and commercial buildings. Climate Change，20：17

Levy-Yeyati E L, Sturzenegger F. 2007. Fear of Appreciation. Washington DC:World Bank Policy Research

Lewis W A.1954. Economic development with unlimited supplies of labour. The Manchester School, 22(2): 139～191

Lin J, Zhou N, Levine M, et al. 2008. Taking out 1 billion tons of CO_2: The magic of China’s 11th Five-Year Plan. Energy Policy, 36(3): 954～970

Lloyd P. 2012. The role of developing countries in global economic governance. The Singapore Economic Review, 57(2):207～221

Magnani E. 2003. The productivity slowdown, sectoral reallocations and the growth of atypical employment arrangements. Journal of Productivity Analysis, 20(2): 121～142

Manzo G. 2012. Full and sketched micro-foundations. The Odd Resurgence of a Dubious Distinction. Sociologica，6(1): 1-8

Matthews J. 1997. Power shift. Foreign Affairs, 1(76): 50～66

McCombie J S L. 1991. The productivity growth slowdown of the advanced countries and the inter-sectoral reallocation of labour. Australian Economic Papers, 30(56): 70～85

Mckenzie M D. 1999. The impact of exchange rate volatility on international trade flows. Journal of Economic Surveys, 13(1): 71～106

Metz B, Davidson O R, Bosch P R, et al. 2007. Climate Change 2007: Mitigation. Contribution of working group III to the fourth assessment report of the intergovernmental panel on climate change.Cambridge: Cambridge University Press

Moineddin R, Beyene J, Boyle E.2003. On the location quotient confidence interval. Geographical Analysis, 35 (3):249～256

Nelson R R, Winter S G. 2009. An Evolutionary Theory of Economic Change. Massachusetts: Harvard University Press

Nordhaus W D, Boyer J. 2003. Warming the World: Economic Models of Global Warming. Massachusetts: MIT Press

Nordhuas W D, Yang Z. 1996. A Regional dynamic general-equilibrium model of alternative climate-change strategies. The American Economic Review, 86 (4): 741 ～ 765

Oulton N. 2001. Must the growth rate decline? Baumol's unbalanced growth revisited. Oxford Economic Papers, 53(4): 605 ～ 627

Peree E, Steinherr A. 1989. Exchange rates uncertainty and foreign trade. European Economic Review, 33(6): 1241 ～ 1264

Pereira A M. 1988.Dagem: A Dynamic Applied General Equilibrium Model for Tax Policy Evaluation. Jackson: University of California Press

Perkins R. 2005. Electricity sector restructuring in India: An environmentally beneficial policy? Energy Policy, 33(4): 439 ～ 449

Pizer W A. 1999. The optimal choice of climate change policy in the presence of uncertainty. Resource and Energy Economics, 21(3): 255 ～ 287

Popov V, Polterovich V. 2002. Accumulation of foreign exchange reserves and long term growth. Moscow：New Economic School（unpublished paper）

Pugno M. 2006. The service paradox and endogenous economic growth. Structural Change and Economic Dynamics, 17(1): 99 ～ 115

Quack S. 2010. Law, expertise and legitimacy in transnational economic governance: An introduction. Social Science Electronic Publishing, 8(1):3 ～ 16

Ratzel F. 1897. Studies in political areas：The political territory in relation to earth and continent. American Journal of Sociology, 3(3): 297 ～ 313

Ratzel F. 1923. Politischegeographie. R. Oldenbourg: РиполКлассик

Razin O, Collins S M.1997.Real Exchange Rate Misalignments and Growth. NBER Working Papers,19(1):119 ～ 144

Razmi A, Rapetti M, Skott P. 2012. The real exchange rate and economic development. Structural Change and Economic Dynamics,23(2): 151 ～ 169

Robert O. 2001. Governance in a partially globalized world. American Political Science Review, 95(1): 1 ～ 13

Rodrik D. 2008. One Economics, Many Recipes: Globalization, Institutions, and Economic Growth. Princeton：Princeton University Press.

Rodrik D.2007.The real exchange rate and economic growth: Theory and evidence.Institute for International Economics,7：365 ～ 439

Rodrik D. 1997. Trade strategy, investment and export: Another look at East Asia. Pacific Economic Review, 2(1): 1 ～ 24

Romer P M. 1986. Increasing returns and long-run growth. Journal of Political Economy, 94(5): 1002～1037

Rose A K. 1990. Exchange rates and the trade balance: Some evidence from developing countries. Economics Letters, 34(3): 271～275

Rosenau J N, Czempiel E O. 1992. Governance Without Government: Order and Change in World Politics. Cambridge: Cambridge University Press

Rosenau J N. 1997. Along the Domestic-Foreign Frontier: Exploring Governance in a Turbulent World. Cambridge: Cambridge University Press

Rosensweig J A, Koch P D. 1988. The U.S. dollar and the delayed J-Curve. Economic Review, 2～15

Rostow W W. 1960. The Process of Economic Growth. New York：Norton

Ruocco A.1996.Savings and Investment Fiscal Policies: A Quantitative Analysis for the Italian Economy, in Economic Modelling Under the Applied General Equilibrium Approach. Avebury: Ashgate Publishing Limited

Scarf H. 1967. The approximation of fixed points of continuous mapping.Siam Journal on Applied Mathematics, 15(5): 1328～1343

ScarfH E, Hansen T. 1973. The Computation of Economic Equilibrium. New Haven: The Yale University Press

Scarf H E.1967.On the computation of equilibrium prices.Cowles Foundation Discussion Papers，37(3)：466～471

Scheumann W. 2008. How global norms for large dams reach decision-makers. Springer Berlin Heidelberg, 12(12): 55～80

Sercu P, Vanhulle C. 1992. Exchange rate volatility, international trade, and the value of exporting firms. Journal of Banking and Finance, 16(1): 155～182

Shoven J B, Whalley J. 1972. A general equilibrium calculation of the effects of differential taxation of income from capital in the U. S. Journal of Public Economics，1(3-4)：281～321

Shoven J B, Whalley J. 1973. General equilibrium with taxes: A computational procedure and an existence proof. Review of Economic Studies, 40(4): 475～489

Shoven J B, Whalley J. 1974. On the computation of competitive equilibrium on international markets with tariffs，4(4)：341～354

Siriwardana M. 1998. Can Policy-Makers learn from history? A general equilibrium analysis of the recovery policies of the 1930'S great depression in Australia. Journal of Policy Modeling，20(3)：361～392

Skott P，Rapetti M，Razmi A. 2011. The real exchange rate and economic growth: Are developing countries different? International Review of Applied Economics，26(6)：735～753

Smith A. 2002. Imagining geographies of the "new Europe"：Geo-economic power and the new European architecture of integration . Political Geography, 21(5)：647～670

Sparke M. 1998. A map that roared and an original atlas: Canada, cartography, and the narration of nation. Annals of The Association of American Geographers，88(3)：463～495

Stern N. 2008. Key Elements of A Global Deal on Climate Change. London: The London School of Economics and Political Science

Stern N H. 2007. The Economics of Climate Change: The Stern Review. Cambridge: Cambridge University Press

Stern S N.2006.What is the Economics of Climate Change? American Economic Review，7(2)：1～10

Suchman M C. 1995. Managing legitimacy: Strategic and institutional approaches. Academy of Management Review，20(3)：571～610

Taylor R P. 2008. Financing Energy Efficiency: Lessons from Brazil, China, India and Beyond. Washington DC: World Bank Publication

Timmer M P，Szirmai A.2000. Productivity growth in Asian manufacturing：the structural bonus hypothesis examined. Structural Change and Economic Dynamics，11(4)：371～392

Tyler G J. 1996. Export demand and botswana's beef industry：Acomputable general equilibrium approach. African Development Review，8(2)：59～67

Varma S. 2002. Improving Global Economic Governance. Geneva: South Centre

Victor D G, Kennel C F, Ramanathan V.2012.The climate threat we can beat.Foreign Affairs，3：112～121

Waltz K N. 2003. Thoughts about assaying theories. Progress in International Relations Theory: vii-xii

Wang Z, Hu M. 2013. A Group of criterions on national economic security with pass-through model. Proceedings of the International Academic Workshop on Socialence，50(1)：25～32

Wang Z, Liu T，Dai X Y. 2010. Effect of policy and entrepreneurship on innovation and growth: An agent-based simulation approach. Studies in Regional Science，40(1)：19～26

Wang Z, Zhang S, Wu J. 2012. A new RICEs model with the global emission reduction schemes. Chinese Science Bulletin，57(33)：4373～4380

Zeb R. 2006. Cross border terrorism issues plaguing pakistan-afghanistan relations. China and Eurasia Forum Quarterly，4(2)：69～74

附录A　3Gov模型的GAMS代码

```
option DOMLIM = 1000000;
option iterlim = 100000;

SETS
T      TIME PERIODS  /2007*2050/
CNT    countries      /CHN,USA,JPN,EU,IND,RUS,RESOURCE,HI,MD,LD/
SEC       sectors          /1*12/
ENY       energy           /COAL,OIL,GAS/
Scals      scalars            /SCA_MIU_INV,SCA_Z_DEPR,SCA_PHI,SCA_SIGMA,SCA_
BETA/
TT                         /1*1000/

TFIRST(T)        FIRST PERIOD
TLAST(T)         LAST PERIOD;

ALIAS(SEC,IDS)
ALIAS(CNT,CNT1);

TFIRST(T)=YES$(ORD(T) EQ 1);
TLAST(T)=YES$(ORD(T) EQ CARD(T));
```

```
PARAMETERS
init_K(CNT,SEC)              initial_capital_of_sectors_in_countries
sum_CNT_L(T,CNT)               initial_total_labor_in_countries
Alpha(CNT,SEC)               output_elasticity_of_sectors
Gamma(SEC)                     shares_of_sectors
init_A(CNT)                  initial_TECHNOLOGY
init_VA(CNT,SEC)             initial_value_added
init_Y(CNT,SEC)              initial 产出
init_L(CNT,SEC)              initial_labor_distribution
init_w(CNT)                  initial_wage_rate
init_R(CNT,SEC)
B_tech(T,CNT)                    initial_parameter_B_in_technology_progress
m(T,CNT)                           exchange rate
eta(CNT,SEC)                        export coefficient
p_init_IImCoe(CNT,SEC,IDS)             propotion_initial_intermediate_minput_
coefficient
p_init_IIdCoe(CNT,SEC,IDS)             propotion_initial_intermediate_dinput_
coefficient
init_IImCoe(CNT,SEC,IDS)            initial_intermediate_minput_coefficient
init_IIdCoe(CNT,SEC,IDS)            initial_intermediate_dinput_coefficient
init_P(CNT,SEC)                     initial domestic price
init_A_UP_Rate(CNT)                 technology increase rate
A_K(CNT)
RHO_T(T,CNT)                          process technology puls
Basic_Sca(Scals)                    scalars
PSI(T,CNT)
I_WEIGHT(CNT,SEC)                 weight in investment
I_WEIGHT2(CNT,SEC)                weight in investment
I_WEIGHT3(CNT,SEC)                weight in investment
```

```
    RHO(SEC)                          国内产品与进口产品的替代弹性
    POPU(T,CNT)
    init_QM(CNT,SEC)                  各国初始进口量
    init_QE(CNT,SEC)                  各国初始出口量
    init_QD(CNT,SEC)                  各国初始国内自产自销量
    init_QC(CNT,SEC)
    RE(CNT,SEC)                       进口拉动出口的摊分比例
    RC(CNT,SEC)                       各国各部门消费比例
    RLD(CNT,SEC)                      各国各部门劳动力比例
    DELTAm(CNT,SEC)
    init_DELTAm1(CNT,SEC)
    Im(CNT,SEC,IDS)
    Id(CNT,SEC,IDS)
    init_mT(CNT);

    PARAMETERS
    init_IICoe(CNT,SEC,IDS)           initial_intermediate_input_coefficient
    IIC_TEMP(CNT,SEC,IDS)             temporary intermediate input coeffication
matrix
    IIC_R(CNT,SEC)                     real sum intermediate input of one unit
output of section in country
    IIC_T(CNT,SEC)                     temporary sum intermediate input of one
unit output of section in country

    b1(CNT)                           damage coefficient in producing
    D0(CNT)                           damage coefficient in warming

    EI(CNT,SEC)                       energy_intension
    E_Propt(T,CNT,ENY)                proportion of energies in countries
    EtC(CNT,ENY)                      Mtoe-MtC
```

```
;

$ONECHO >  RXLSSETTINGS.TXT
OUTPUT=DATA.GDX
PAR=init_K              RNG=init_K!A1:M11          CDIM=1   RDIM=1
PAR=sum_CNT_L         RNG=sum_CNT_L!A1:K45      CDIM=1   RDIM=1
PAR=Alpha               RNG=Alpha!A1:M11           CDIM=1   RDIM=1
PAR=Gamma             RNG=Gamma!A1:L2            CDIM=1
PAR=init_A              RNG=init_A!A1:J2           CDIM=1
PAR=A_K                 RNG=A_K!A1:J2              CDIM=1
PAR=init_VA             RNG=init_VA!A1:M11         CDIM=1   RDIM=1
PAR=init_Y              RNG=init_Y!A1:M11          CDIM=1   RDIM=1
PAR=init_L              RNG=init_L!A1:M11          CDIM=1   RDIM=1
PAR=init_w              RNG=init_w!A1:J2           CDIM=1
PAR=B_tech              RNG=B_tech!A1:K45          CDIM=1   RDIM=1
PAR=init_R              RNG=init_R!A1:M11          CDIM=1   RDIM=1
PAR=p_init_IImCoe       RNG=p_init_IImCoe!A1:N121 CDIM=1   RDIM=2
PAR=p_init_IIdCoe       RNG=p_init_IIdCoe!A1:N121 CDIM=1   RDIM=2
PAR=I_WEIGHT            RNG=I_WEIGHT!A1:M11        CDIM=1   RDIM=1
PAR=I_WEIGHT2           RNG=I_WEIGHT!A13:M23       CDIM=1   RDIM=1
PAR=I_WEIGHT3           RNG=I_WEIGHT!A25:M35       CDIM=1   RDIM=1
PAR=rP                  RNG=rP!A1:M11              CDIM=1   RDIM=1
PAR=m                   RNG=m!A1:K45               CDIM=1   RDIM=1
PAR=eta                 RNG=eta!A1:M11             CDIM=1   RDIM=1
PAR=init_P              RNG=init_P!A1:M11          CDIM=1   RDIM=1
PAR=init_G              RNG=init_G!A1:M11          CDIM=1   RDIM=1
PAR=init_IICoe          RNG=init_IICoe!A1:N121    CDIM=1   RDIM=2
PAR=PSI                 RNG=PSI!A1:K45             CDIM=1   RDIM=1
PAR=POPU                RNG=POPU!A1:K45            CDIM=1   RDIM=1
PAR=RHO                 RNG=RHO!A1:L2              CDIM=1
```

```
PAR=init_QM             RNG=init_QM!A1:M11        CDIM=1   RDIM=1
PAR=init_QE             RNG=init_QE!A1:M11        CDIM=1   RDIM=1
PAR=init_QD             RNG=init_QD!A1:M11        CDIM=1   RDIM=1
PAR=init_QC             RNG=init_QC!A1:M11        CDIM=1   RDIM=1
PAR=RE                  RNG=RE!A1:M11             CDIM=1   RDIM=1
PAR=RC                  RNG=RC!A1:M11             CDIM=1   RDIM=1
PAR=RLD                 RNG=RLD!A1:M11            CDIM=1   RDIM=1
PAR=DELTAm              RNG=DELTAm!A1:M11         CDIM=1   RDIM=1
PAR=init_DELTAm1        RNG=init_DELTAm1!A1:M11 CDIM=1     RDIM=1
PAR=Im                  RNG=Im!A1:N121            CDIM=1   RDIM=2
PAR=Id                  RNG=Id!A1:N121            CDIM=1   RDIM=2
PAR=init_mT             RNG=init_mT!A1:J2         CDIM=1
PAR=EI                  RNG=EI!A1:M11                      CDIM=1   RDIM=1
PAR=EtC                 RNG=EI!A13:E23                     CDIM=1   RDIM=1
PAR=E_Propt             RNG=ENY_STRUCTURE!A1:F941          CDIM=1   RDIM=2
PAR=RHO_T               RNG=RHO_T!A1:K45         CDIM=1    RDIM=1
PAR=Basic_Sca           RNG=Basic_Sca!A1:E2                CDIM=1

$OFFECHO
$CALL GDXXRW.EXE DATA.XLS @RXLSSETTINGS.TXT
$GDXIN DATA.GDX
$LOAD init_K sum_CNT_L Alpha Gamma init_A init_VA init_Y init_L init_w
init_R B_tech PSI A_K
$LOAD p_init_IImCoe p_init_IIdCoe rP m Ta eta init_P init_QM init_QD init_
QE RE DELTAm init_DELTAm1
$LOAD init_IICoe I_WEIGHT I_WEIGHT2 I_WEIGHT3 POPU RHO RC RLD Id Im init_
mT init_QC
$LOAD EI EtC E_Propt RHO_T Basic_Sca

$GDXIN
```

```
SCALARS
PHI                    output_elasticity_in_capital_product    /0.04/
BETA                   discount_rate                           /0.9851/

PARAMETERS
T_NUM(T)                        number_of_years;
T_NUM(T)=ord(T);;

POSITIVE VARIABLES
AF
L(CNT,SEC)                      labor_of_sectors_in_countries
K(CNT,SEC)                      capital_of_sectors_in_countries
VA(CNT,SEC)                     value_added
w(CNT)                          wage_rate_in_countries
PRICE(SEC)                      output_price_of_sectors
PSIT(CNT)
A(CNT)
CNT_L(CNT)
Y(CNT,SEC)
Yx(CNT,SEC)
Yd(CNT,SEC)
QM(CNT,SEC)                     各国进口量
QE(CNT,SEC)                     各国出口量

DELTAm1(CNT,SEC)
IITable(CNT,SEC,IDS)
IICoe(CNT,SEC,IDS)
QD(CNT,SEC)                     国内自产自销的量
P(CNT,SEC)                      price of domestic
```

```
QC(CNT,SEC)                          国内消费量


TEM                                  temperature

MIU2(CNT)

Gamma_V(SEC)

;


VARIABLES

p_IImCoe(CNT,SEC,IDS)

p_IIdCoe(CNT,SEC,IDS)

IImCoe(CNT,SEC,IDS)

IIdCoe(CNT,SEC,IDS)

UTILITY

ABC ;

EQUATIONS

FUNC_CD_PRODUCT(CNT,SEC)                  cd_product_function

FUNC_QE(CNT,SEC)

FUNC_QM(CNT,SEC)

FUNC_WAGE(CNT,SEC)                        get_wage_rate_in_countries

FUNC_GET_GAMMA(SEC)                       relationship_between_price_and_gamma

FUNC_L_CLEAR(CNT)                         ristrict_of_labor_in_countries

FUNC_PRICE_CLEAR

FUNC_UTILITY                              get_utility

FUNC_Y(CNT,SEC)

FUNC_MD(CNT,SEC)                          进口与国内复合

FUNC_P(CNT,SEC)

;


FUNC_CD_PRODUCT(CNT,SEC)..                    VA(CNT,SEC)=e=K(CNT,SEC)**Alpha(C
NT,SEC)*(A(CNT)*L(CNT,SEC))**(1-Alpha(CNT,SEC));
```

```
    FUNC_WAGE(CNT,SEC)..                        w(CNT)*L(CNT,SEC)=e=(1-Alpha(CNT,
SEC))*PRICE(SEC)*VA(CNT,SEC);
    FUNC_GET_GAMMA(SEC)..                       PRICE(SEC)*sum(CNT,VA(CNT,SEC))=e
=AF*Gamma_V(SEC);
    FUNC_L_CLEAR(CNT)..                         sum(SEC,L(CNT,SEC))=e=CNT_L(CNT);
    FUNC_PRICE_CLEAR..                                    AF=e=AF+sum(SEC,Gamma_
V(SEC)*Log(PRICE(SEC)));
    FUNC_UTILITY..                              UTILITY=e=AF;
    FUNC_Y(CNT,SEC)..                           Y(CNT,SEC)*P(CNT,SEC)=e=sum(IDS,V
A(CNT,SEC)*IImCoe(CNT,IDS,SEC)*PRICE(IDS))*mT(CNT)+sum(IDS,VA(CNT,SEC)*IIdCoe(
CNT,IDS,SEC)*P(CNT,IDS))+VA(CNT,SEC)*PRICE(SEC)*mT(CNT);
    FUNC_QE(CNT,SEC)..                          QE(CNT,SEC)=e=sum(CNT1,QM(CNT1,SE
C))*RE(CNT,SEC);
    FUNC_QM(CNT,SEC)..                          PRICE(SEC)*QM(CNT,SEC)+QD(CNT,SEC
)*P(CNT,SEC)/mT(CNT)=e=w(CNT)*L(CNT,SEC)*(1-PSIT(CNT))*RC(CNT,SEC);
    FUNC_MD(CNT,SEC)..                          QM(CNT,SEC)*DELTAm(CNT,SEC)**RHO(
SEC)*(1-DELTAm(CNT,SEC))*PRICE(SEC)**RHO(SEC)*mT(CNT)**RHO(SEC)*P(CNT,SEC)=e=P
(CNT,SEC)**RHO(SEC)*PRICE(SEC)*mT(CNT)*QD(CNT,SEC)*(1-DELTAm(CNT,SEC))**RHO(SE
C)*DELTAm(CNT,SEC);
    FUNC_P(CNT,SEC)..                           P(CNT,SEC)=e=w(CNT)*L(CNT,SEC)/VA
(CNT,SEC)+sum(IDS,Im(CNT,SEC,IDS)*PRICE(IDS)*mT(CNT))+sum(IDS,Id(CNT,SEC,IDS)*
P(CNT,IDS));

    model core_equilibrium /all/;
    core_equilibrium.workspace=10000;

    SCALARS
    SIGMA_T          /0.4744/;
    PARAMETERS
    iVA(T,CNT,SEC)
```

```
iiVA(T,CNT,SEC)
iQE(T,CNT,SEC)
iQD(T,CNT,SEC)
iQC(T,CNT,SEC)
iQM(T,CNT,SEC)
iK(T,CNT,SEC)
iL(T,CNT,SEC)
iw(T,CNT)
iPRICE(T,SEC)
iA(T,CNT)
ip_IImCoe(T,CNT,SEC,IDS)
ip_IIdCoe(T,CNT,SEC,IDS)
iIImCoe(T,CNT,SEC,IDS)
iIIdCoe(T,CNT,SEC,IDS)
iIICoe(T,CNT,SEC,IDS)
iY(T,CNT,SEC)
iP(T,CNT,SEC)
iDELTAm1(T,CNT,SEC)
iP(T,CNT,SEC)

sum_Y(T)
sum_SEC_Y(T,SEC)
sum_CNT_Y(T,CNT)
sum_VA(T)
sum_SEC_VA(T,SEC)
sum_CNT_VA(T,CNT)
sum_K(T)
sum_CNT_K(T,CNT)
sum_I(T)
I(T,CNT,SEC)
```

```
TK(T,CNT,SEC,CNT1,IDS)
sum_TK(T,CNT1,IDS)
PR1(T,CNT,SEC)
PR2(T,CNT,SEC)
sum_R1(T)
sum_R2(T)
Sl(T)
Sk(T)
R(T,CNT,SEC)
RL(T,CNT,SEC)
C_EMISSION(T,CNT,SEC)
C_E(T,CNT)
iTEM(T)                          Surface temperature
TEM_STAR(T)                      Deep ocean temperatures
CNT_SEC_E(T,CNT,SEC)
iCNT_E(T,CNT)                    sum country energy use
sum_CNT_ENY_E(T,CNT,ENY)         Total energy use of energies in countries
sum_CNT_CO2(T,CNT)               Total CO2 emission of countries
sum_CO2(T)                       Total CO2 emission
sum_CNT_C(T,CNT)                 Total C emission of countries
;

iK(2007',CNT,SEC)=init_K(CNT,SEC);
iA('2007',CNT)=init_A(CNT);
RL('2007',CNT,SEC)=init_R(CNT,SEC);
ip_IImCoe('2007',CNT,SEC,IDS)=p_init_IImCoe(CNT,SEC,IDS);
ip_IIdCoe('2007',CNT,SEC,IDS)=p_init_IIdCoe(CNT,SEC,IDS);
iIImCoe('2007',CNT,SEC,IDS)=p_init_IImCoe(CNT,SEC,IDS)*init_
IICoe(CNT,SEC,IDS);
iIIdCoe('2007',CNT,SEC,IDS)=p_init_IIdCoe(CNT,SEC,IDS)*init_
```

```
IICoe(CNT,SEC,IDS);

    iIICoe('2007',CNT,SEC,IDS)=init_IICoe(CNT,SEC,IDS);


    VA.L(CNT,SEC)=init_VA(CNT,SEC);

    L.L(CNT,SEC)=init_L(CNT,SEC);

    Y.L(CNT,SEC)=init_Y(CNT,SEC);

    L.LO(CNT,SEC)=0.001;

    AF.L=sum(SEC,sum(CNT,init_VA(CNT,SEC)));

    w.L(CNT)=init_w(CNT);

    PRICE.L(SEC)=1;


    iVA('2007',CNT,SEC)=init_VA(CNT,SEC);

    iL('2007',CNT,SEC)=init_L(CNT,SEC);

    iw('2007',CNT)=init_w(CNT);

    iPRICE('2007',SEC)=1;


    Gamma_V.fx('1')=Gamma('1');

    Gamma_V.fx('2')=Gamma('2');

    Gamma_V.fx('4')=Gamma('4');

    Gamma_V.fx('5')=Gamma('5');

    Gamma_V.fx('6')=Gamma('6');

    Gamma_V.fx('7')=Gamma('7');

    Gamma_V.fx('8')=Gamma('8');

    Gamma_V.fx('9')=Gamma('9');

    Gamma_V.fx('10')=Gamma('10');

    Gamma_V.fx('11')=Gamma('11');

    Gamma_V.fx('12')=Gamma('12');


    P.L(CNT,SEC)=init_P(CNT,SEC);

    QM.L(CNT,SEC)=init_QM(CNT,SEC);
```

```
QE.L(CNT,SEC)=init_QE(CNT,SEC);

QD.L(CNT,SEC)=init_QD(CNT,SEC);

QC.L(CNT,SEC)=init_QC(CNT,SEC);

DELTAm1.L(CNT,SEC)=init_DELTAm1(CNT,SEC);


*climate model

PARAMETERS

iTEM(T)          surface temperature

QL(T)            carbon emission from land use

QL_INIT          2007 carbon emission from land use

GAMMA_QL         reduce rate in land use carbon emission

NPP(T)           net private productivity

NPP_INIT         net private productivity before industrialization

PSI_C(T)         atmosphere carbon

PSI_C_INIT       atmosphere carbon before industrialization

delta_V(T)       vegatable carbon change

V(T)             vegatable carbon

delta_SO(T)      soil carbon change

SO(T)            soil carbon

delta_O(T)       ocean carbon change

O(T)             ocean carbon

O_INIT           ocean carbon before industrialization

;


iTEM('2007')=0.79;

QL_INIT=1.5202;

GAMMA_QL=0.02;

NPP_INIT=60;

PSI_C('2007')=794.4;

PSI_C_INIT=617;
```

```
V('2007')=686.35;
SO('2007')=1238.5;
O('2007')=37093.7;
O_INIT=37000;

LOOP(T,
        K.fx(CNT,SEC)=iK(T,CNT,SEC);
        A.fx(CNT)=iA(T,CNT);
        CNT_L.fx(CNT)=sum_CNT_L(T,CNT);
        mT.fx(CNT)=m(T,CNT);
        PSIT.fx(CNT)=PSI(T,CNT);
*        P.fx(CNT,SEC)=iP(T,CNT,SEC);
        IICoe.fx(CNT,SEC,IDS)=iIICoe(T,CNT,SEC,IDS);
        IImCoe.fx(CNT,SEC,IDS)=iIImCoe(T,CNT,SEC,IDS);
        IIdCoe.fx(CNT,SEC,IDS)=iIIdCoe(T,CNT,SEC,IDS);
        p_IImCoe.fx(CNT,SEC,IDS)=ip_IImCoe(T,CNT,SEC,IDS);
        p_IIdCoe.fx(CNT,SEC,IDS)=ip_IIdCoe(T,CNT,SEC,IDS);

        TEM.fx=iTEM(T);

        Gamma_V.L('3')=0.1;
        PRICE.fx('3')=0.5;

        solve core_equilibrium using nlp maximizing UTILITY;
*        solve core_equilibrium using nlp maximizing ABC;
*        iA(T,CNT)=A.L(CNT);
        iL(T,CNT,SEC)=L.L(CNT,SEC);
        iVA(T,CNT,SEC)=VA.L(CNT,SEC);
        iQM(T,CNT,SEC)=QM.L(CNT,SEC);
        iQE(T,CNT,SEC)=QE.L(CNT,SEC);
```

```
iQD(T,CNT,SEC)=QD.L(CNT,SEC);
iQC(T,CNT,SEC)=QC.L(CNT,SEC);
iDELTAm1(T,CNT,SEC)=DELTAm1.L(CNT,SEC);



iw(T,CNT)=w.L(CNT);
iPRICE(T,SEC)=PRICE.L(SEC);
iP(T,CNT,SEC)=P.L(CNT,SEC);

sum_VA(T)=sum(CNT,sum(SEC,iVA(T,CNT,SEC)*iPRICE(T,SEC)));
sum_CNT_VA(T,CNT)=sum(SEC,iVA(T,CNT,SEC)*iPRICE(T,SEC));
sum_SEC_VA(T,SEC)=sum(CNT,iVA(T,CNT,SEC));

sum_SEC_Y(T,SEC)=sum(CNT,iY(T,CNT,SEC));
sum_CNT_Y(T,CNT)=sum(SEC,iY(T,CNT,SEC));
sum_Y(T)=sum(SEC,sum_SEC_Y(T,SEC));
sum_CNT_K(T,CNT)=sum(SEC,iK(T,CNT,SEC));
sum_K(T)=sum(CNT,sum(SEC,iK(T,CNT,SEC)));

Sl(T)=sum(CNT,sum(SEC,(1-Alpha(CNT,SEC))*Gamma_V.L(SEC)*iVA(T,CNT,SEC)/sum_SEC_VA(T,SEC)));
Sk(T)=1-Sl(T);
sum_I(T)=sum(CNT,iw(T,CNT)*sum_CNT_L(T,CNT)*PSI(T,CNT));
TK(T,CNT,SEC,CNT1,IDS)=iK(T,CNT,SEC)*iw(T,CNT1)*iL(T,CNT1,IDS)*Alpha(CNT1,SEC)*iY(T,CNT1,IDS)/sum_CNT_K(T,CNT1)*exp(1-0.0005*abs(log((sum_CNT_Y(T,CNT)/sum_CNT_Y(T,CNT1)))));
sum_TK(T,CNT1,IDS)=sum(CNT,sum(SEC,TK(T,CNT1,IDS,CNT,SEC)));
PR1(T,CNT,SEC)=I_WEIGHT(CNT,SEC)*Alpha(CNT,SEC)*Gamma_V.L(SEC)/(Sk(T)+(1-PHI)*BETA*Sl(T)/(1+BETA))*iVA(T,CNT,SEC)/sum_SEC_VA(T,SEC)+(1-PHI)*BETA*Sl(T)*RL(T,CNT,SEC)/(1+BETA)/(Sk(T)+(1-PHI)*BETA*Sl(T)/(1+BETA));
```

```
        PR2(T,CNT,SEC)=I_WEIGHT(CNT,SEC)*sum(CNT1,sum(IDS,TK(T,CNT1,IDS,CNT,SEC)*iw(T,CNT1)*iL(T,CNT1,IDS)*PSI(T,CNT)/sum_TK(T,CNT1,IDS)))/sum_I(T);
        sum_R1(T)=sum(CNT,sum(SEC,PR1(T,CNT,SEC)));
        sum_R2(T)=sum(CNT,sum(SEC,PR2(T,CNT,SEC)));
         R(T,CNT,SEC)=0.28*PR2(T,CNT,SEC)/sum_R2(T)+0.72*PR1(T,CNT,SEC)/sum_R1(T);

        I(T,CNT,SEC)=R(T,CNT,SEC)*sum_I(T);
        RL(T+1,CNT,SEC)=R(T,CNT,SEC);

        iK(T+1,CNT,SEC)=A_K(CNT)*I(T,CNT,SEC)**PHI*iK(T,CNT,SEC)**(1-PHI);
        iA(T+1,CNT)=B_tech(T+1,CNT)*sum_CNT_K(T,CNT)**0.1;

        C_EMISSION(T,CNT,IDS)=sum(ENY,iVA(T,CNT,IDS)*iIICoe(T,CNT,'3',IDS)*EI(CNT,IDS)*E_Propt(T,CNT,ENY)*EtC(CNT,ENY))/44*12;
        C_E(T,CNT)=sum(IDS,C_EMISSION(T,CNT,IDS));

        IIC_TEMP(CNT,SEC,IDS)=iIICoe(T,CNT,SEC,IDS);
        ip_IImCoe(T+1,CNT,SEC,IDS)=ip_IImCoe(T,CNT,SEC,IDS);
        ip_IIdCoe(T+1,CNT,SEC,IDS)=ip_IIdCoe(T,CNT,SEC,IDS);
        iIImCoe(T+1,CNT,SEC,IDS)=ip_IImCoe(T+1,CNT,SEC,IDS)*iIICoe(T+1,CNT,SEC,IDS);
        iIIdCoe(T+1,CNT,SEC,IDS)=ip_IIdCoe(T+1,CNT,SEC,IDS)*iIICoe(T+1,CNT,SEC,IDS);
        iIICoe(T+1,CNT,SEC,IDS)=iIICoe(T,CNT,SEC,IDS);
        display IIC_TEMP;
        loop(TT,
                IIC_TEMP(CNT,SEC,IDS)=iIICoe(T+1,CNT,SEC,IDS);
                IIC_TEMP(CNT,SEC,IDS)$(uniform(0,1)<SIGMA_T)=iIICoe(T+1,CNT,SEC,IDS)*EXP(normal(0,RHO_T(T,CNT)));
```

```
IIC_R(CNT,IDS)=sum(SEC,iIICoe(T+1,CNT,SEC,IDS)*iPRICE(T,SEC));
IIC_T(CNT,IDS)=sum(SEC,IIC_TEMP(CNT,SEC,IDS)*iPRICE(T,SEC));
iIICoe(T+1,CNT,SEC,IDS)$(IIC_R(CNT,IDS)>IIC_T(CNT,IDS))=IIC_
TEMP(CNT,SEC,IDS);
);

*climate change model
CNT_SEC_E(T,CNT,IDS)=iVA(T,CNT,IDS)*iIICoe(T,CNT,'3',IDS)*EI(CNT,IDS);
iCNT_E(T,CNT)=sum(IDS,iVA(T,CNT,IDS)*iIICoe(T,CNT,'3',IDS)*EI(CNT,I
DS));
sum_CNT_ENY_E(T,CNT,ENY)=iCNT_E(T,CNT)*E_Propt(T,CNT,ENY);
sum_CNT_CO2(T,CNT)=sum(ENY,sum_CNT_ENY_E(T,CNT,ENY)*EtC(CNT,ENY));
sum_CO2(T)=sum(CNT,sum_CNT_CO2(T,CNT))*12/44;
sum_CNT_C(T,CNT)=sum_CNT_CO2(T,CNT)*12/44;

QL(T)=QL_INIT*(1-GAMMA_QL)**T_NUM(T);

NPP(T)=NPP_INIT*(1+0.05*iTEM(T))*(1+0.00047*(PSI_C(T)-PSI_C_INIT));
delta_V(T)=NPP(T)-0.087*(1+0.000633*T_NUM(T))*V(T);
V(T+1)=V(T)+delta_V(T);

delta_SO(T)=0.5*0.087*(1+0.000633*T_NUM(T))*V(T)-
0.025*(1+0.07*iTEM(T))*SO(T);
SO(T+1)=SO(T)+delta_SO(T);

delta_O(T)=0.015*((PSI_C(T)-PSI_C_INIT)-0.167*(O(T)-O_INIT));
O(T+1)=O(T)+delta_O(T);

PSI_C(T+1)=PSI_C(T)+sum_CO2(T)/1000+QL(T)-delta_V(T)-delta_SO(T)-
delta_O(T);
```

```
    iTEM(T+1)=(1-0.0296)*iTEM(T)+0.172*LOG(PSI_C(T)/PSI_C_INIT);
);


PARAMETERS
CA(T,CNT)
CA_R(T,CNT)
GDP(T,CNT)
GDP1(T,CNT)
VAP(T,CNT,SEC)

E_GDP(T,CNT)
C_GDP(T,CNT)

COST(T,CNT)
UTI(T,CNT)
;
UTI('2007',CNT)=0;
LOOP(T,
        GDP1(T,CNT)=sum(SEC,iVA(T,CNT,SEC)*iPRICE(T,SEC))+(1-PHI)/
PHI*sum(SEC,I(T,CNT,SEC));
      GDP(T,CNT)=sum(SEC,iVA(T,CNT,SEC)*ip(T,CNT,SEC))/m(T,CNT);
         CA(T,CNT)=iw(T,CNT)*sum_CNT_L(T,CNT)*PSI(T,CNT)-
sum(SEC,I(T,CNT,SEC));
      CA_R(T,CNT)=CA(T,CNT)/GDP(T,CNT);
      VAP(T,CNT,SEC)=iVA(T,CNT,SEC)*iPRICE(T,SEC);
      C_GDP(T,CNT)=sum_CNT_CO2(T,CNT)/sum_CNT_VA(T,CNT);
      E_GDP(T,CNT)=iCNT_E(T,CNT)/sum_CNT_VA(T,CNT);
       COST(T,CNT)=sum(SEC,iVA(T,CNT,SEC)*iPRICE(T,SEC))-iw(T,CNT)*sum_CNT_
L(T,CNT)*PSI(T,CNT)/0.04;
      UTI(T,CNT)=UTI(T,CNT)+(COST(T,CNT)/POPU(T,CNT))**(1-0.2)/(1-0.2)*POPU
```

```
(T,CNT)*(1+0.015)**(-T_NUM(T));
         UTI(T+1,CNT)=UTI(T,CNT);


    EXECUTE_UNLOAD 'SIMU_RES.GDX' iVA iw iPRICE iP sum_CNT_VA CA sum_CNT_Y GDP1
iY sum_I UTI C_EMISSION  CNT_SEC_E iCNT_E PSI_C E_GDP C_GDP C_E iQM iQE iQD;
    EXECUTE 'GDXXRW.EXE SIMU_RES.GDX O=OUTPUT.XLS PAR=iVA.L RNG=VA!A1';
    EXECUTE 'GDXXRW.EXE SIMU_RES.GDX O=OUTPUT.XLS PAR=iw.L RNG=w!A1';
    EXECUTE 'GDXXRW.EXE SIMU_RES.GDX O=OUTPUT.XLS PAR=iPRICE.L RNG=PRICE!A1';
    EXECUTE 'GDXXRW.EXE SIMU_RES.GDX O=OUTPUT.XLS PAR=iP.L RNG=iP!A1';
    EXECUTE 'GDXXRW.EXE SIMU_RES.GDX O=OUTPUT.XLS PAR=GDP1 RNG=GDP1!A1';
    EXECUTE 'GDXXRW.EXE SIMU_RES.GDX O=OUTPUT.XLS PAR=sum_CNT_VA RNG=sum_CNT_
VA!A1';
    EXECUTE 'GDXXRW.EXE SIMU_RES.GDX O=OUTPUT.XLS PAR=CA RNG=CA!A1';
    EXECUTE 'GDXXRW.EXE SIMU_RES.GDX O=OUTPUT.XLS PAR=sum_CNT_Y RNG=sum_CNT_
Y!A1';
    EXECUTE 'GDXXRW.EXE SIMU_RES.GDX O=OUTPUT.XLS PAR=iY.L RNG=Y!A1';
    EXECUTE 'GDXXRW.EXE SIMU_RES.GDX O=OUTPUT.XLS PAR=UTI.L RNG=UTI!A1';
    EXECUTE 'GDXXRW.EXE SIMU_RES.GDX O=OUTPUT.XLS PAR=iQM.L RNG=QM!A1';
    EXECUTE 'GDXXRW.EXE SIMU_RES.GDX O=OUTPUT.XLS PAR=iQD.L RNG=QD!A1';
    EXECUTE 'GDXXRW.EXE SIMU_RES.GDX O=OUTPUT.XLS PAR=iQE.L RNG=QE!A1';


    EXECUTE 'GDXXRW.EXE SIMU_RES.GDX O=OUTPUT.XLS PAR=C_EMISSION.L RNG=C_
EMISSION!A1';
    EXECUTE 'GDXXRW.EXE SIMU_RES.GDX O=OUTPUT.XLS PAR=CNT_SEC_E RNG=CNT_SEC_
E!A1';
    EXECUTE 'GDXXRW.EXE SIMU_RES.GDX O=OUTPUT.XLS PAR=iCNT_E RNG=sum_CNT_E!A1';
    EXECUTE 'GDXXRW.EXE SIMU_RES.GDX O=OUTPUT.XLS PAR=PSI_C RNG=PSI_C!A1';
    EXECUTE 'GDXXRW.EXE SIMU_RES.GDX O=OUTPUT.XLS PAR=E_GDP RNG=E_GDP!A1';
    EXECUTE 'GDXXRW.EXE SIMU_RES.GDX O=OUTPUT.XLS PAR=C_GDP RNG=C_GDP!A1';
```